남자 혼자 죽다

성유진 이수진 오소영 지음

남자 혼자 죽다

세상에 없는 죽음,
무연사 209인의 기록

생각의힘

차례

프롤로그 **호기심이 무거운 책임감으로 돌아오다** 7

1부 세상에 없는 죽음을 뒤쫓다

1장 **그들도 누군가에게는 그리움이다** 19
　취재 실패의 기록 39
2장 **도시의 경계, 벼랑 끝에 선 사람들** 45
　쪽방의 삶 | 고시원과 여관의 삶 | 집 없는 사람들 66
3장 **그러나 우리 곁에도 무연사는 있다** 77
　평범한 동네의 무연사 89
4장 **하루라도 사람답게 살고 싶은 사람들** 93
5장 **무연사로부터 무연한 사람은 없다** 105
6장 **말할 수 없는 이름, 가족에 대하여** 123
　가족이 유품을 챙겨 가다 143
7장 **숨기고 싶은 상처를 드러내는 일** 145
8장 **무언생을 거쳐 무연사한다** 157
　연고가 없는 사람들 188
9장 **제도의 허점에 빠진 사람들** 191
10장 **의미가 없으면 희망도 없다** 207
　스스로 삶을 포기한 사람들 228
11장 **여성의 무연사는 무엇이 다른가** 231

2부 남자를 무연고자로 만드는 사회

12장 **경제력을 잃자 관계가 무너졌다** 247
13장 **해결의 실마리를 찾다** 271

에필로그 **전하지 못한 꽃송이** 301
감사의 말 **함께 만든 이들과 도움을 주신 분들에게** 309
부록 **무연고 사망자 209인 일람표** 311

일러두기

1. 무연고 사망자와 주변 인물 등 취재원은 가명으로 표기했습니다.
2. 무연고 사망자의 이름은 밑줄을 그어 구분했습니다.
3. 저자와 취재원의 대화 등에서 저자가 말하는 부분은 – 표시로, 상대방이 말하는 부분은 큰따옴표로 표기했습니다.
4. 이 책에서 "무연사"는 '아무도 시신을 인수하지 않은 사망자'라는 의미로 사용했고, "고독사"는 '혼자 죽음을 맞이하고 일정 시간이 지난 뒤에야 발견되는 죽음' 등의 의미로 사용했습니다.
5. 표지와 본문 삽화는 특정 무연고 사망자의 실제 모습과 관련이 없습니다.

프롤로그

호기심이 무거운 책임감으로 돌아오다

  이 책이 시작된 건 서울 혜화동의 한 카페에서였다. 2013년 3월 16일 토요일, 그날 모였던 우리는 기자나 시사 다큐멘터리 PD 등을 준비하는 언론인 지망생들이었다('언론고시' 준비생, 속칭 언시생이라고 불린다). 언론사에 들어가려면 논술, 작문, 토론 등의 시험을 치러야 했기에 언시생들끼리 글쓰기나 토론 스터디를 만드는 경우가 종종 있다. 우리가 만난 곳은 독서 토론 스터디였다. 매주 책 한 권을 선정해 읽고 토요일에 만나 세 시간쯤 토론을 벌였다. 언시생들이 정보를 공유하는 커뮤니티 '아랑'을 통해 회원을 모집했기에 나이도, 소속 학교 등도 모두 제각각이었다. 회원 가운데 가장 어린 사람은 스물세 살, 가장 나이가 많은 사람은 서른두 살이었다.

  그날도 여느 때처럼 성균관대학교 세미나실에서 독서 토론을 끝마친 후 카페에서 이야기를 나누었다. PD 지망생이던 한 친구가 느닷없이 "취재를 하고 싶다"고 말을 꺼냈다. 평소「그것이 알고 싶다」나「다큐프라임」같은 다큐멘터리 프로그램에 열광했던 그 친구는 매일 아침 신문 읽고, 글 한 편 쓰고, 상식을 외우는 언시생 생활이 지겹다고 했다. 요즘은 1인 언론이나 독립 언론도 많으니 우리도 실제로 취재를 해보자고 부추겼다. "뭘 취재해?" "어디에 실을 건데?" 처음에는 다들 시큰둥한 반응을 보였다. 하지만 두 시간에 걸쳐 "같이 뭐라도 하면 즐겁지 않겠느냐" "이건 꼭 취재하고 싶다"는 설득이 이어지자 다들 조금씩 흥미를 보이기 시작했다. 그는 차곡차곡 모아두었던 취재 아이템을 줄줄이 꺼내놓았다. 삼풍백화점 붕괴처럼 큰 사고 후 남겨진 사람들, 미혼모의 연애, 로터리(길거리에서 일감을 찾는 사람들을 가리키는 말) 등등.

그런 와중에 누군가가 자기를 취재해보라고 농담처럼 말했다. 6년째 같은 하숙집에 살고 있는데 옆 방 사람들과 한 번도 이야기를 나눈 적이 없다는 것이다. 옆에 있던 다른 친구가 살을 붙였다. 그는 대학에 입학하면서 서울에 올라와 자취 중인데 가족과 일주일에 한 번밖에 연락하지 않는다고 했다. 그는 "이러다 내가 방에서 죽어도 우리 가족은 일주일 뒤에나 알 거 같다"고 반쯤 농담을 섞어 말했다. 이야기는 계속 흘러 한 친구의 친척 이야기까지 나아갔다. 그 친척은 6년 전 고시원에서 세상을 떠났다. 그에게는 아내와 자식 네 명이 있었지만 사업에 실패한 후 가족들이 뿔뿔이 흩어졌다. 가족들은 장례식에도 얼굴을 내밀지 않았다. 사업으로 맺은 인연들도 마찬가지였다. 쓸쓸한 죽음이었다. 그는 왜 그렇게 떠난 걸까. 대체 무엇이 문제였던 걸까. 누군가 "이런 사람들 취재해볼래?"라고 말을 꺼냈다. 가벼운 제안으로 시작된 논의는 그렇게 사회문제 깊숙한 곳으로 한 발을 내딛었다.

혼자 살다 혼자 죽는 사람들의 이야기를 어떻게 풀어낼 수 있을까. 당시에는 그 죽음을 뭐라고 정의해야 할지도 막연했다. 어렴풋이 '고독사'라는 주제를 떠올렸을 뿐이다. 어디에서부터 취재를 시작해야 할지 감도 잡히지 않았다. 일단 주변 인맥을 모두 동원해 1인 가구들을 만나보기로 했다. 먼저 외로운 노인이 자주 찾는다는 탑골공원으로 향했다. 간호사인 친구를 통해 병원에 입원했던 '혼자 사는 중소기업 사장님'과 어렵게 약속 날짜를 받아냈다. 1인 가구 온라인 커뮤니티의 운영자, 회원들과 약속을 잡기도 했다. 아버지가 경찰인 한 친구는 경찰 정보망을 이용해 고독사 사례를 찾아보겠다고 호언장담했다(그 친구는 "개인정보를 달라니 말도 안 되는 소리 하지 말라"는 아버지의 호통만 들었을 뿐이다). 고독사 현장 청소를 전문으로 하는 유품정리업체를 찾아가보기도 했다. 그러면서 각자 역할을 나누어 통계자료, 다큐멘터리, 기사, 보고서 등을 닥치는 대로 훑었다. 고독사 통계를 찾다가 검색엔진에서 실마리를 찾은 건 취재를 시작한 지 일주일 정도 지났을 때였다. 우리는 낯선 이름의 공문서 '무연고 사망자 공고문'을 발견했다.

결국 혼자 죽은 남자의 이야기

무연고 사망자는 아무도 시신을 인수하지 않는 사망자이다. 보통 사망자가 발생하면 가족에게 연락이 가는데, 이때 가족이 '사체포기각서'를 병원에 제출하면 고인은 무연고 사망자가 된다. 가족이 없거나 연락이 닿지 않는 경우도 마찬가지이다. 가족 외에도 시신을 인수할 수 있는 사람들이 있지만 잘 알려져 있지 않다. 「장사 등에 관한 법률」에 따르면 각 지자체는 고인이 무연고 사망자임을 인지한 후에는 반드시 구청 홈페이지 등을 통해 무연고 사망자 공고를 내야 한다. 시신을 인수할 의사가 있는 연고자를 찾는 과정이다. 이 공고 기간에 아무도 시신 인수 의사를 밝히지 않으면 지자체에서 사망자를 화장한다. 그 후에는 국가나 지자체가 운영하는 납골당에 유골함이 10년간 보관된다. 이 공고문은 원칙적으로 한 달만 공개되지만, 삭제되지 않아서 볼 수 있는 것들이 있었다. 각 구청 홈페이지 등을 뒤적여보니 남아 있는 공고문이 생각보다 꽤 많았다.

보건복지부에 정보공개 청구한 자료에 따르면 우리나라에서 한 해 동안 발생한 무연고 사망자는 2011년 699명, 2012년 698명, 2013년 894명, 2014년 1,008명, 2015년 1,245명, 2016년 1,232명이다. 우리는 취재의 범위를 서울에 한정했는데, 지방으로 나가기에는 금전적, 시간적 여유가 없었기 때문이다. 너무 오래된 공고문의 경우에는 고인을 아는 사람을 찾는 일이 불가능해 보여서 취재 시작 시점인 2013년을 기준으로 1년 전의 공고문부터 모았다. 이미 구청에서 지운 것들도 있어서 마지막 취재가 끝난 2014년 7월까지 우리가 찾은 공고문은 총 209개였다. 기간으로 따지면 2012년 1월부터 2014년 7월까지 올라온 것들이었다.

무연고 사망자는 남성이 여성보다 월등히 많다. 2016년에 발생한 무연고 사망자를 성별로 나누어보면 남성이 894명(73퍼센트), 여성이 228명(19퍼센트), 성별 미상이 110명(9퍼센트)이었다. 남성이 여성보다 3.9배 많았다. 2015년에도 남성이 더 많았다. 전체 무연고 사망자 1,245명 가운데 남성이 931명(74.8퍼센트), 여성이 220명(17.7퍼센트)으로 나타났다. 우리가 취재한 경우도 마찬가지였다. 2014년 7월 취재를 모두 끝냈을 때 기록된 무연고 사망자의 숫자는 209명이었는데, 그중 남성은 194명이었고 여성은 15명이었다. 194명과 15명. 확연한 차이였다.

결국 이 책은 혼자 죽은 '남자'의 이야기가 되었다. 왜 남자가 여자보다 더 많이 홀로 죽음을 맞이할까. 취재하는 내내 이 의문이 우리를 따라다녔고 우리는 나름의 답을 찾기 위해 발로 뛰어야 했다.

우리의 취재는, 죽음을 알리는 일은 묵은 일일까

무연고 사망자 공고에서 확인할 수 있는 정보는 사망자의 이름과 나이, 주소 그리고 사망 장소 정도였다. 따라서 모든 취재는 사망 장소나 등록기준지에 가보는 것으로 시작되었다. 무연고 사망자 대부분은 서울의 가장 가난한 장소에 살았고 우리는 쪽방이나 고시원을 자주 찾았다. 평범한 동네인가 싶다가도 갑자기 허름한 곳이 나타났다. 강남 주소지도 마찬가지였다. 겉으로 보기엔 멀쩡한 3층 주택이었지만, 안으로 들어가면 쪽방이 나왔다. 매일 같이 어두컴컴한 곳에 발을 들였다.

취재는 송송 막혔다. 고인의 주소지나 사망 장소는 그들이 마지막 생을 보낸 곳이자 꽤 오래 거주했던 장소이기도 했다. 하지만 옆방 사람도, 집주인도 그들에 대한 단편적인 기억만 갖고 있을 뿐이었다.

"그냥 가끔 동네 오다가다 마주친 게 다예요. 교회 다니시고, 약주 하시고."

무연고 사망자 김용상씨의 옆집 사람이 그에 대해 기억하는 전부였다.

"사촌 여동생한테 얹혀 살면서 같이 옷가게를 했어요."

마지막 거주지에서 천호상씨에 대해 얻을 수 있는 단서도 여기까지였다.

"딸이 있다고 했나?" 강백길씨의 옆 방 남자가 말하자, 그 옆에 있던 사람이 "아니지, 자식이 없어"라며 정정했다. 기억은 엇갈리기도 했다.

취재는 작은 실마리에 의지해 이어나갈 수밖에 없었다. "교회를 다녔다"는 언급 하나로 시작된 취재도 많았다. 서명인씨의 경우에는 성당에서 온 우편물만 보고 무작정 성당을 찾아갔고, "김성명씨는 폐지 줍는 일을 했지"라는 한마디 말에 온 동네 폐지 수집상을 찾아 헤맸다. "택시 회사에서 일했어요." 최명식씨처럼 직장을 알게 된 건 꽤 고급 정보에 속했다. 마지막 주소지에서 별다른 정보를 얻지 못하면 공고문에 적힌 등록기준지에 가보기도 했다. 취재는 한 번에 끝나는 법이 없었다. 유삼걸씨는 첫 취재에서 아무것도 얻을 수 없었다. 두 번째 찾아갔을 때 "아, 맞다. 경로당 회장이었어."라는 말을 들었다. 조승만씨의 경우 네 번째 찾았을 때 비로소 그가 일했던 봉제 공장이 어디에 있는지 알 수 있었다. 이영숙씨의 행적을 찾아 세 번이나 요양원을 방문했지만 요양원 원장은 인터뷰를 거부했다. 우리는 마지막 시도로 원장에게 취재 목적 등을 직접 쓴 손편지를 보냈다.

이렇게 확보한 작은 단서를 가지고 이곳저곳을 기웃거렸다. 강남구부터 은평구까지, 김포공항에서 올림픽공원까지 서울 곳곳을 다니며 사람들의 이야기를 들었다. 늘어나는 교통비에 비례해 무연고 사망자의 모습이 하나하나 완성되어 갔다. 그들의 삶은 다른 듯하면서도 비슷했다. 가족이 없어서, 혹은 가족과 연락하지 못해 혼자였다. 그들의 삶은 다른 관계를 찾지 못하면서 더욱 외로워졌다.

취재는 어느 것 하나 만만치 않았다. 우리는 정식 기자가 아니었고 무엇을 어떻게 취재해야 할지, 우리가 하는 방법이 '합법적인지' '도의적인지' 고민을 거듭해야 했다. 취재 초기, 무연고 사망자 최민성씨의 우편물을 뜯어볼 때도 그랬다. 남의 우편물을 마음대로 봐도 되는지 판단이 서지 않았다. 포털 사이트에 '다른 사람의 우편물을 함부로 뜯으면 처벌받나요?'라는 질문을 검색하고 '네, 처벌받습니다'라는 답변을 본 후 혼란에 빠지기도 했다.

본의 아니게 거짓말을 했다가 죄책감에 시달린 적도 있었다. 무연고 사망자들은 혼자 살다 죽은 경우가 대부분이었기 때문에 유족을 만나기가 힘들었다. 어떤 이유로든 시신을 거부한 마당에 우리가 찾는다고 나타나줄 리도 만무했다. 그래서 거짓말을 했다. 고인의 동네에 가서 얻은 정보로 인근 경찰서에 가서는 "원래 그분과 알던 사이인데 묘지에 가서 헌화라도 하고 싶다. 유족에게 우리 번호를 전해주실 수 있겠느냐"고 물었다. 우리를 착한(?) 학생으로 본 경찰들은 유족에게 우리 메시지를 전달해주었고 며칠 후 고인의 아들에게서 전화가 걸려왔다. 그는 아버지가 우리에게 어떤 분이었는지 먼저 물었다. 그리고 "아버지를 기억해줘서 고맙다"고 했다. 그 후로는 절대 거짓말을 할 수 없었다.

취재 도중 우리를 뭐라고 소개할지도 걱정거리였다. 매체에 소속된 정식 기자도 아니고 어디에 글을 실을지도 정해지지 않은 상태여서 우리를 소개하자면 말이 장황해졌다. 보통은 '무연고 사망자에 대해 취재하는 대학생들' 정도로 소개가 마무리되었다. 쪽방에 취재하러 다닐 때는 '대학생' 타이틀이 꽤 도움이 됐다. 창신동 쪽방촌에서 사망한 김근수씨를 취재할 때였다. 고인의 전 부인은 손주를 만난 듯 반가워하며 마음속 이야기를 털어놓았다. 정작 우리는 혹여 고인에 대해 묻는 게 상처가 될까 싶어서 문 앞에서 두 번이나 돌아섰는데 말이다. 반대의 경우도 있었다. 유창선씨 취재 때는 그와 가장 오랫동안 알고 지냈다는 통장을 만나는 게 중요했다. 하지만 수소문 끝에 겨우 만난 통장은 "너희를 어떻게 믿고 취재에 응하느냐"고 했다. 신분도 정확하지 않은 사람에게 고인에 대한 이야기를 해줄 수 없다고 했다.

고인의 지인들이 우리 때문에 고인의 죽음을 알게 되는 일도 많았다. 대부분의 사람들이 고인의 죽음을 안타까워했고 우리를 통해서나마 사망 사실을 알게 되었다며 고마움을 전하는 분들도 있었다. 하지만 그런 일이 거듭될수록 우리가 누군가의 죽음을, 그것도 가족이 시신을 포기했다는 사실을 알리는 게 옳은 일인지 혼란스러웠다. 이근성씨가 그런 경우였다. 그와 어린 시절을 함께 보냈던 보육원 후배 박동식씨는 이근성씨가 무연사한 사실을 전혀 모르고 있었다. 그는 몇 번이나 "정말 죽은 게 맞느냐"고 되물으며 안타까워했다. 과연 이근성씨는 무연고 사망자가 된 사실이 주변인들에게 알려지는 걸 원했을까. 대답해줄 사람은 이미 이 세상에 없다. 처음에는 호기심으로 시작한 취재였지만 마지막으로 갈수록 고인들에게 책임을 져야 한다는 의무감이 들었다. 고인뿐만이 아니었다. 우리가 이들에 대해 묻고 다녔던 시간과 우리에게 기꺼이 시간을 내어준 취재원들에게도 책임감이 느껴졌다.

이 책은 우리가 만난 모든 무연고 사망자의 이야기이다

무연사 취재는 네 번에 걸쳐 진행되었다. 2013년 3월부터 6월까지 83명의 무연고 사망자를 취재한 것이 시작이었다. 다음 해 4

월부터 두 달 동안 108명을 추가로 취재했다. 이후 무연고 사망자의 사망신고 문제를 알아보기 위해 2014년 7월부터 두 달간 18명을 취재했다. 그리고 출판 제의를 받은 2016년 2월 이후 마지막 추가 취재를 끝으로 4년의 여정을 마무리했다.

이 책에는 우리가 만난 모든 무연고 사망자들의 이야기가 담겨 있다. 사실 고인의 기본적인 가족관계는커녕 "그런 사람 모른다"는 답변을 더 많이 들었던 취재였다. 공고에 나온 이름, 나이, 사망 장소 이외의 정보를 얻지 못한 경우도 있었다. 공고에 주민등록번호 앞자리가 미상으로 나와 있어서 나이조차 알 수 없었던 때도 있었다. 처음에는 그런 이들을 배제하고 살아생전 모습을 어느 정도 그려볼 수 있는 경우만 글로 쓸까도 생각했다. 하지만 결국 209명 모두의 기록을 담기로 결정했다. 주변 사람들이 전해준 몇 마디 사소한 말에도 무연고 사망자의 한 단면이 담겨 있었기 때문이다. 돈의동 쪽방촌에서 사망한 양승녕씨에 대해 우리가 들을 수 있었던 말은 "온종일 형광등을 켜놓고 있었다"는 것뿐이었다.

우리가 취재한 고인 가운데 16명은 마지막 거주지가 주민센터였고 그들은 거리에서 사망했다. 주민등록번호가 말소되어 주민센터로 주소지가 바뀐 경우였다. 이런 경우에는 취재를 더 이상 진행할 수 없었다. 하지만 30년이 넘게 대한민국에서 살아온 이들에 대해 우리가 아무것도 알 수 없었다는 사실 또한 인연이 끊긴 채 쓸쓸히 죽어간 '무연고 사망자'의 한 단면을 보여주는 것이라고 판단했다. 더욱이 우리가 취재하지 못했다는 이유로 그 사람들의 삶과 죽음이 다른 사람들보다 덜 중요할 수는 없었다. 이런 이유로 우리는 209명의 흔적을 모두 기록하기로 했다.

시간과 능력의 부족으로 취재는 완벽하지 못했다. 책을 쓰면서 '그때 이 질문을 했더라면' '그곳에 한 번 더 가보았더라면' 하는 후회가 든 적이 많았다. 2016년에 마지막으로 취재를 나가서 최대한 내용을 보충했지만, 여전히 우리가 원했던 온전한 그림은 완성되지 않았다. 모든 취재를 마지막 주소지에서 시작할 수밖에 없는 한계 때문에 마지막 주소지 이전의 삶은 어땠는지 제대로 알지 못한 채 취재가 끝나기도 했다. 유족 등 고인과 관련된 정보가 노출되는 문제 때문에 취재 내용을 다 담지 못한 글도 있다. 그럼에도 우리는 최선을 다해 애초에 품었던 질문의 답을 찾으려 고군분투했다. 왜 이 사람들은 홀로 죽어야 했을까. 이 책은 이 의문에 대한 우리 나름의 답이다.

1부

세상에 없는 죽음을 뒤쫓다

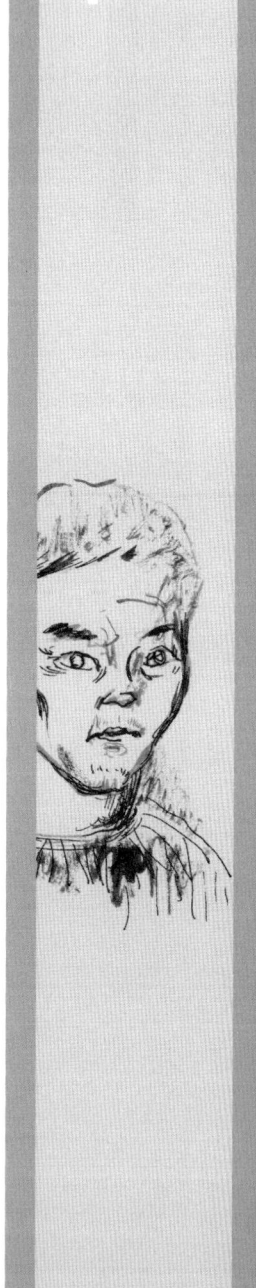

1장 그들도 누군가에게는 그리움이다

　우리가 의지할 수 있는 유일한 취재원은 '무연고 사망자 공고문'이었다. 여기에는 성명, 성별, 생년월일, 등록기준지(본적), 주소, 사망 일시, 사망 장소, 사망 원인, 안치 장소 등 고인에 대한 아홉 가지 정보가 적혀 있다. 하지만 그마저도 성명, 생년월일 등 기본 정보를 빼고 나면 취재에 도움을 주는 항목은 등록기준지와 주소, 사망 장소뿐이었다. 취재는 대부분 이 세 곳 중 한 곳을 먼저 찾아가 보는 것에서 시작되었다.

　첫 취재였던 이근수씨는 선택의 여지가 없었다. 등록기준지는 경기도 화성으로 멀었고, 사망 장소는 국립중앙의료원으로 우리가 접근해 정보를 얻기 어려운 의료 시설이었다. 결국 그의 주소지가 첫 취재처가 됐다. 서울시 성동구 ○○로길 ○○○번지. 이근수씨의 마지막 거주지를 찾아가기 위해 스마트폰에서 지도 앱을 실행하고 주소를 입력했다. 메시지가 깜박였다.

　"검색 결과가 없습니다. 직접 등록해보세요."

　몇 번을 다시 검색해도 마찬가지였다. 한참 동안 지도 앱을 들여다보고서야 "○○로길"에서 "길"이 빠져야 제대로 된 신주소 명

칭이 된다는 걸 알아차렸다. 공고문이 잘못된 모양이었다. 다시 제대로 주소를 입력한 후 2호선 성수역에서 내렸다. 한낮의 뜨거운 햇빛을 받으며 10분쯤 걸었을까. 오래되고 허름한 가게들이 줄지어 선 대로변을 지나 오른쪽으로는 주민센터가 나타났다. 길 건너편 왼쪽으로는 단칸방들이 따닥따닥 붙어 있는 좁은 골목이 보였다. 그 집들 가운데 하나가 그의 집이라는 확신이 들었다. 골목길 안으로 들어가기 전 이웃 주민들에게 잘 보이고 싶은 마음에 골목 초입에 있는 약국에 들려 비타민 음료 한 박스를 샀다. 이근수씨에 대해 묻기 전에 한 병씩 돌리며 조금이나마 환심을 사볼 요량이었다.

새주소 번호판 하나하나를 확인하며 신중하게 발걸음을 내딛었다. ○2번지, ○3번지, ○5번지, ○6번지… 5분쯤 걸어도 찾는 주소지가 나타나지 않았다. 이상하다고 생각하면서도 걸음을 멈추지 않았고 5분쯤 더 지났을 때 우리는 골목 끝에 다다랐다. 이 골목이 아닌가? 다시 지도 앱을 실행했다. 지도는 우리가 들어왔던 골목 반대편을 목적지로 표시하고 있었다. 상가와 주민센터만 보였을 뿐, 일반 가정집은 보이지 않았던 곳이었다.

발걸음을 틀어 다시 지도에 나온 목적지를 따라 걷기 시작했다. 그리고 발걸음을 멈춘 곳은 주민센터. 머릿속에 수많은 물음표가 떠올랐다. 공고문에 표기된 주소가 잘못된 걸까. 아니면 주소지가 사라진 걸까. 사정이 있으리라 생각하며 집의 정확한 위치를 물어볼 생각으로 주민센터의 유리문을 열어젖혔다.

─ 안녕하세요. 실례합니다. 혹시 이 동네에 ○○○번지가 어딘지 알 수 있을까요?

"○○○번지는 여긴데요?"

<그림1> 무연고 사망자 공고문

서울특별시 ○○구 공고

무연고(행려) 사망자 공고

장사등에 관한 법률 제12조 및 동법 시행령 제9조에 의거 무연고 (행려) 사망자의 시체를 처리하고 동법 시행규칙 제4조에 의거 아래와 같이 공고하오니, 연고자는 사체(유골)를 인수하시기 바랍니다.

2017년 4월 25일

서울특별시 ○○구청장

1. 사망자 인적사항

성명	성별	생년월일	등록기준지		사망일시	사망장소		사망경위
				주 소			안치장소	
○○○	남	○○○○○○	서울시 ○○구 ○○동 ○○		201X.X.XX	○○구 ○○동 ○○○번지		○○○
			서울시 ○○구 ○○길 ○○, ○○호			○○구 ○○동 ○○○번지		

2. 시체처리 및 보관장소
   가. 처리방법 : 화장 후 납골
   나. 납골장소 : 서울특별시립 용미리 무연고 추모의 집(경기도 파주시 광탄면 용미리 산 107번지)
   다. 납골기간 : 10년
3. 공고기간 : 2017. 4. 25. ~ 2017. 5. 24. (1개월)
4. 연 락 처 : ○○구청 복지정책과【☎ 02-○○○-○○○○】

　－아, 그럼 혹시 이근수씨라는 분 아세요? 그분 집 주소가 이 번지로 뜨는데요.

　"이근수씨요?"

　주민센터 직원들과 우리는 서로를 어리둥절한 표정으로 바라 보았다. 우리는 '혹시 이근수씨가 주민센터 직원이었나?' 따위의 생각을 하고 있었고, 주민센터 직원들은 '이 학생들은 누군데 여길 찾지?'라는 얼굴이었다. 잠깐의 침묵을 깨고 우리는 왜 이곳을 찾게 됐는지, 어떤 취재를 하고 있는지 설명했다. 직원들은 "그런 사람은 모른다"며 "왜 그분 주소지가 이곳으로 되어 있는지 모르겠다"

고 했다. 뒤에서 상사로 보이는 중년 여성이 직원들에게 무슨 일인지 물었다. 직원 두 명이 뒤편으로 들어가 상사와 의논을 시작했다. 5분쯤 지났을까, 직원이 다시 우리 앞에 나타나 설명을 시작했다.

"찾아봤는데 그분 말소자인 거 같아요."

이근수씨가 주민등록지의 주소에 살고 있지 않아 주민등록이 말소되었고, 무연사하면서 주소지가 주민센터로 바뀌었다는 설명이었다. 하지만 직원들도 정확한 이유는 모르는 눈치였다. 모르는 사람을 붙잡고 더 물어볼 수도 없는 노릇이라, 예의상 인사를 건네고 우리는 허탈한 마음으로 다시 문밖으로 나왔다.

첫 취재를 보기 좋게 실패한 이후 주소지를 미리 검색해보고 가는 습관이 생겼다. 지도 앱에서 먼저 주소지를 검색한 후, 실제 거리 모습 보기를 통해 해당 주소지가 주민센터인지 확인했다. 그 결과 주민센터가 주소지인 사람은 모두 16명이었다. 김천선, 김순경, 김찬곤, 장선정, 김효연, 조순호, 이은주, 고권욱, 김충경, 배경욱, 윤종욱, 조용연, 조용욱, 황인수, 최호석씨가 그런 경우였다. 김광택씨나 전두진씨처럼 주소지가 공고문에 적혀 있지 않거나, 잘못 기입된 경우도 있었다.

검색 후 주소지가 주민센터로 나오지 않으면 등록기준지와 주소지, 사망 장소를 찾았다. 등록기준지는 지방이었던 경우가, 사망 장소는 병원이었던 경우가 많아 주로 마지막 주소지를 찾는 게 먼저였다. 그러나 대부분은 헛발질과 실패의 연속이었다.

천호상씨의 마지막 주소는 서울시 양천구의 한 시장 골목이었다. 버스에서 내려 길을 건넌 후 시장 골목으로 들어가서 건물을 찾았다. 건물 1층은 건어물을 파는 가게였다. 땅콩을 조금 산 다음, 주인 부부에게 슬쩍 말을 건넸다. 아주머니는 천호상씨의 이름을 단번에 알아챘다.

"사촌 동생 집에 얹혀 살던 남자잖아."

그러나 무려 7년 전 일이었다. 사촌 동생 부부는 이 건물이 건어물 가게로 바뀌기 전에 옷 장사를 했고 천호상씨도 그 일을 거들었다. 건물 3층이 사촌 동생이 살던 집이었다. 건어물 가게 부부의 기억은 거기까지였다. 3층 벨을 누르고 땅콩을 하나씩 까먹으며 기다렸다. 잠시 후 아이를 안은 젊은 여성이 잔뜩 경계하는 눈초리로 우리를 쳐다보고는 "몰라요"라며 문을 닫았다. 시장통에 늘어선 가게들 하나하나 문을 두드리며 물어보았지만 돌아오는 대답은 "모르겠다"뿐이었다. 시장 상인 몇 명은 취재차 왔다는 우리를 붙잡고 시장의 경제 사정에 대해 시시콜콜 이야기를 늘어놓았다. 땅콩, 아이스크림, 핫도그… 시장에서 산 물건이 점점 늘었다. 이런 일은 취재 내내 계속됐다. 양손에 먹을 것들을 가득 들고 우리가 주로 들었던 말들은 대개 이런 식이었다.

"내가 여기 주인인데, 김씨 성은 여기 산 적이 없어."(김대창)

"없어. 그런 사람 전혀 몰라. 주소가 여기로 떴다고?"(표훈상)

"301호 이사 간 것 같은데 재작년에. 잘 모르겠어요."(정인찬)

"몰라요. 전혀."(김찬희, 김윤상, 박아현, 이진수, 손현기, 김석수, 임수명, 배규민)

"이름만 들어선 모르죠. 이름보다 얼굴을 봐야 알지."(김하진)

"그런 사람 입소한 적 없어요."(김주현, 이현동)

"우성민요? 주소는 바로 이 뒤 건물인데, 본명 맞아요?"(우성민)

"누군지는 아는데 아는 건 없어. 얼마나 살았는 지도 기억 안 나. 오래 살아야

2~3개월? 유품도 청소하는 사람들이 치워서 뭐가 있는지도 몰라."(김석우)

"여기 산다고 다 알 수는 없잖아요."(우명호)

"하루 이틀 주무시는 그런 사람들이 많아서 이름 다 기억 못 해."(김종수)

그러나 모든 취재가 난관에 부딪혔던 것은 아니다. 하루 종일 허탕을 치다가도 갑작스런 선물을 받은 것처럼 단서를 발견하곤 했다.

이명호 – "그분이 없는 사람들 많이 도와줬죠"

이명호	등록기준지		주소지	
1936년생. 남	–		서울시 용산구 후암동 ○○○	
	사망 일시	사망 장소	안치 장소	사망 원인
	2012년 11월	○○병원	○○병원	–

이명호씨의 무연고 사망자 공고를 보고 찾아간 곳은 낡은 여관이었다. 빨간 벽돌을 쌓아 만든 주택들이 죽 이어지는 골목 어귀에 여관이 있었다. 얼핏 보면 여관인 줄 모르고 지나쳤을 법한 장소였다. 2층짜리 여관의 내부는 나무 재질로 마감되어 있었다. 문을 열고 들어서자 왼쪽에 손님을 받는 창구가 있었다.

– 혹시 여기 계셨던 이명호씨라고 아세요?

주인 할머니는 대낮부터 여관 문을 밀고 들어온 우리를 의아하게 바라보았다. 이명호씨의 마지막 주소지를 보고 찾아왔다고 자초지종을 설명하니 "그 양반? 벌써 한참 전에 죽었지. (여관에는) 한

3년 전쯤 들어왔나…"라며 할머니는 기억을 더듬기 시작했다.

"그 양반이 무슨 미군 쪽에서 사업도 크게 하고, 중국에서도 사업하고. 아들이 하나 있다고 들었어. 외국에 나가 있다고 했는데…."

할머니는 혹시나 자식이 찾아올지 몰라서 유품을 보관하고 있다고 했다. 우리는 유품을 볼 수 있겠느냐고 조심스럽게 물었다. "다른 사람들한테 보여줘도 되나…" 할머니는 잠시 망설이다가 열쇠 꾸러미를 꺼냈다. 이명호씨가 썼던 두 개의 방 가운데 하나는 이미 깔끔하게 정리되어 손님을 받고 있었다. 방 한가운데에는 침대가 있었고 고동색 나무 창틀 앞에는 서랍장과 옷장이 나란히 놓여 있었다. 흔한 여관방이다. "이 방에서 잤고…" 할머니는 방문을 닫고 반대편 방문을 열며 말했다. "이 방에 짐 보관하고."

불을 탁 켜는 순간, 조금 전 보았던 방과 달리 짐이 너저분하게 쌓여 있는 창고 같은 공간이 눈에 들어왔다. 빙에 띨린 화장실에서 바퀴벌레가 빼꼼 고개를 내밀었다가 후다닥 사라졌다. 방에는 침대도 옷장도 없었다. 대신 서류 뭉치가 방을 채우고 있었다. A4 용지에 인쇄되어 묶인 사업 관련 서류와 카드 명세서 등이 뒤섞여 있었다. 상자 속에는 각종 약과 병원 기록, 앨범, 휴대전화 등이 들어 있었다. 우리는 유품을 하나하나 꺼내보았다. 파란색 함 하나가 눈에 들어왔다. 뽀얗게 쌓인 먼지를 손으로 닦아내자 문구가 보였다. "감사의 마음을 담아 이 패를 드립니다." 한 대학의 기부 감사패였다.

취재를 마치고 여관을 나왔을 때는 이미 어두워진 후였다. 주택가 밤거리를 걸으며 스마트폰으로 감사패를 준 대학교와 이명호씨의 이름을 검색했다. 대학에 1억 원 기부, 문중 공사에 9,000만

원 기부, 북한 어린이 돕기 사업에 기부, 교회에 기부…. 그의 기부를 전하는 글들이 끝없이 나왔다. 모두 합치면 어림잡아 4억 원은 될 법했다.

검색 결과 그가 운영했던 사업체 이름과 주소도 알 수 있었다. 건축 관련 회사였고, 여관에서 멀지 않은 곳에 사무실이 있었다. 다음 날 그의 회사 주소지로 찾아갔지만 회사는 사라지고 없었다. 몇 년 전에 리모델링했다는 건물 안에서 그를 아는 사람을 찾기도 어려웠다. 더는 흔적을 찾기 어려워 밖으로 나왔을 때였다. 건물 옆 주차장에서 경비원이 보였다. 혹시나 싶어 그에 대해 물어보자 경비원은 반가워했다. 이곳에서 10년 넘게 근무했다는 그는 이명호 씨를 또렷하게 기억했다.

"진짜 너무 보고 싶은 사람이에요, 그 양반이…. 우리한테 잘해줘서 자주 생각나죠. 인정 많고, 남 잘 도와주고. 나이 많은 사람이 경비 노릇하고 있으니까 야식 사다주고, (전기난로를 가리키며) 이런 거도 사다주고, 돈도 많이 주고. 없는 사람들 많이 도와줬죠."

경비원은 인터뷰 내내 좋은 사람이 무연고로 사망한 사실을 안타까워했다. "허참" 그는 몇 번이나 한숨을 쉬며 "정말 혼자 돌아가셨느냐"고 재차 물었다.

"한 2년 전쯤 지하철역에서 만났어요. 퇴근하다가. 요 근방 어디로 (사무실을) 옮기신 거 같더라고요. 가끔 찾아가게 회사 옮긴 곳을 알려달라고 했더니 그냥 저쪽이라고만 하시더라고요."

경비원은 이명호씨가 2009년 무렵 건물 임대 계약이 만료되면서 회사를 옮겼다고 기억했다. 근처 어디로 회사를 옮긴다는 소식도 들었다. 하지만 경비원이 이명호씨를 지하철역에서 만났을 때 그는 이미 집을 잃고 여관에서 생활하고 있었다. 지하철역에서 손가락으로 가리킨 곳은 그가 몸을 의탁하고 있던 여관이었다.

이명호씨가 다니던 교회를 찾아갔다. 자리를 비운 목사에게 전화를 걸었다. 목사는 돌아가신 분에 대해 함부로 말할 수 없다며 전화를 끊으려 했다.

―좋은 일을 많이 하신 분 같은데 그렇게 돌아가신 게 안타까워서 그래요.

목사는 그제야 말문을 열었다.

"노인들 위로잔치를 전국적으로 한 열댓 번 정도? 부산, 대전, 서울 뭐 이런 식으로 해줬다고 알고 있어요. 한번 모일 때 한 20명에서 50명이 오셨고. 자기가 가족 없이 혼자니까 돈 벌어 봉사활동을 한 거죠. 어머니 생각나면 노인잔치 하고, 자식 생각나면 학생들 도와주고. 그렇게."

그가 왜 혼자 살았는지는 알 수 없다. 그에게는 아내와 아들이 있었다. 주변 사람들에게 '아들이 외국에서 교수를 한다'고 종종 말했다. 하지만 목사의 말에 따르면 그는 1984년 이전부터 이미 가족과 떨어져 혼자 살고 있었다. 그가 1998년 무렵 큰돈을 기부했던 종친회에 연락했다. 이 정도 액수를 기부한 사람이면 종친회에서도 기억하지 않을까 싶었다. "알긴 아는데, 이미 10년 전에 연락이 끊겼어요." 수화기 너머로 퉁명스러운 목소리가 들려왔다.

유품에서 발견한 수첩에는 이름과 번호만 적어놓은 한 줄짜리 메모가 있었는데 그 번호로도 전화를 해보았다. 성이 같으니 친척이 아닐까 싶었다. 전화를 받은 사람은 이명호씨의 먼 친척이라고 했지만, 그의 사망 소식조차 알지 못했다. 가족에 대해 묻자 아내와 아들이 외국으로 떠났다는 얘기만 얼핏 들었다고 했다. 통화는 그게 끝이었다. 수첩에는 다른 휴대전화 번호도 몇 개 있었지만 017로 시작하는 등 이미 쓰이지 않는 번호들이었다.

회사와 교회를 계속 취재했지만 그의 삶은 여전히 오리무중이었다. 우리는 다시 여관을 방문해 유품을 살펴보았다. 지난번에는 지나쳤던 A4 용지도 한 장 한 장 들춰보았다. 그리고 이명호씨가 동장(洞長)에게 보낸 편지를 찾아냈다. 정갈하게 타이핑 된 편지는 "동장님, 기초생활보장수급자 신청을 받아주시면 감사하겠습니다"라는 말로 시작한다.

> 젊었을 때는 사업으로 많은 돈을 벌어서 국가에 세금도 많이 냈습니다. (…) 지금 현재는 단돈 천 원도 없는 처지입니다. (…) 죽으려고 했다가 자살예방센터도 방문했습니다. 그러나 죽는 게 그리 쉬운 일은 아니었습니다. 자살예방센터에서 말하기를 주민센터에 가서 기초생활보장수급자 신청을 하라고 해서 신청을 하는 것입니다. (…) 지금 현재로서는 살길이 막막합니다. 그러나 동장님께서 기초생활보장수급자가 되도록 도와주신다면 살아갈 길이 있지 않겠습니까? 지금 저는 몸이 병들고 정말 아무 일도 할 수가 없고 어쩔 수 없습니다.

이 편지는 이명호씨가 병원에 실려 가기 일주일 전쯤 쓰였다. 편지를 쓰고 두 달 후에 그는 사망했다. 편지가 실제로 동장에게 전달되었는지는 알 수 없었다. 교회 목사에게 보낸 편지도 있었다. 자신의 사정을 설명하며 몇십만 원만 빌려달라는 내용이었다. 이 편지는 그가 여관에 들어온 지 3년 만에, 파산 신청을 하고도 9개월이 지난 무렵에야 쓴 것이었다. '조만간 여유가 생길 테니 돈을 꼭 갚겠다'는 말도 여러 번 반복했다.

"도와주려고 했는데 본인이 짐 되는 걸 굉장히 싫어해요. 성격이."

– 남한테 피해주기 싫어서요?

"그래요. 성격이."

이명호씨는 평소 남 돕는 일을 당연하게 여기는 사람이었다. 그러나 자신이 도움을 요청하는 것은 다른 이들에게 부담이 되리라 여긴 듯했다. 사정을 대충이나마 알게 된 교인들이 도와주려고 했지만 그마저도 대부분 거절했다고 한다. 몇 달치 여관비가 그가 받은 도움의 전부였다.

– 여기 한 달 여관비가 얼마예요?

여관을 나서며 할머니에게 물었다.

"그 사람? 하루에 8,000원씩 내고 지냈어."

한 달에 24만 원가량인 여관방. 이명호씨는 이곳에서 3년 가까이 지내다가 2012년 가을 병원에 입원했다. 그가 죽기 두 달 전이다. 당시 그는 암에 걸려 몸이 매우 안 좋았다. 구급차를 불러준 건 여관 주인 할머니였다.

"꼼짝도 안 하는 거야. 내가 겁이 나서 밥을 줬어. 밥 먹고 왔다 갔다 하더니 또 꼼짝도 안 해. 그래서 119를 불렀지."

할머니는 안타까워하며 당시 상황을 말해주었다. 그날은 추석이었다.

이근성 – "미우나 고우나 함께 살아가는 형제였죠"

이근성	등록기준지		주소지	
1958년생, 남	서울시 은평구 갈현로11길 ○○○		서울시 은평구 갈현2동 ○○○	
	사망 일시	사망 장소	안치 장소	사망 원인
	2013년 4월	국립중앙의료원	국립중앙의료원	위정맥류 출혈

고시텔 주인을 따라 긴 복도를 걸어 들어갔다. "여기예요." 주인은 우리를 오른쪽 방으로 안내했다. 세 명이 서 있기도 벅찬 다섯 평 남짓한 방. 사방이 막힌 공간에서 먼지 뒤섞인 공기가 코 안으로 들어왔다. 방 한쪽에는 상자가 쌓여 있고 바닥에는 비닐봉지가 너저분하게 널려 있었다. 출처가 분명하지 않은 이 물건들 틈에 이근성씨의 유품이 보였다. 라면 상자 크기의 상자 하나와 봉지 두 개가 유품의 전부였다. 휴대전화를 열어보니 저장된 번호도 하나뿐이었다.

상자를 열자 십자가와 종이 묶음이 나왔다. 종이에는 일상을 기록한 글들이 적혀 있었다. '2012. 12. 10. 식료품 1만 6,000원 구입' '2013. 1. 1. 새벽예배. 혈당 식전 82' 등등. 그는 매일 혈당을 확인했고, 지출 내역을 정리했다. 일기는 하루도 거르지 않았다.

"한 20일 전쯤인가. 그날도 시시티브이를 보고 있었어요. 아 근데 이 양반이 옷도 안 입고 돌아다니는 거예요. 복도를. 방에 가보니깐 온통 피가 있더라고요."

고시원 주인이 구급차를 불러서 그는 병원에 실려 갔다. 하지만 얼마 지나지 않아 사망했다. 냄비에 고인 혈흔이 그의 마지막 흔적이었다. 당시 정황을 한참 설명하던 주인이 "아!" 하며 말을 멈추었다.

"고아였어요. 저쪽으로 가면 (보육원이) 있는데…."

우리는 이근성씨가 생활한 보육원을 찾아갔다. 언덕을 오르자 족히 6층은 되어 보이는 큰 건물이 나타났다. 문을 열고 들어서니 떠들썩한 소리가 들려왔다. 선생님이 한 아이의 머리를 자르고 있었다. 아이는 쑥스러운지 고개를 푹 숙였다. 초등학교 1, 2학년쯤 됐을까. 그 광경을 구경하던 친구들은 한참을 낄낄거렸다. 한 선생님이 우리를 빈방으로 안내했다. 보육원에는 이근성씨의 입소카드가 남아 있었다. 그는 부모가 모두 사망하면서 보육원에 보내졌다. 입소카드에는 그의 학창시절 사진도 있었다. 또렷한 눈매에 통통한 얼굴. 운전면허증에서 보았던 핼쑥한 노인과는 전혀 다른 사람이었다.

며칠 뒤 우리는 박동식씨에게 연락했다. '박동식. 오전 11:03.' 그는 이근성씨의 휴대전화에 번호가 저장된 유일한 사람이었다. 고시텔에서 막 나온 박동식씨는 푸른색 트레이닝복 차림이었디. 정돈되지 않은 수염에 거뭇거뭇한 얼굴. "아무 때나 와." 휴대전화 너머로 들려오던 걸걸한 목소리가 그의 모습과 오버랩되었다.

그는 이근성씨를 애주가로 기억했다. 이근성씨는 직장을 여러 군데 다녔다. 공고를 졸업하고 전선 관련 대기업에 취직했다. 건설 붐이 일 땐 중동에 다녀왔고, 식당에서도 일했다. 한창 식당 일로 바쁠 때 그는 버스에 치여 머리를 다쳤다. 이후 일용직을 전전했고 서대문에서 폐지도 주웠다. 박동식씨와 헤어진 뒤 우리는 다시 보육원을 찾았다. 직원은 이 보육원에서 오랫동안 근무한 총장을 소개해주었다. 총장은 더듬더듬 기억을 끄집어냈다.

"내가 알기론 40대 중반까지는 성실하게 살았던 것 같아요. 그런데 40대 중반 이후 알코올의존자가 되면서 노숙자 신세가 되었죠."

'40대 중반 이후'는 이근성씨가 교통사고를 당한 뒤 일용직을 전전하기 시작한 때였다. 그는 그 무렵 보육원에 전화를 했다고 한다. 결핵에 걸린 그는 보육원에 도움을 청했고, 보육원은 병원비를 대주었다. 총장 옆에 있던 직원이 덧붙였다.

"결핵 약이 굉장히 먹기 힘든데, 그걸 다 드셨어요."

보육원 출신들은 퇴소 후에 정기적인 모임을 가지며 인연을 이어왔다. 그중 하나가 전쟁고아들로 구성된 '천우회'다. 천우회 회장 김정훈씨는 어릴 적부터 보육원 형제들끼리 우애가 깊었다고 했다.

"전쟁이 나거나 부모를 일찍 여의면 운명을 믿을 수밖에 없어요. (보육원에) 운명적으로 들어와 운명적으로 만난 사이지. 그러니다 형제가 되는 거예요. 힘들어도 서로 챙겨주고, 미우나 고우나 어쨌든 함께 살아가야 한다는, 그런 게 있지요."

하지만 어릴 적 사이가 좋았던 형제들도 이근성씨의 부고를 받지 못했다. "진작 알았다면 천우회에서 (장례식을) 하든 그랬을 텐데"라며 김정훈씨는 혀를 끌끌 찼다. 그도 그럴 것이 이근성씨는 천우회 모임에 거의 참석하지 않았다. 김정훈씨는 대화 도중 누군가에게 전화를 걸어 이근성씨와 가깝게 지내는 사람이 있느냐고 물었다. 수화기 너머로 들려온 답은 "없다"였다.

김정훈씨를 만난 뒤 우리는 그의 유품에서 발견한 내용을 다시 확인해보았다. 일기에 적힌 그의 일과 대부분은 예배와 관련된 것들이었다. 우리는 일기를 토대로 그가 다녔던 교회를 찾았다. 교회는 그가 결핵으로 입원했던 병원에서 그리 멀지 않았다.

"오셔서 은혜를 받으셨죠. 주일날이고 새벽예배고 다 잘 나오셨어요."

　권사는 그를 신실한 성도로 기억했다. 이근성씨는 1년 가까이 이 교회를 다녔다. 결핵이 거의 완치될 즈음이었다. 그러던 그가 갑자기 교회에 나오지 않았다. 출혈로 사망했기 때문이다. "예배 시간이 다 돼서요." 권사가 대화를 끝내자고 했다. 예배당에는 많은 사람이 모여 있었다. 모두들 십자가 앞에서 두 손을 가지런히 모으고 있었다.

조승만 ─ '오래 안 산다는 말을 입버릇처럼 하고 다녔어'

조승만	등록기준지		주소지	
1956년생, 남	서울시 노원구 상계로 ○○○		서울시 성북구 장위동 ○○-○○	
	사망 일시	사망 장소	안치 장소	사망 원인
	2012년 3월	서울 노원구 월계동 ○○○	서울 노원구 ○○병원	자살

　"자살". 조승만씨의 무연고 사망자 공고에서 가장 먼저 눈에 들어온 단어다. 공고에는 그가 어떤 상태로 죽었는지 자세히 기술되어 있었지만, 그가 목숨을 끊은 이유는 적혀 있지 않았다.

> 발견 당시 노숙자 같은 차림으로 영축산에 쓰러져 있는 참나무 기둥에 박스 포장용 끈으로 목을 매고 사망해 있는 상태. 상의는 국방색 잠바를, 하의는 검정색 추리닝을 입고 갈색 안전화를 착용하고 있었음. 왼손 새끼손가락 아래 부분에 목을 맨 끈에 베인 상처가 남아 있음. 다른 외상은 전혀 없음.

2,000여 개의 봉제 공장이 밀집된 서울 성북구 장위동에는 4층 이하 단독주택들이 늘어선 오래된 주택가가 있다. 공고에 적힌 조승만씨의 거주지는 사람이 살 수 있는지 의심스러울 만큼 낡은 주택이었다. 곧 떨어져나갈 듯한 철문을 두들기며 조승만씨를 아느냐고 물었다. 문 안에서 한 여자가 "그런 사람 없다"고 소리쳤다.

　주소가 잘못된 건가? 우리는 습관처럼 우편함을 확인했고 우편물에서 조승만씨의 이름을 발견했다. 그가 살던 집이 확실했다. 그가 사망한 지 1년이 넘었으니 현 거주자가 그를 모를 수도 있었다. 혹시나 싶어 근처에 사는 이웃에게도 물었지만 대답은 역시나 "모른다"였다. 그만 포기하고 자리를 뜨려고 할 때쯤 아까부터 우리 옆에서 담배를 피우던 한 남성이 말을 걸어왔다.

　"조승만이는 왜 찾는 거요?"

　그는 조승만씨와 봉제 공장에서 10년 넘게 같이 일한 동료였다. 그의 아내가 조승만씨에게 반찬을 만들어주기도 했고, 죽기 전날 조승만씨가 그를 찾아왔을 정도로 막역한 사이였다. 조승만씨는 집 없이 여인숙과 고시원을 전전하며 살았다. 그는 우편물이라도 받아줄 요량으로 조승만씨의 거주지를 자기 집으로 등록해놓았다고 했다.

　"장위동에서 옷 만드는 일을 40년 정도 했어요. 여기저기 공장을 옮겨 다녔지요. 여름에는 공장이 안 돌아가서 건축 일(일용직)을 했고요."

　두 사람은 같은 고시원에서 생활한 적도 있었다. 그는 방세가 자주 밀렸던 조승만씨를 대신해 돈을 내주기도 했다. 조승만씨가 마지막으로 생활한 곳도 그 고시원이었다. 그의 집에서 버스를 타고 10분 남짓한 거리에 있는 고시원을 찾아갔다. 고시원 주인은 조승만씨를 똑똑히 기억했다. 밀린 방세를 내지 않고 몰래 나가버렸기 때문이다. 그는 고시원 사람들과는 교류하지도 않았다. 고시원 생활이라고는 밖에서 술 마시고 들어와 또 방 안에서 술 마시는 것뿐이었다.

조승만씨의 삶을 더 알아보기 위해 그의 동료가 일러준 식당을 찾아갔다. 조승만씨가 일이 끝난 뒤 동료들과 모여 매일 같이 술을 마시던 단골집이었다. 골목 어귀에 들어서자 50년은 족히 되어 보이는 식당이 나타났다. 손으로 쓴 식당 간판은 세월의 흔적을 보여주듯 색이 바랬다. 술자리를 벌이기에 조금 이른 오후 5시인데도 이미 만취한 남자들로 시끌벅적했다. 그곳에서 조승만씨와 40년간 알고 지낸 양 사장을 만났다. 양 사장은 조승만씨가 상계동에 살 때부터 알고 지내던 사이다. 조승만씨는 열한 살 때부터 장롱 만드는 일을 했다. 일하던 가게가 서울로 이전되면서 상계동에 정착했다. 이후 스웨터 짜는 법을 배우면서 옷 짓는 일을 40년간 했다.

"내가 이삼십 대일 때만 해도 (스웨터 제조) 일이 굉장히 많았어. 섬유산업에 종사하던 사람 월급이 공무원 월급보다 많았지. 그땐 새벽에 나와서 밤 10시까지 일해도 일을 다 못할 정도였어. 근데 지금은 이것만 해선 돈 못 벌어. 공장이 겨울에만 돌아가니까."

양 사장은 1990년대 이후 섬유공장이 중국으로 이전하기 시작하면서 단가가 떨어졌다고 했다. 섬유산업은 점점 쇠락했다. 당시 조승만씨는 30대였다. 일감이 줄어드니 직장을 옮겨 다닐 수밖에 없었다. 변변찮은 수입 탓에 고시원, 여인숙 등을 전전하며 살았다. 양 사장은 조승만씨가 결혼하지 못한 데는 불안정한 수입이 한몫

했다고 말했다.

"그래도 의지가 있었으면 결혼했을지도 모르지. 사실 우리도 일이 불안한 건 매한가지지만 다 결혼은 했거든. 아무래도 (가족에게) 버림받은 게 크지 않았나 싶어."

양 사장은 조승만씨의 어린 시절에 대해 들려주었다. 그는 어려서 친부모에게 버림받았다. 친누나가 있지만 외국으로 입양되면서 연락이 끊겼다. 다행히 그도 입양되어 새 가족이 생겼다.

"강원도 인제인가 원통인가 아들 없는 집에 양자로 들어갔지. 근데 그 집이 사업에 실패해서 생활이 어려워지니까 결국 초등학교 4학년 때 파양되고 집에서 나왔대."

조승만씨는 이삼 년 전부터 "나는 오래 안 산다"는 말을 입버릇처럼 하고 다녔다. 그가 술을 갑자기 많이 마시기 시작한 것도 그 무렵이었다. 젊을 때도 술을 마셨지만, 일 나가기 전날에는 술을 마시지 않던 그였다. 술을 과하게 마시면서 삶이 망가졌다. 밥 대신 술을 마시기 일쑤였고, 일이 있어도 공장에 나오지 않았다. 매일같이 동료들과 어울렸지만, 모두 가정으로 돌아가고 나면 혼자 또 술을 마셨다.

"죽기 전날 절 찾아왔거든요. 겨울이었는데. 우리 집 방이 두 개인데 방 하나가 비어 있었어요. 들어와 살라고 할 걸. 그 말을 못한 게 제일 후회되네요."

십년지기 동료는 조승만씨 앞으로 우편물이 날아올 때마다 후회된다며 눈물을 훔쳤다. 주위에서는 그가 재기할 수 있도록 많은 도움을 주었다. 사장은 일을 안 나와도 월급을 챙겨주었고, 단골 식당 주인은 '술은 못 줘도 밥은 언제든 공짜로 주겠다'며 밥을 차려주었다. 많은 배려에도 그는 끝내 자살을 택했다. 십년지기 동료는 이렇게 말했다.

"돈 모을 생각을 안 했어요. 삶에 의지가 없었거든요. 아무래도 가족이 없으니까 그랬겠죠."

취재 실패의 기록

• 이민수 | 1967년생, 남

중국인이었다. 공고문에 적힌 주소지를 찾아갔으나 해당 번지 149-203가 존재하지 않았다. 149-2번지는 공사 중이었다. 건물주는 이전에 중국 교포 두 명이 살았다고 했지만 둘 다 여자였다. 149-20번지는 A와 B동으로 나뉘어 있었다. 이곳에 사는 중국 교포들은 이민수씨를 알지 못했다. 149-23번지는 중국인이 거주하지 않는 빌라였다.

• 김시훈 | 1940년생, 남

주소지와 등록기준지 모두 서울 동자동 쪽방촌이었다. 주소는 상가 건물이었는데 건물 1층의 카페 주인은 "옛날에는 쪽방이었지만 지금은 세를 받지 않는다"며 "그의 이름을 알지 못한다"고 했다.

• 김우필 | 출생연도 미상, 남

공고문에 적힌 주소지를 방문했으나 건물 입구에 도어록이 설치되어 있어서 안으로 들어가지 못했다. 6층짜리 건물에 4층부터 6층까지는 가정집이었는데 거주자만 출입이 가능했다. 1층 상가 슈퍼에서는 김우필씨를 전혀 알지 못했다.

• 김철희 | 1942년생, 남

2014년 4월 서울 구로구의 한 병원에서 죽었다. 교도소에 수감되어 있다가 병원으로 옮겨졌고 이틀 후 사망했다. 병원 측은 왜 병원 건물이 김철희씨의 주소지로 되어 있는지 알지 못했다. 개인정보라 가족 등에 대해서도 말해줄 수 없다고 했다.

* 백하진 │ 1945년생, 남

2012년 9월 서울 중구의 한 고시원에서 사망했다. 등록기준지는 종로구의 한 건물로, 찾아갔을 때는 중국 음식점이 영업 중이었다. 식당 주인은 "이곳은 60년 전부터 있던 중국집이고 백하진씨를 알지 못한다"고 했다.

* 서필현 │ 1954년생, 남

주소지였던 쉼터는 경기도 광주로 이전했다. 쉼터의 바뀐 연락처는 알 수 없었다.

* 윤명석 │ 1950년생, 남

서울 종로구의 한 여관에서 죽었다. 103호 장기투숙객은 "돌아가셨다고 들었고, 남아 있는 유품은 없다"고 했다. 이 여관에서 살다가 근처 다른 ○○여관으로 거처를 옮겼다는 말을 듣고 찾아갔으나 ○○여관의 주인은 취재 직전 바뀌었고 윤명석씨에 대해 아는 것이 없었다.

* 천현길 │ 1949년생, 남

주소지는 상가 건물이었다. 1층에 교회 현관이 걸려 있었지만 실제 교회가 있지는 않았다. 건물 안 사무실의 직원은 교회에 대해서도, 천현길씨에 대해서도 알지 못했다.

◆ 한점명 | 출생연도 미상, 남

　마지막 주소지는 서울 영등포구의 한 요양병원이었다. 병원 측은 "개인정보라 공문을 받아야 정보를 줄 수 있다"고 했다.

◆ 전도민 | 1952년생, 남

　주소지는 서울 동대문구의 재개발구역이었다. 동네에 있는 30채 남짓한 집들이 모두 같은 번지로 되어 있어 전도민씨의 집이 정확히 어딘지 찾을 수 없었다. 대문을 모두 두드려보았으나 사는 사람이 거의 없었고, 있다 해도 전도민씨를 알지 못했다. 근처 슈퍼에 물어 통장의 집을 찾아갔으나 그 역시 알지 못했다. 혹시 아는 사람을 찾게 되면 다시 연락을 준다고 했으나 그 후 연락이 오지 않았다.

◆ 정봉연 | 1954년생, 남

　주소지는 서울 서대문구의 한 단독주택 밀집 지역이었다. 집주인은 "주소로 적힌 지하 셋방에는 이전에 할머니가 살았는데 올 초에 이사했다. 누구랑 살았는지는 모른다"고 했다.

◆ 최명성 | 1941년생, 남

　마지막 주소지는 게스트하우스였다. 게스트하우스 관리인은 최명성씨를 전혀 알지 못했다.

◆ 유정식 | 1951년생, 남

　2013년 1월 간부전으로 병원에서 사망했다. 마지막 주소지는 서울 창신동이었다. 해당 주소지에는 두 개의 가게가 영업 중이었다. 그

중 15년 동안 장사를 했다는 한 가게에서는 유정식씨 이름을 들어본 적이 없다고 했다. 그 옆 설렁탕집에서 비슷한 나이대의 남자가 일하는 걸 본 적 있지만 그 사람의 성은 나씨라고 했다. 설렁탕집은 현재 리모델링 중이었다. 근처 슈퍼와 식당에 물어보아도 나씨는 기억했지만 유정식이라는 이름은 처음 듣는다며 고개를 내저었다.

● 김칠상 | 1941년생, 남

서울 동자동 쪽방촌에서 사망했다. 등록기준지는 서울 양천구였다. 김칠상씨가 살던 쪽방에 가보았으나 건물 안에 사람이 없었고, 문을 두드려도 응답이 없었다.

● 박문수 | 1954년생, 남

마지막 주소지는 대로변의 5층짜리 건물이었다. 5층에 요양병원이 있었지만 그곳 직원은 여성 전용 병원이라고 했다. 엘리베이터 안내판에는 2층이 고시원이라고 쓰여 있었고, 리모델링 공사 중이었다.

● 김태훈 | 출생연도 미상, 남

집은 서울 대림동의 한 단독주택이었다. 김태훈씨는 이곳에 1년 정도 살았다. 집주인은 "죽기 몇 달 전에 친구가 병원에 데려갔다고만 들었다"고 했다.

● 이수권 | 1934년생, 남

서울 용산구의 한 쪽방 건물에서 살다가 국립중앙의료원에서 사망했다. 이웃 주민은 "이 집에서 몇 년 지냈다. 술을 많이 드신 걸로 기억한다. 가족이나 직장은 잘 모르겠다"고 했다.

◆ 김영혜 | 출생연도 미상, 남

마지막 주소지는 오피스텔이었다. 집주인은 "5년 전까지 여기 살았는데 보증금 다 까먹고 나갔다"고 했다. 당시 일용직으로 일했고, 가족이나 친지는 찾아온 적이 없었다.

◆ 김우현 | 1934년생, 남

집은 재개발구역으로 지정된 곳이라 주민들이 대부분 떠나고 없었다. 이웃집에 사는 사람은 김우현씨를 알지 못했고 거리를 지나가던 한 이웃은 "안면은 있지만 따로 얘기를 나누어본 적은 없다. 가끔 나와서 혼자 돌아다니시는 할아버지였다"고 했다. 근처 노인정에서도 김우현씨를 알지 못했다. 자택에서 쓰러진 김우현씨를 발견한 건 독거노인에게 구청 무료 도시락을 전해주는 배달원이었다. 그는 "개인적인 건 말씀드릴 수 없다"며 "구청이나 본인이 신청하면 도시락을 배달해준다. 대부분 기초생활보장수급자이고, 가정 방문은 의뢰 건수에 따라 일주일에 여러 번도 보내드린다"고만 했다.

◆ 허윤 | 1953년생, 남

마지막 주소지는 서울 마포구의 한 단독주택 셋방이었다. 집주인은 장애인이던 그를 시설로 보냈다. 이웃들은 "여기서 오래 살았지만 밖에서 돌아가셔서 우린 확실히 모른다"고 했다. 허윤씨가 일을 나갔느냐고 묻자 "장애인이 무슨 직장이냐"라는 답이 돌아왔다. 허윤씨는 경기도 안양시의 한 병원에서 2013년 12월 사망했다. 공고문에 따르면 그는 기초생활보장수급자로 고아이며 유족이 없다.

◆ 신천홍 | 1960년생, 남

거주지는 서울시 성동구의 한 고시원이었다. 상가 건물 4층 전체를 빌려 만든 고시텔 문을 열었을 때 적막만 흘렀다. 카운터에는 총무나 원장도 없었고, 돌아다니는 사람도 없었다. 이야기를 나누는 사람은 우리뿐이었다. 그는 55호 방 안 침대에서 누운 상태로 사망한 채 발견됐다. 사망 원인은 알 수 없었다. 당시 그의 나이는 쉰네 살이었다. 자세한 이야기를 듣고 싶어서 고시텔에 여러 차례 연락을 취했으나 끝내 전화를 받지 않았다.

2장 도시의 경계, 벼랑 끝에 선 사람들

2013년 3월, 무연고 사망자 김성욱씨의 마지막 주소지를 찾기 위해 서울역에 도착했다. 지도 앱에서 알려주는 대로 지하철 서울역 12번 출구로 나와 100미터쯤 걷자 전면이 유리로 장식된 빌딩이 왼편에 나타났다. 한낮의 봄 햇살을 받은 유리창이 반짝 빛났다. 서울의 흔한 도심 풍경이었다.

빌딩을 끼고 왼쪽으로 걸음을 틀었다. 직진, 그리고 다시 왼쪽으로 50미터쯤 걷자 공원 하나가 눈에 들어왔다. 운동기구들과 벤치가 놓인 공원에서 몇몇 남자들이 술에 잔뜩 취해 휘청거리고 있었다. 그들은 큰소리로 싸우거나 공원 한구석에 앉아 소주를 병째로 들이키거나 슈퍼 앞에 앉아 바둑을 두고 있었다. 그 공원 옆으로 식당들이 줄지어 있었다. 서울역 인근 사무실에서 쏟아져 나온 정장 차림의 회사원들이 막 점심을 해결하고 삼삼오오 식당을 나섰다. 당시 그곳을 처음 방문하고 적은 취재록에는 이렇게 쓰여 있다.

> 낡은 건물에 한 층 한 층 쪽방들이 줄지어 있는 곳. 건물 앞에 공원이 하나 있고, 건물 1층이 허름한 슈퍼인데, 거기서 술 취한 아저씨들이 칼 들고 어슬렁거림.

그 칼이 과일을 깎아 먹기 위한 과도였다는 걸 알게 되고 동네 슈퍼 주인이 건네는 과일을 아무 의심 없이 먹을 수 있게 될 때까지 우리는 동자동에 수십 번 들락거렸다. 몇 달 후에는 늦은 밤 술 취한 노숙인들과 말을 섞는 우리를 오히려 경찰들이 위험하다며 말릴 정도로 이 동네에 익숙해졌다. 이곳이 마지막 주소지인 무연고 사망자가 그만큼 많았기 때문이다.

그러나 이 동네에서 취재의 단서를 발견한 적은 거의 없었다. "김석종씨 아세요?" "강현재씨는요?" "오희철씨 모르세요?" 모두 고개를 절레절레 흔들었다. 전혀 다른 사람 이야기를 꺼내는 경우도 있었다. 동자동에서 사망한 사람이 많아 주민들도 누가 누군지 헷갈려 했다. 김정호씨 취재를 갔을 때였다. 그의 옆방에 살았던 할아버지에게 "김정호씨 아세요? 작년에 여기서 돌아가셨는데"라고 물으니 그는 전혀 다른 이름을 댔다.

"난 모르겠는데, 다른 사람이랑 착각하는 거 아냐? 쉰 살 먹은 하명호라고, 일산 살다가 이혼하고 애 엄마는 세상을 뜨고 애가 하나 있는 사람인데. 걔가 그 건물에서 죽었어."

이우민씨를 취재할 때도 마찬가지였다. 옆방에 살던 남성은 이우민씨에 대해 묻자 대뜸 "공명식"이라는 이름을 꺼냈다.

"작년에 죽은 사람은 공명식이야. 내 나이대인데, 여기선 한 10년 살았지. 삼 남매를 뒀어. 아들 둘, 딸 하나. 땅 다 팔아서 자식들한테 물려줬는데, 그 뒤로 자식들이 연락을 끊었대. 자식들이 병원까지 왔었는데 장례는 안 치러줬다네."

쪽방 사람들은 고인을 이름이 아닌 특징으로 기억했다. 박경수씨의 옆집에 살았던 이웃은 그의 이름을 꺼냈을 때 "누군지 모르겠는데. 여긴 옆방 사람 이름도 몰라. 얼굴만 알지"라며 고개를 저었다. 그러나 지난해에 돌아가신 분이 있냐고 묻자 "있어. 알아. 키 조그맣고. 방 안에서 돌아가셨어"라는 답이 돌아왔다.

홍영호씨 취재 때 쪽방 주인은 그를 "알코올 중독자"라고 한마디로 정의했다. 주인은 "술 먹고 죽었어. 가족도 없고 무직자였어. 친하게 지냈던 사람도 없어"라고 했다. 우리가 찾았던 영등포 쪽방촌, 돈의동 쪽방촌, 창신동 쪽방촌 등에서도 대부분 고인을 기억하지 못하거나, '죽었다'는 사실 정도만 알고 있었다.

주소지가 고시원인 경우에는 정보를 알아내기가 더 어려웠다. 고시원 주인은 쪽방 주인보다 훨씬 자주 바뀌었고, 고시원을 관리하는 총무는 그보다 더 빨리 바뀌었기 때문이다. 2014년 취재 당시 무연고 사망자 두 명의 주소지가 같았던 적이 있다. 서울시 강동구 ○○○번지. 찾아가보니 고시원 건물이었다. 사망 후 경찰이나 구청에서 가족을 찾기 위해 고시원을 찾았을 테니 주인이 조금이나마 아는 것이 있지 않을까 기대했다. 취재 당일 고시원 문은 닫혀 있었다. 1층 유리문 앞에 붙어 있는 번호로 전화를 거니 신호음이 몇 번 울리고 젊은 남성 목소리가 들려왔다.

"곽근호씨요? (제가) 작년부터 총무로 있었는데 잘 모르겠어요. 고영자씨에 대해서도 아는 사람이 없어요. 여기에 오래 사셨던 분도 없고. 사람 이동이 많아서 1년 이상 있는 사람이 거의 없어요. 고시원이 원래는 공부하는 대학생들 때문에 하는 건데, 지금은 어려운 사람들이 와서 생활하니까 그런 일이 종종 있어요. 가족이 있어도 연락 안 하고 지낸 지 오래되다 보니까. 가족도 나 몰라라 하니까."

어떤 면에서는 집 없는 노숙인이 정보를 얻기 더 쉬울 때도 있었다. 노숙인들은 노숙인쉼터를 자주 들락거렸는데, 이 과정에서 쉼터에 병력이나 가족 사항들이 기록된 경우가 있었다. 노숙인이었던 장연수씨는 서울 동대문구의 한 공원 화단에서 죽었다. 역시 노숙인이었던 김경찬씨는 국립중앙의료원에서 폐렴으로 사망했다. 이 두 사람의 마지막 주소지는 같은 곳이었다. 처음에는 고시원인줄 알았지만, 직접 찾아가서 간판을 보고나서야 노숙인쉼터라는 사실을 알 수 있었다. 좁은 계단을 따라 2층으로 올라가자 직원 열댓 명이 일하고 있는 사무실이 나타났다. 취재 목적을 밝혔지만 쉼터 측에서는 답을 해줄 사무국장이 자리를 비웠으니 다음에 오라며 퇴짜를 놓았다.

일주일 뒤 약속을 잡고 쉼터를 다시 찾았을 때도 직원들은 냉랭했다. 쉼터 거주자들의 개인정보를 알려줄 수는 없다고 했다. 취재의 선한(?) 목적을 내세우며 한참을 설득한 뒤에야, 사무국장은 입을 열었다. 장연수씨는 짧게 있다가 떠나는 바람에 남은 기록이 거의 없었지만, 김경찬씨는 꽤 많은 기록이 남아 있었다.

"저희 쉼터에 5년 정도 계셨어요. 여기 지내시는 동안 가끔 다른 사람들이랑 다투셨죠. 술 드시고 오실 때도 있었고요. 9월에 위암 수술을 받으셨는데 본인이 항암 치료를 거부하셨어요. 건강할 때는 식당이나 잡부 일을 하셨고 제본 회사에도 다니셨어요. 미혼이세요. 다른 가족들은 잘 모르겠네요."

웬만한 취재 때는 한 가지도 알기 어려웠던 결혼 유무, 과거 직장, 병력, 성격 등에 대해 단 10분 만에 모두 들을 수 있었다. 온 동네를 탐문하고 다녔던 이전 취재가 조금은 허무해지는 순간이었다.

그러나 막강한 정보력을 가진 쉼터 측에서 개인정보 보호를 이유로 취재를 거절하면 사실상 할 수 있는 게 없었다. 양근호씨 취재가 그랬다. 그는 서울 은평구의 한 대형 노숙인쉼터에서 지냈다. 노숙인쉼터의 정문은 굳게 닫혀 있었고, 경비원은 공식적인 취재 요청 서를 요구했다. 당시 대학생이거나 취업 준비생이었던 우리에게는 불가능한 일이었다. 우리가 한참을 정문 앞에 달라붙어 있자, 경비원은 마지못해 몇 마디 건넸지만 "숙박은 모두 무료이고, 신부님이 파견 나와 예배도 본다"는 쉼터 전반에 대한 이야기뿐이었다.

쉼터가 주소지로 되어 있지 않은 노숙자의 취재는 대부분 실패로 끝났다. 1949년생 남성 장재희씨는 한국마사회 건물 근처에서 사망했다. 경비원은 "이 건물 후문에 벤치가 몇 개 있는데 거기서 노숙했다. 술 마신 후 누군가한테 몇 대 맞아서 쓰러진 채로 있었다. 경찰에 신고했는데 병원에서 죽은 거 같다. 거기 원래 박스 깔고 노숙하는 사람들이 많다"고 했다.

공고문에 나와 있는 장재희씨의 원래 집은 한국마사회 건물에서 도보로 한 시간 남짓 떨어진 동네였다. 우리가 찾았을 때는 재개발구역으로 지정되어 철거를 앞두고 주민들이 모두 이사 가버린 상황이었다. 그의 집도 빨간 글씨로 엑스 자가 그려진 집들 사이에 있던 폐가였다. 아마도 철거 명령이 떨어진 후 마사회 건물 뒤편 공원에서 노숙 생활을 했던 것으로 보인다. 긴 의자가 몇 개 놓여 있는 10평 남짓한 공간이었다. 공원에는 노숙인들이 사용한 것으로 보이는 널브러진 신문지와 상자 더미가 있었다. 노숙인들에게 장재희씨에 대해 물었지만 기억하지 못했다.

김성욱 – "우린 본명으로 안 불러요"

김성욱	등록기준지		주소지	
1972년생, 남	서울시 용산구 동자동 ○○○		서울시 용산구 후암로 ○○-○	
	사망 일시	사망 장소	안치 장소	사망 원인
	2012년 10월	국립중앙의료원	국립중앙의료원	폐결핵, 흡인성 폐렴

마흔 살에 사망한 김성욱씨는 우리가 취재한 무연고 사망자 가운데 젊은 편에 속했다. 그는 폐결핵에 걸려 국립중앙의료원으로 옮겨지기 전까지 약 3년간 동자동에서 살았다.

2013년 3월, 동자동을 찾은 날 동네 입구 공원에는 회사원 대신 술을 잔뜩 마시고 휘청거리는 노숙인들이 먼저 보였다. 낯선 동네를 경계하며 건물 벽에 붙어 있는 새 주소를 보고 김성욱씨가 살던 건물로 들어섰다. 1평 남짓한 쪽방들이 한 층에 10여 개 정도 들어차 있었다. 4층짜리 건물 위아래를 연결하는 계단은 매우 낡았고 군데군데 오물이 보였다. 방문의 잠금장치는 쇠고리를 거는 방식이었다. 몇몇 방은 사람이 외출하고 없는 듯 자물쇠로 잠겨 있었다. 화장실은 공용이었다. 그 층의 모든 방문을 두드려보았다.

"그 사람 죽었는데요."

하지만 죽은 사실만 알 뿐, 그에 대해 무언가를 아는 사람은 없었다. 소득 없이 1층으로 다시 내려오니 슈퍼를 지키던 남자가 "왜 왔느냐"고 물어왔다. 김성욱씨를 찾아왔다고 하니 "걔 죽었는데"라며 말문을 열었다. 이 동네 통장이라는 그는 김성욱씨를 잘 안다고 했다. 그는 앉을 자리를 권하고는 귤 하나와 요구르트 하나를 내밀었다. 선뜻 그걸 먹어도 되는지 망설여졌다.

"성욱이 원래 종로 쪽에서 노숙하던 애야." 통장이 입을 떼자 동네 사람들도 한마디씩 거들었다. 그들에 따르면 김성욱씨가 3년 전부터 동자동 공원에서 노숙하는 걸 교회 사람들이 보고 방을 하나 얻어주었다. 교회에서 기초생활보장수급자 신청도 대신 해주어서 수급비로 방세를 내고, 나머지는 술 먹는 데 썼다고 한다.

통장은 김성욱씨가 방 안에서 죽었고 뒤늦게 발견되었다고 했다. 국립중앙의료원에서 사망했다는 무연고 사망자 공고와는 다른 내용이었다. 다른 사람의 죽음과 혼동한 것은 아닌지 싶어서 몇 차례 다시 물었지만 같은 대답이 돌아왔다. 아마도 동자동에서는 방안에서 무연사가 발생하는 경우가 여럿 있어서 다른 사람의 죽음과 착각한 듯했다. 통장은 김성욱씨 형의 연락처를 알고 있었고 김성욱씨가 죽자 그 번호로 연락했다. 형은 동생의 죽음에 슬퍼하기는커녕 화를 내며 "알아서 하라"고 소리쳤다고 한다. 통장은 "가족한테서 내쳐섰나"고 표현했다. 왜 그랬는지 물으니 "지가 뭔가 잘못했겠지"라는 답이 돌아왔다. 형의 연락처를 알려달라고 했지만 한참 수첩을 뒤적이더니 어디에 있는지 못 찾겠다며 찾으면 연락을 준다고 했다.

동네 주민들 말에 따르면 마을 사람들은 김성욱씨의 장례를 치러주었다. 각자 형편이 되는대로 1~2만 원씩 모아서 시신 없이 굿 형식으로 노제를 치른 것이다. 노제를 주도한 곳은 '동자동 사랑방'이었다. 사랑방에 가면 더 많은 이야기를 들을 수 있을 것 같아 통장이 알려준 방향을 따라 2분 정도 걸었다. "동자동 사랑방"이라고 적힌 간판과 7평 정도 되는 사무실이 나타났다. 문 오른쪽으로는 회의를 할 수 있는 대형 테이블이 놓여 있었고 왼쪽으로는 앉아서 쉴 수 있도록 소파가 놓여 있었다. 소파 위에 김성욱씨와 비슷한 연배로 보이는 한 남성이 앉아 있었다. 그는 사랑방 실무진은 외부에 나갔다며 김성욱씨에 대해서는 자신이 더 잘 안다고 했다.

"술은 자주 마셨지만 말썽 안 부리고 동네 사람들하고도 잘 지내는 동생이었어요. 이 동네에 허구한 날 술 먹고 싸우는 사람도 많은데 그놈은 동네 형들을 잘 따라서 이뻐했죠."

일주일 뒤 다시 찾은 사랑방에서 만난 이사장도 비슷한 이야기를 들려주었다. 이사장은 김성욱씨가 서울역에서 노숙할 때부터 알았다고 했다.

"보통 주민이 병원에 있다 죽으면 우리한테 연락이 오고, 가족한테도 연락이 가서 병원에서 가족들을 만나는 경우가 있어요. 그러면 그때 우리가 장례를 치러도 되느냐고 물어보는 데 거절하는 가족들도 있어요. 근데 성욱이 같은 경우는 가족이 아예 병원에 나타나지도 않아서 우리가 장례를 치렀어요."

사랑방에서는 매년 주민들과 여행을 가고, 1년에 한 번씩 마을 잔치를 연다. 한 달에 5,000원씩 내고 필요할 때 빌려 쓰는 공제조합도 운영한다. 혹시 동자동에서 사망한 다른 주민들을 알까 싶어 물어보았지만 "본명으로 말하면 잘 모른다"는 답이 돌아왔다. 대부분 가명을 쓰기 때문에 나중에 경찰이 찾아와 이름을 물어도 모르는 경우가 허다하다는 것이다.

이사장은 김성욱씨에 대해 더 알고 싶으면 이준상씨에게 가보라고 했다. 그는 김성욱씨와 같은 건물에 살면서 쪽방 거주자들의 월세를 모아 집주인에게 보내는 일종의 관리인이었다. 관리일을 하다 보니 다른 사람들에 비해 이웃들과 잘 알고 지내는 편이었고 본인도 이 동네에 45년 동안 살아서 토박이라 할 만했다.

이준상씨가 사는 4층 쪽방에는 햇빛이 쏟아지고 있었다. 옷장 하나와 텔레비전 하나만으로도 가득 차 보이는 방 한가운데 앉아 그가 담담히 입을 열었다.

"성욱이는 3년 전 공원에서 노숙하기 시작했을 때부터 몸이 안 좋았어. 그래도 그땐 괜찮은 편이었는데 노숙 생활을 계속하면서 폐렴이 악화됐지. 친하게 지낸 동네 형들이 '너 이러다 죽는다. 빨리 병원 가봐라'라고 계속 얘기했는데 '괜찮아요' 하다가 탈이 난거야."

김성욱씨는 병원에 입원하기 전에 몸이 악화된 걸 스스로 느끼고 사랑방 사람들에게 부탁해서 제 발로 병원에 갔다고 했다. 그리고 한 달 정도 입원했다가 죽었다.

"동네 형들이 예뻐했지. 착했어. 심부름 같은 거 군말 없이 하고. 술 먹고 난동 부리는 일도 없고. 순한 애라 공원에서 노숙할 때부터 동네 사람들이 이불 가져다주고 그랬지. 나중에 동네 사람이 이 쪽방 하나 얻어주고, 병원에 입원하고서도 동네 사람들이 이틀에 한 번꼴로 찾아갔어."

– 그래도 그렇게 계속 사람들이 찾아와줘서 돌아가실 때 외롭진 않으셨겠네요?

이준상씨는 "그렇지" 하고 고개를 끄덕였다. 그는 이곳에 40년 넘게 살며 김성욱씨 외에도 수많은 죽음을 목격했다.

"한번은 어떤 사람이 며칠 동안 안 보여서 가봤더니 죽어 있던 경우도 있었어. 그때부터는 이삼 일 정도 보이던 사람이 안 보이면 찾아가봐. 혹시 모르니까."

우리가 김성욱씨에 대해 알 수 있는 건 여기까지였다. 통장이 갖고 있다는 형의 연락처는 끝내 찾지 못했다. 김성욱씨의 등록기준지에 가봤지만 그곳 역시 쪽방촌이었다. 동자동에 오기 전에 살았던 곳인 듯했다. 나중에 국립중앙의료원 사회복지사를 만날 기회가 있어서 다시 한 번 그에 대해 물었지만 복지사도 그를 기억하지 못했다.

박희남 – "그냥 쪽방 사는 놈이야"

박희남	등록기준지		주소지	
1956년생, 남	경기도 여주시 점동면 ○○○		서울시 중구 후암로 ○○○	
	사망 일시	사망 장소	안치 장소	사망 원인
	2013년 12월	국립중앙의료원	국립중앙의료원	정맥류 출혈

박희남씨의 마지막 주소지는 동자동 건너편에 형성된 또 다른 쪽방촌에 있었다. 그가 살았던 방은 굳게 문이 닫혀 있었고 옆방 문을 두드리니 민소매 차림의 50대 남성이 고개를 내밀었다. 활짝 연 문 안쪽으로 낡은 텔레비전 한 대와 잠바 한 벌, 구석으로 치워놓은 앉은뱅이 식탁 하나가 눈에 들어왔다. 그에게 박희남씨에 대해 물으니 단번에 "희남이 둘이다. 56년생은 죽었다"는 답이 돌아왔다. 그가 바로 우리가 찾던 박희남씨였다.

박희남씨는 이 쪽방에 4년 정도 거주했다. 인천에 형이 한 명 있다는 말을 하고 다녔다고 한다. 성격은 온순했지만 매일 같이 술과 담배를 했다. 이야기를 들려주던 옆집 남성은 "친했느냐"는 물음에는 고개를 저었다.

"그냥 아니까 얘기해주는 거야. 어떻게 아느냐고 그러면 어떡해. 여기가 쪽방인 줄 몰라? 그냥 쪽방 사는 놈이야."

몇 년 전 박희남씨의 가족이 죽고 난 후 그의 통장으로 700만 원 정도가 들어온 적이 있다고 했다. 이웃은 돈을 찾는 걸 도와주었고, 박희남씨는 그중 500만 원을 인천에 사는 형에게 보냈다. 이웃은 결혼을 했는지, 자녀가 있는지는 잘 알지 못했다. 그곳에서는 잘 나갔던 시절 이야기가 아니면 과거 이야기를 하지도 않고 묻지도 않는 게 불문율이라고 했다.

유품을 정리해 가져간 건 교회였다. 쪽방 집주인은 "교회에서 장례를 치러준 후 밤에 유품을 모두 치워갔다"고 했다. 하지만 그 교회가 어디인지, 왜 장례를 치러주었는지는 알지 못했다. 박희남씨와 친하게 지내던 친구가 한 명 있었지만 현재는 병원에 입원한 상태였다. 병원 이름을 들었으나 검색 결과 그런 병원은 존재하지 않았다.

박희남씨는 여러 사회복지시설을 전전했다. 주민들은 그가 서울역 노숙자 상담소인 다시서기종합지원센터에 종종 방문했으며, 그 이전에는 충남에 있는 장애인 복지시설인 '꽃동네'에서 살았다고 했다. 두 곳 모두 공문 없이는 개인정보를 함부로 알려줄 수 없다고 해서 함께 취재를 하고 있던 채널A 팀의 도움을 받았다. 다시서기종합지원센터 측과 통화가 되었지만 박희남씨의 기록은 없다고 했다. 상담을 받으면 보통 기록에 남는데, 상담을 받지 않았거나 혹은 가명을 사용했을 수도 있었다. 센터 측은 "처음에는 많은 분들이 상담소를 방문하지만, 그분들이 돌아가셨는지, 살아있는지에 대해서는 알 수 없다"고 했다.

다행히 꽃동네에는 기록이 남아 있었다. 박희남씨는 1997년 11월 17일 오후 2시에 꽃동네에 들어왔다. 경기도 여주에서 노숙하던 그를 동네 주민이 데려왔는데, 당시 간경화 때문에 복수가 차 있었고 추위 속에서 오랫동안 굶주린 상태였다. 부모는 그가 어렸을 때 사망했고, 남동생이 두 명 있는데 연락이 두절된 상태였다. 미혼인데다 주변에서 도와줄 사람도 없었다. 간경화로 노동력을 상실해서 병원에 입원한 적도 있었지만 병원비가 없어서 강제로 퇴원을 당해 쭉 노숙 생활을 해왔다. 술을 많이 먹었고, 꽃동네 들어온 후에도 계속 술을 마셨다. 꽃동네에서 입원 치료를 받으며 상태가 나아진 후에는 꽃동네 농사일을 돕기도 했다. 그는 꽃동네에 2009년까지 있었지만, 주변에서 만류하는데도 술을 끊지 못해 퇴소했다.

찾아가면 더 이야기를 들을 수 있을까 싶었지만 당시 박희남씨가 꽃동네를 떠난 지 5년이 넘어서 담당 직원도 없는데다, 꽃동네 측에서 부담스러워 해서 취재를 멈출 수밖에 없었다.

김수홍 – "사람들이 볼까봐 밤에만 폐지 주우러 다녔어요"

김수홍	등록기준지		주소지	
1961년생, 남	경기도 수원시 권선구 세권로 ○○○		서울시 종로구 낙산성곽길 ○○-○○	
	사망 일시	사망 장소	안치 장소	사망 원인
	2014년 3월	국립중앙의료원	국립중앙의료원	폐혈증

50년 만에 가장 더운 달을 기록했던 어느 날, 우리는 김수홍씨가 살던 집을 찾아 언덕을 올랐다. 가방은 무거워졌고 발걸음은 느

려졌다. 더는 못 걷겠다 싶을 때쯤 정상에 도착했다. 서울 시내가 한눈에 보이는 전망 좋은 곳이었다. 나들이 나온 사람들은 사진을 찍기 바빴지만 우리는 경치를 즐길 여유가 없었다. 주소지까지 절반도 못 왔기 때문이다. 반대 방향으로 발걸음을 틀었다. 내리막길에 안도하며 터벅터벅 걷자 주택가가 보였다. 다닥다닥 붙어 있는 벽돌집들 사이로 어른 한 명이 들어갈 만한 좁은 골목길이 나왔고 이내 내리막길이 이어졌다.

골목길을 따라 더 내려가자 마침내 공고문에 적혀 있던 주소지가 보였다. 주소지의 집은 파란 철문이 굳게 닫혀 있었다. 까치발을 하고 집 안을 들여다보았지만 사람의 흔적은 없었다.

- 아무도 안 계시나요?

큰 목소리로 외쳐보았지만 정적만 흐를 뿐이었다. 맞은편 집 대문을 두들기자 집주인이 나왔다.

"김수홍씨? 잘 모르겠는데요? 저 집에는 할머니랑 아들이 살았어요."

그는 공고문에 적힌 주소지를 가리키며 할머니와 아들이 같이 살았다고 했다. 최근에는 본 적이 없다고 덧붙였다. 문을 닫고 들어가려던 주인이 통장을 찾아가 보라며 주소를 일러주었다. 다시 비탈길을 좀 더 내려가자 통장의 집이 나왔다. 통장은 고인을 기억하고 있었다. 김수홍씨는 한 할머니의 집에 세를 들어 살고 있었다. 이웃의 말처럼 모자 관계는 아니었다. 통장은 그가 선천적인 장애를 앓았다고 했다.

"일반인들보다 약간 떨어져 보였어요. 밤에 소리를 지른 적도 있어요. 정신적인 문제가 있어서 어디를 가도 적응을 못 해요. 남이 뭐라고 하면 예민해져서 금방 일도 그만두고. 아마 폐지 주워서 방세 내고 그렇게 생활했을 거예요."

이웃들은 형편이 어려운 그를 살뜰히 챙겼다. 집주인 할머니는 공과금만 받고 그가 집에서 지낼 수 있도록 배려해주었다. 통장은 생활보호 대상자에게 지급되는 물품을 꼬박꼬박 챙겨 그에게 가져다주었다. 정부 지원을 받을 수 있도록 기초생활보장수급자 신청을 해주려 했지만 동생이 있어서 지원 대상에서 제외됐다. 통장에 따르면 그는 중국집에서 일했다. 식당이 문을 닫으면서 이곳저곳을 떠돌다 서울역에서 노숙을 하게 됐다. 때마침 서울역에서 봉사활동을 하던 집주인 할머니가 그를 발견해 다시 집으로 데려왔다.

"5~6년 전부터 이 동네에 와서 다시 살았어요. 언제부터인가 일도 안 나가고 술만 마신다고 하더라고요. 바깥 활동도 거의 안 하고요. 가끔 노숙하면서 만난 사람들이랑 어울려 다녔어요."

우리는 통장에게 동생에 대해 물었지만 자세한 내막을 알지는 못했다. 고인이 보육원에서 자랐다는 얘기만 들었다고 했다.

"저도 (동생에 대해) 잘은 몰라요. 평소에 사적인 이야기를 안 해서. 고향이 어디인지, 가족은 있는지 물어봐도 일절 대꾸를 안 하니까요. 성격이 내성적이어서 그런지 속 이야기는 안 했어요. 사람들이 볼까봐 밤에만 폐지를 주우러 다닐 정도였으니까요."

통장은 집주인 할머니가 잘 알 거라며 할머니의 전화번호를 알려주었다. 우리는 할머니에게 전화를 걸었다. 할머니는 김수홍씨가 자기를 "누나"라고 불렀다고 했다.

"계속 같이 살았던 건 아니야. 중국집에서 일해서 나가 산 적도 있어. 한 번씩 길에서 마주치고 그랬는데 그때마다 나를 '누나'라고 부르더라고. 어느 날 서울역에 봉사를 갔는데 노숙을 하고 있길래 우리 집 와서 자라고 했어. 집에 온 뒤로는 술을 많이 먹더라고. 방에 오줌이랑 똥 싸고 그냥 내버려 두고. 나도 나이가 들어서 뒤치다꺼리 하기 힘들었어. 그래서 통장에게 사정을 얘기하니까 구급차가 와서 병원에서 데려갔지."

─ 서울역에 노숙자가 많은데 왜 하필 김수홍씨를 데려오셨어요?

"내 동생이 중국집을 했어. 수홍이가 거기 주방에서 일을 했지. 그래서 안면이 조금 있었어. 그때 수홍이가 월급 탄 걸 내가 관리해줬어. 최대한 돈을 모아서 전세금 1,200만 원을 만들어줬지. 근데 친동생이란 사람이 나타났어. 수홍이 장가보내준다면서 전세금을 당장 빼달라는 거야. 내가 화가 많이 났지. 수홍이가 어떻게 번 돈인데 지금까지 한 번도 안 나타나다가 지금 와서 돈을 달라고 하느냐고 따졌어. 어쨌든 그 돈을 빼가서 수홍이를 데려갔어. 몇 년 뒤에 다시 버려졌는지 수홍이가 서울역에 있더라고. 그렇게 연이 됐어."

─ 다른 가족들은 없었나요?

"가족이 없는 거 같아. 그 친동생이라는 사람도 진짜인지 모르겠어. 내 짐작으론 수홍이가 어디 가서 말한 거 같아. 자기가 1,200만 원 주고 전세에 산다고."

─ 원래 김수홍씨는 어떤 사람이었어요?

"애는 착해. 근데 자기 이름 석 자도 쓸 줄 몰랐지. 고물 줍고 그랬어. 내가 리어카도 마련해줬지."

─ 정말 많이 도와주셨네요.

"요즘엔 가스비나 전기세도 비싼데 우리 집에서 지낼 때 내가 다 내줬어. 사람 사는데 수도세 이런 거는 내줘야 할 거 아냐. 방세도 못 받았어. 자식들한테 숨기고 사느라고 혼났지."

– 자식들은 김수홍씨가 사는 걸 눈치채지 못했나요?

"자식들도 내 성격을 잘 알아. 내가 힘든 사람을 그냥 못 지나쳐. 관리비가 많이 나오니까 왜 이렇게 많이 나오느냐고 가족들이 뭐라고 하지. 보통 한 달에 7~8만 원 들었어. 수홍이가 안 내니까. 내가 그게 징그러워서 지금은 양주로 이사 온 거야. 근데 죽었다는 말 듣고 자식들 모르게 얼마나 대성통곡을 했는지 몰라. '나한테 전화 한 통 안 하고 죽냐 이놈아' 그랬지. 가끔 어디 가면 수홍이 있나, 이런 생각이 문득 들어."

정인식 – "돈이 있으면 사촌 동생이 찾아왔겠죠"

정인식	등록기준지		주소지	
1941년생, 남	전북 정읍시 교암동 ○○○		서울시 종로구 돈화문로 ○○○	
	사망 일시	사망 장소	안치 장소	사망 원인
	2013년 12월	국립중앙의료원	국립중앙의료원	미상

'가봤자 허탕만 칠 수도 있겠구나.' 사망 장소나 주소지가 쪽방촌으로 되어 있으면 각오를 하게 된다. 같은 층에 사는 사람들은 수시로 바뀌었고 설령 오래 살았다고 해도 서로 이름조차 모르는 경우가 많았다. 이웃들은 나이, 고향, 사망 일시 등 공고문에 나온 특징을 구구절절 설명해야 겨우 고인을 기억했다. 정인식씨에 대해 물었을 때 이웃의 반응도 크게 다르지 않았다.

"정인식? 잘 모르겠는데, 나이가 몇 살이에요?"

- 돌아가셨을 때 일흔셋이셨어요.

나이를 듣고 이웃은 그를 기억해냈다.

"아 목발 짚고 다니신 분? 그분 길에서 동사해서 돌아가셨을 텐데."

이웃은 그가 가끔 돈을 빌려 달라며 찾아왔다고 말했다. 돈을 빌려줄 정도의 사이라면 꽤 친분이 있을 거라 생각했으나 그렇지 않았다.

- 가족은요?
- 직장은요?

이웃은 모른다며 고개를 절레절레 흔들었다.

- 교류가 없었나요?

"네."

단호한 한마디에서 두 사람이 그서 안면만 트고 지낸 사이라는 걸 추측할 수 있었다. 이웃은 집주인이 그나마 그를 가장 잘 알 거라며 전화번호를 가르쳐주었다. 몇 번의 신호음 끝에 주인이 전화를 받았다. 어떤 질문에도 주인의 첫마디는 늘 '모른다'로 시작했다.

- 가족은 없으셨나요?

"모르지. 없다고 들은 적은 있어. 가족 찾아서 뭐하게."

- 일은 안 하셨어요?

"모르겠는데. 예전에 술 먹고 이야기하는 거 들어보니까 철도에서 일하다 다리를 잘렸다고. 그래서 목발을 짚고 다녔어."

'모른다'가 아무것도 알지 못한다는 의미는 아니었다. 그보다 죽은 사람에 대해 말하는 것이 불편한 듯 보였다. 주인은 "살아 있는 사람도 아닌데 자꾸 물어서 뭐하냐"며 퉁명스럽게 대꾸했다. 그런데도 우리가 계속 묻자 기초생활보장수급자였고 술을 좋아해서 죽는 날에도 공원에서 술 먹다 동사한 채 발견되었다는 말을 남기고 전화를 끊었다.

주인에게서는 다른 취재처를 확보하기 어려웠다. 하는 수 없이 그가 살던 쪽방에 가서 다른 이웃을 만나보기로 했다. 한낮이었지만 건물 안은 고요했다. 일일이 문을 두드려보아도 아무 대답이 없었다. 인기척이 들리는 방도 있었지만 문을 열어주지 않았다. 한 이웃만이 "누구시냐"며 답했다. 그는 다리를 꼬고 앉아 네모난 구형 텔레비전을 보고 있었다.

처음에 그는 "정인식씨와 같은 수급자여서 잘 안다"고 했으나 이내 다른 사람과 헷갈려 했다. 공고문에는 1941년생이라고 적혀 있었지만 이웃은 그가 "훨씬 젊다"고 했다. 또 "서울 사람"이라고 했다가 "아니다. 전라도 사람"이라며 말을 바꾸었다. 공고문에 적힌 등록기준지가 전라도라는 걸 확인하고 '다리를 다쳐 목발을 짚고 다니는 사람'이라는 집주인의 증언과 같은 이야기를 듣고서야 그가 기억하는 사람이 정인식씨라고 확신할 수 있었다. 이웃에 따르면 그는 한때 서울 중구에서 식당을 전전하며 일했다. 돈의동으로 오기 전에는 동자동 쪽방촌에서 2년 넘게 살기도 했다. 일을 그만둔 후 매일 술을 마시며 하루를 보냈다.

"매일 10병은 마셨어. 돈 빌려서 사 먹고. 술 먹으면 의식을 잃어요. 술 잔뜩 먹고 길 한복판에 드러눕고. 술만 안 마시면 사람은 좋은데."

주로 혼자 마셨냐고 묻자 이웃이 답했다.

"친구가 뭐 있나. 그나마 천주교에서 좀 알 거야. 천주교 신자여서 세례를 받았거든. 거기 신부가 정인식씨를 불쌍하게 생각해서 많이 도와주셨지."

'○○궁 앞에 있는 성당.' 이웃이 알려준 단서는 이것 하나뿐이었다. 지도 앱을 열고 ○○궁을 도착지로 설정했다. 좌회전, 우회전, 다시 좌회전을 하며 미로 같은 골목길을 나오니 4차선 도로가 보였다. 5분쯤 더 걸었을까. 한복 가게에 다다르자 마침내 이웃이 말한 곳 근처임을 짐작할 수 있었다. 하지만 주위를 아무리 둘러봐도 성당은 없었다. 십자가조차 보이지 않았다. 지나가는 사람을 붙잡고 물었으나 모른다는 대답뿐이었다. 몇 번의 시도 끝에 한 사람이 좁은 골목을 가리켰다. 그가 말해준 대로 따라갔다. "○○○-○번지"라고 적혀 있는 컨테이너 건물이 우리가 찾던 성당이었다.

정인식씨를 도와준 신부는 외출하고 없었다. 다시 약속을 잡고 찾았을 때 성당에 흔한 간판소자 없는 이유를 알 수 있었다.

"성당에서 노숙인쉼터도 같이 운영하는데 노숙인쉼터라고 하면 아무래도 동네 주민들이 좋아하지 않으니까요."

신부 옆에 있던 직원이 말했다. 그녀는 성당에서 일하는 사회복지사였다. 그녀가 차를 내오는 동안 신부와 성당을 둘러보았다. 좁은 입구와 달리 내부 규모는 꽤 컸다. 넓은 책상이 여러 줄로 정렬되어 있는 실내는 흡사 학교 소강당을 떠올리게 했다. 미사를 하는 곳은 반대편에 별도로 마련되어 있었다. 신부는 정인식씨가 10년 가까이 성당에 다녔다고 했다. 이미 일을 그만둔 뒤였다. 당뇨병에 걸려 다리도 절단한 상태였다. 사고로 다리를 잃었다는 쪽방촌 집주인의 말과는 달랐다.

그와 가장 많이 이야기를 나누었던 사람은 성당에서 일하는 또다른 사회복지사였다. 복지사는 2001년 종로의 한 성당에서 그를 처음 봤다.

"그때는 성당을 빌려서 노인 봉사를 했어요. 종로 공원에서 무료 급식을 했는데 그때 왔던 노인 분들이 성당을 많이 찾아왔어요. 아마 정인식씨도 어르신들한테 소문을 듣고 왔을 거예요. 나중에 기부금을 모아서 이 쉼터를 만들게 된 거죠."

– 성당에서 노인들한테 지원해주는 게 있나요?

"보통 한 분당 오만 원에서 십만 원까지 드려요. 생활비로 쓰시라고요. 정인식씨도 받으셨어요. 약값도 많이 지원해드렸고요."

– 처음에 오셨을 때부터 건강이 안 좋으셨나봐요?

"이미 한쪽 다리가 없으셨어요. 약주를 좋아하셔서 더 안 좋아지셨죠. 제가 이제 끊으셔야 한다고 해도 계속 드시고."

– 혹시 친하게 지내신 분은 없었나요?

"한 분 계셨는데 이미 돌아가셨어요. 저희가 상담도 하는데 과거 이야기는 잘 안 하세요. 이분들도 도움을 받으러 오는 거니까."

– 가족도 모르시겠네요?

"가족은 없다고 들었어요."

– 저희가 구청에서 사촌 동생을 찾았는데 시신 인수를 거부했다고 들었어요. 혹시 아시는 게 있을까 해서 여쭤봤어요.

"저희도 확실하진 않아요. 만약 사촌 동생이 있었다면 시신을 거부한 거겠네요. 기초생활보장수급자라도 돈이 있으면 가족이 찾아오기도 해요. 어떤 분은 암에 걸려서 입원하려고 했는데 보호자가 없었어요. 곁에 아무도 없는 분이었으니까요. 그런데 어느 날 할머니가 왔더라고요. 할아버지가 모아둔 돈이 있다는 걸 알고 오신 거죠. 보호자 노릇은 안 하시고 돈만 가지고 가셨어요. 혹시 자식 만나게 되면 주려고 모아둔 돈이었다는데. 이런 사례가 꽤 많아요. 만약 조금이라도 남은 돈이 있었으면 사촌 동생이 찾아왔겠죠."

성당에서 지원을 받으며 겨우 생활한 그에게 모아둔 돈이 있을 리는 만무했다. 성당이 주는 돈마저 2009년 이후 끊겼다.

"2009년부터 나오지 않으셨어요. 나중에 신부님이 쪽방을 돌아다니시면서 정인식씨를 만났죠. 아마 술을 많이 드셔서 몸이 안 좋아지시니까 성당도 못 나오신 거 같아요."

신부가 보았던 그의 마지막 모습은 누군가 곁에서 부축해주지 않으면 걷기조차 어려운 백발의 노인이었다.

쪽방의 삶

◆ 남정은 | 1968년생, 남

서울 종로구 돈의동 쪽방촌에 10년 넘게 살았다. 젊을 때는 일용직 일을 했고, 찾아오는 사람은 딱히 없었다. 막일을 다녀온 동네 남자들은 모여서 술을 마시는 일이 흔했지만, 그는 바로 방에 들어가버려서 이웃들과 거의 교류가 없었다. 그는 주로 근처 가게에서 술과 즉석식품을 사와서 혼자 먹었다. 옆방 이웃은 "술을 많이 먹으니까 아마 술로 갔을 것"이라고 했다. 그는 "이 동네에서 제대로 밥 해먹는 사람이 얼마나 있겠어"라고 반문하며 "여기 있는 사람들 모두가 술 없으면 잠을 못 잔다"고 했다.

◆ 정일영 | 1962년생, 남

등록기준지는 전남 보성군이었고, 마지막 주소지는 서울 남대문로5가 쪽방이었다. 1층에서 미용실을 운영하는 집주인은 "이 건물에서 1년 정도 살았고, 기초생활보장수급자였다. 가족관계는 잘 모르겠다"고 했다.

◆ 이주성 | 1942년생, 남

2012년 10월 사망했다. 등록기준지는 부산이었고 마지막 주소지와 사망 장소는 모두 서울 용산구 동자동 쪽방이었다. 쪽방 이웃에 따르면 그는 이곳에 10년 정도 살았다. 마땅한 일거리 없이 무료 급식을 먹으러 다녔고, 사람들하고 어울리는 성격은 아니었다고 한다. 방에서 사망한 이주성씨의 시신은 이삼 일 후에 발견됐다. 한 이웃은 쪽방의 삶에 대해 이렇게 말했다. "수사자는 혼자 죽는 거지. 여기 있는 사람들은 쪽방이다 보니까 그렇게 고독하게 죽어가요. 여기는 술 먹고 그냥 죽어버려요. 비참하죠. 너무 재미가 없어."

+ 김휘상 ㅣ1956년생, 남

"방에서 꼼짝도 안 하셨어요. 일은 안 하시고 하루 한 끼만 식사하셔서 마르셨어요. 수염도 길고요. 가족 이야기는 전혀 못 들어봤어요. 친하게 지낸 사람은 없어요. 찾아오는 사람도 없을 거예요."(쪽방촌 이웃)

+ 유점호 ㅣ1947년생, 남

"7~8년 사셨는데 라면만 먹고, 고집이 셌지. 정부에서 쌀을 주잖아. 그런데도 저녁에도 왕뚜껑, 점심에도 왕뚜껑만 먹었어. 밥을 해서 잡수라고 해도 말을 안 들어. 안 해먹어. 결혼은 했는데 자식은 없는 거 같고. 부모와 형제 모두 이미 돌아가셨어. 근데 죽은 사람 이제 와서 조사하면 뭐할 거야. 당신이 보태줄 거 있어? 말씀은 좋은데요, 해봤자 효과 없어요."(쪽방촌 집주인)

+ 김인웅 ㅣ1936년생, 남

"그 사람 건강할 때는 노점을 했어. 오징어 메고 다니면서 팔아서 별명이 오징어야. 그러다 폐가 안 좋아져서 아주 삐쩍 말랐었어. 정부에서 지원받고 살다가 지병으로 죽었어. 내가 그 양반은 27~28년 전부터 알아. 예전에 기차역 뒤에서 살았는데, 동네가 헐리면서 다른 곳에서 2년 살다가 여기로 왔어. 그 사람 가족이 없어. 결혼도 안 하고 형제도 없

어. 여기 전부 가족 없이 혼자 떠돌면서 살아."(쪽방촌 이웃)

✦ 김기식 ㅣ1959년생, 남

"기초생활보장수급자로 일은 안 했어. 술도 안 먹고, 착한 사람이었지. 몸이 안 좋아서 구급차 불러주려고 했는데 자기가 안 갔어. 여기에 산 지는 10년도 더 됐는데 가족은 없다고 들었어. 예전에 싸우다가 머리가 깨진 적이 있었는데, 그때 사촌 형이 와서 처리해준 적은 있어. 그땐 친형인줄 알았는데 알고 보니 사촌이더라고. 고향은 용산이야. 그 사촌 형도 용산에 산다고 들었고."(쪽방촌 집주인)

✦ 최현규 ㅣ1953년생, 남

"걔 별명이 '빽바지'야. 다리가 불편했는데 늘 흰 바지를 입고 다녔거든. 한 7~8년 전에 나갔어. 방세 밀린 적 많았지. 가족은 잘 모르겠네. 죽었다는 건 사람들이 떠드는 소리를 들어서 알고 있었고."(쪽방촌 집주인)

✦ 정명남 ㅣ1969년생, 남

"이 방에선 한 2년 살았고, 돈의동에서만 10년 살았지. 예전에는 중국집 주방장이었어. 술 때문에 병이 생겨서 일을 관둔 거야. 결혼은 안 했고 형이 하나 있어. 평소에 연락은 안 하더라고. 안 한 지 10년이 넘었을 거야. 나중에 죽고 형이랑 형수가 와서 시신 인수했다고 경찰한테 들었어. 그냥 왜소한 사람이야. 술 안 마시면 착한데 술만 먹으면 하루 종일 텔레비전 보면서 욕해. 뉴스 보면서 욕하고. 누가 들으면 싸우는 줄 알아."(쪽방촌 집주인)

• 임천 | 1956년생, 남

서울 용산구 동자동 쪽방촌에서 2012년 5월 사망했다. 같은 층에 살던 이웃이 숨진 그를 발견하고 신고했다. 고향은 전남 보성군이다. 동부시립병원에 입원했다가 쪽방촌에 들어오게 되었다. 동자동에서는 3년 가까이 살았다. 이웃들이 걱정할 정도로 술을 자주 마셨다. 반찬을 사러 집 밖에 나올 때를 제외하고 늘 방에서 술을 먹었다. 과거에는 천주교에서 운영하는 한 센터에서 일했는데 기초생활보장수급자 자격을 얻은 후 일을 그만두었다.

• 강명석 | 1952년생, 남

"누군지 전혀 모르지. 여기는 옆집 사람이 죽어가도 모르는 데야. 여기를 다른 동네처럼 생각하면 안 돼. 여기는 진짜 인생 막판에 오는 곳이라고."(쪽방촌 이웃)

고시원과 여관의 삶

• 황주용 | 1960년생, 남

"우리가 아침에 한 번씩 방을 돌거든. 근데 그 방에 계속 선풍기가 켜져 있더라고. 이상해서 들어가보니 죽어 있었지. 공사장을 떠도는 일용직이었어. 매일 술 먹고 들어오셨지. 누가 여관에 찾아온 적은 없었어. 동생이 하나 있는 걸로 알고 있어. 말도 거의 없고 내성적인 편이었지. 외관상은 멀쩡해 보였어. 유품은 옷가지 정도가 전부야. 주로 일용직 하시는 분들이랑 어울렸고 장기 투숙객 중에 친한 사람이 한 분이 있었는데 몸이 아파지고, 방값이 밀리면서 1년 반 전에 (여관에서) 쫓아냈어. 황주용씨는 특별히 사고 친 적은 없고 좋은 사람이야. 너무 바보 같아서 그렇게 산 거지. 방세는 매달 30만 원인데 밀릴 때가 있었어. 서울역에 공짜로 밥을 줄 때 가끔 나갔지."(여관 주인)

♦ 한두진 ㅣ1952년생, 남

"기록 같은 거 잘 안 해둬서 몰라. 여기는 하루나 한 달 자고 가는 사람이 많아서 알 수가 없어. 우편물 온 것도 없고 전혀 누군지 모르겠어."(여인숙 주인)

♦ 이희수 ㅣ1941년생, 남

2012년 10월 사망했다. 등록기준지는 충남 부여이고 마지막 주소지는 서울 중구의 한 고시원이다. 고시원 총무에 따르면 자신이 들어왔을 때 이희수씨는 이미 병원에 입원해 있었다고 한다. 고시원 원장은 "10월 하순 지나서 고시원을 인수해서 그 전에 사망한 이희수씨에 대해서는 알지 못한다"고 했다. 계속해서 묻자 "그 사람 왜 찾아요? 알긴 아는데 제가 왜 알려줘야 하죠?" 날카롭게 반응했다. 고시원에 거주하는 다른 사람들에게 이희수씨에 대해 물으려 하자 원장은 주거침입죄로 고소하겠다며 우리를 쫓아냈다.

♦ 김찬석 ㅣ1965년생, 남

마지막 주소지는 동자동의 한 고시원이었다. 고시원 주인은 그의 이름을 기억했지만, 이미 몇 달 전에 나간 사람이라고 했다. 고시원에는 3개월 정도 살았다. 기초생활보장수급자로 말이 없는 사람이었다. 다리를 절었기 때문에 짐을 들고 나가지 못했다. 그가 두고 간 물건

중에는 성경 문구가 적힌 교회 수첩이 있었다. "국제○○○ 협회"라고 적혀 있었던 것 말고 어느 교회인지 알 수 있는 단서는 없었다. 임대차 계약 문서에는 "윤○○ (1933년생) 남대문로 ○○○ 번지"로 적혀 있었다. 그 외에 "○○○ 과장"이라고 적힌 명함이 한 장 있었다. 다시서기종합지원센터에 있다가 왔다는 말을 듣고 센터를 찾았으나 기록이 많지는 않았다. 센터 직원은 "김찬석씨는 2012년에 몇 번 방문했다. 작년에 마지막으로 결핵 때문에 상담소에 왔고 다음엔 기록이 없다"고 했다.

• 김순호 | 1962년생, 남

"머리를 크게 다쳤어요. 고향이나 가족에 대해선 저도 잘 몰라요. 어떻게 죽었는지도 모르겠네요. 아마 길에서 죽었겠죠? 죽은 지 얼마 안 되어서 (경찰한테) 연락이 왔어요. 유품 정리하려고 방에 가보니 썩은 음식이 여기저기 있더라고요."(고시원 원장)

• 임성민 | 1972년생, 남

"고시원에서 2~3년 살았어요. 외국인으로 착각할 정도로 말수가 워낙 없는 분이었어요. 저도 그분에 대해서 잘 몰라요. 기초생활보장수급자 같았어요. 방세 22만 원은 밀리지 않고 항상 착실히 냈어요. 평소에는 일 나가서 고시원에 거의 없고 방세 낼 때만 얼굴 봐서 잘 몰라요. 2012년 겨울에 방 정리하고 나가셨어요. 이후에 요양병원에서 지내시다 돌아가신 거 같아요. 옆방 사람이랑도 거의 왕래가 없었을 거예요."(고시원 원장)

● 주영석 | 1947년생, 남

서울 영등포구의 한 고시원에서 두 달 정도 살았다. 암 수술을 해서 몸이 안 좋은 상태였고, 처음 왔을 때 "건강이 안 좋으니 창이 있는 방을 달라"고 말했다. 고향인 부산에 일주일 정도 내려간 적이 있었다. 고시원에 있는 동안 친했던 사람도, 찾아오는 사람도 없었다. 차분하고 조용한 성격으로 주로 방에서만 지내고 가끔 시장에 다녀오는 게 전부였다. 고시원 이웃은 "곧 돌아가실 걸 알고 마음을 정리하는 것 같았다"고 했다. 이후 고시원을 나갔고, 주민센터에서 돌아가셨다고 연락이 와서 고시원에서도 사망 사실을 알게 되었다. 유품은 이미 치운 상태였다. 유품에는 위장약이 상자째 있을 정도로 약 봉지가 많았다고 한다. 고시원 총무는 "나중에 자식이나 형제가 와서 장례식에 참석했다고 들었다"고 했다. 주영석씨가 사망한 병원은 개인정보를 이유로 취재를 거절했다.

● 김석우 | 1952년생, 남

서울 중구의 한 주차장에서 죽었다. 등록기준지는 전남 나주, 주소지는 서울 구로구의 한 고시원이다. 고시원 총무는 고시원에 있는 사람이 올해 모두 바뀌어 잘 알지 못한다고 했고, 주인은 이름은 알지만 잘은 모른다고 했다. 유품은 청소업자가 이미 치운 뒤였다.

● 배영민 | 1939년생, 남

2013년 2월 사망했다. 등록기준지는 경기도 포천이다. 마지막 주소지는 서울 동대문구 신설동, 사망 장소는 동대문구 제기동이다. 둘 다 고시원이었다. 두 곳 모두 가봤지만 배영민씨를 아는 사람을 만나지 못했다. 사망 장소 고시원 주인은 "올 초(2014년)에 고시원 주인이 바뀌어 이전에 있었던 일은 알지 못한다"고 했다.

집 없는 사람들

• 장혜욱 | 1951년생, 남

"근처 쓰레기장에서 노숙하던 분이세요. 이 집에 살지도 않으면서 마음대로 이 집 주소를 거주지로 등록해뒀더라고요. 저도 처음엔 몰랐다가 우편물이 집으로 계속 배달되는 것을 보고 알게 됐어요. 듣기로는 노숙 생활을 오래했대요. 동네에서 그나마 제가 장혜욱씨를 제일 잘 알 거예요. 노숙 생활하면 몸이 상하니까 건강 챙기라고 일러주곤 했어요. 가족관계나 직장, 예전 생활 같은 건 모르죠. 죽었다는 것도 몰랐다가 나중에 동네 주민들한테 전해 들었어요."(주소지 집주인)

• 홍칭수 | 1965년생, 남

2012년 8월 서울 중구의 한 약국 앞에서 사망한 채 발견되었다. 공고에 따르면 오랜 노숙 생활 때문에 비정상적으로 마른 상태였다. 알코올의존자로 평소 술을 많이 마셔 건강이 나빠진 것으로 추정된다. 등록기준지는 서울 서초구, 마지막 주소지는 서울 성동구의 한 고시원이다. 고시원에서 2년 정도 살다가 사망하기 1년 전에 나갔다. 가족이나 친구는 찾아오지 않았고, 일을 하러 나가지도 않았으며 방에서 술을 마시고 욕을 하는 게 일상이었다. 고시원 총무는 "그 후로 동네 이마트 앞에서 싸우는 걸 한 번 목격한 적이 있다. 술 많이 드시고 정신이 온전치 않은 사람"이라고 했다.

◆ 류기창 | 출생연도 미상, 남

주소지는 서울 금천구의 단독주택이다. 그러나 주소지만 이곳으로 올렸을 뿐 이곳 주민은 아니었다. 처음 이곳을 찾았을 때는 집주인이 "애인으로 보이는 나이 많은 여자랑 함께 다닌다. 그 여자도 맞은편에 산다"고 말해주어서 그 여성을 만나면 류기창씨에 대해 자세히 알 수 있을 것이라고 생각했다. 그러나 막상 만나본 여성은 류기창씨가 자신의 집에서 몇 번 밥을 먹은 게 전부라고 했다. 그는 "지난 생활이나 가족 관계 같은 건 모르고 그냥 술 마시는 노숙자"라고만 했다. 집주인의 말과도 일치했다. 집주인은 류기창씨를 욕을 자주하고 폭력적인 사람으로 기억했다. 반삭 머리를 했고 50대로 보였다고 한다.

◆ 백형호 | 출생연도 미상, 남

2013년 4월 사망했다. 등록기준지는 경남 진주이고 마지막 주소지는 서울 동대문구의 한 요양병원이다. 2012년 10월 요양병원에 입원했다가 건강이 안 좋아져 ○○○ 병원으로 이송되었고 그곳에서 사망했다. 요양병원은 노숙인쉼터를 겸하는 곳이었다. 병원 직원은 "이곳은 삶이 얼마 남지 않은 노숙인들이 오는 곳이라 가족관계나 직업은 묻지 않는다"고 했다.

◆ 서일동 | 1952년생, 남

"이 분은 여러 번 들어왔다 나가셨네요. 여기 계시는 동안 몇 번 취업을 도와드렸는데 매번 금방 그만두셨어요. 강원도에서 일한 적도 있는데 얼마 못 가 관두셨어요. 일하다 돈이 생기면 그만두셨죠. 과거에는 이삿짐센터에서 일하셨고, 경비 일도 하셨어요. 부모님은 사망하셨고 이복형제가 다섯 명이 있는데 연락이 전혀 안 됐어요. 처음 쉼터에 오실 때부터 치아가 좋지 않았는데 1월에 혼자 이빨을 펜치로 뽑았어요. 그러고 나서 술 드시고 치통이 심해졌어요. 저희가 국립중앙의료원 응급실로 보내드렸는데 그 이후에 사망하셨더라고요."(노숙인쉼터 원장)

+ 엄지호 | 1949년생, 남

노숙인이었다. 2012년 10월 서울 종로구의 택시 정류장 벤치 근처에서 사망한 채 발견되었다. 마지막 주소지인 서울 마포구의 집을 찾아가보았으나 집주인은 "전혀 모르는 사람"이라고 했다.

+ 김호진 | 1949년생, 남

"꽃집에서 자다가 죽었어. 기도가 막혀서 질식사 했어. 원래 몸이 안 좋아서 예전에도 병원에 한 번 있었어. 그 꽃집은 지금 장사 안 해. 꽃 배달했고 수급자였어. 술 많이 마셔서 술 먹고 배달하고 그랬어. 고향에 가면 60만 평 되는 땅이 있다고 그랬어. 거짓말 많이 했고."(김호진씨가 사망한 꽃 시장의 상인)

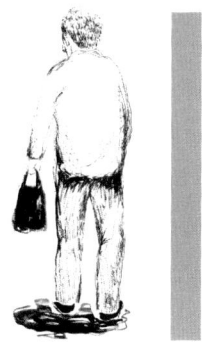

3장 그러나 우리 곁에도 무연사는 있다

― 어? 여긴 쪽방이 아닌데?

그동안 찾은 무연고 사망자들이 대부분 쪽방이나 고시원에 살았기 때문에 유삼걸씨도 그런 줄 알았다. 하지만 지하철역에서 10분 남짓한 거리를 걸어오는 동안 보았던 풍경은 쪽방촌과 거리가 멀었다. 햄버거 체인점, ○○초등학교, 프랜차이즈 카페, 이동통신사 대리점, 새마을금고, 편의점…. 골목에는 엘리베이터가 없는 5~6층짜리 빌라와 다가구 주택이 빼곡했다. 평범해 보이는 동네에서 무연사가 발생했다고 생각하니 이상한 기분이 들었다.

'요구르트 배달원이 변사자를 발견함.' 며칠째 요구르트가 문앞에 쌓이는 것을 본 배달원이 이상함을 느끼고 신고한 것으로 보인다. 빌라 안에는 사람이 사는 기척이 느껴지지 않았다. 빌라 앞에 건축 장비들이 늘어선 것을 보니 공사 중인 것 같았다. '유삼걸씨가 집에서 죽었다는 것이 소문이 나서 리모델링하는 걸까?'

유삼걸씨가 살던 빌라에 사람이 살지 않았기에 주변 이웃들에게 묻는 수밖에 없었다. 왼편에 있는 5층 빌라의 모든 층을 다니며 초인종을 눌렀다. 하지만 아무도 인터폰을 받지 않았다. 맞은편 빌라의 초인종도 다 눌러보았지만 마찬가지였다. 평일 낮 빌라 밀집 지역은 고요했다. 답답한 마음에 빌라 앞을 지나가는 사람을 붙잡고 올해 1월 이 건물에서 돌아가신 분에 대해 아시냐고 물었지만 "모른다"며 당황해했다. 같은 건물에 살아도 이웃을 모르는 요즘 당연한 반응이었다.

"요구르트 아줌마가 신고하신 분?"

빌라 앞을 지나던 중년 여성이 되물었다. 빌라 오른편 단독주택에 산다는 중년 부부는 유삼걸씨를 기억했다. 남성은 몇 번 장기를 둔 적이 있다며 집 앞에 놓인 평상을 가리켰다. 평상 위에는 장기판과 장기짝이 있었다.

"○○공원 후문에 있는 노인정 회장이셨어. 말수가 적어서 얘기를 별로 나눠보지는 못했지. 장기 몇 번 둔 게 전부야. 혼자 사시긴 했는데… 가족이 있었는지 나야 모르지."

부부가 그에 대해 기억하는 것은 여기까지였다. 무연고 사망자이니 통장이 알 수도 있다는 생각에 통장이 운영하는 음식점을 찾아가 저녁을 사 먹으며 물었지만 동네에서 이런 일이 있었다는 사실조차 모르고 있었다. 다음 날 ○○공원 부근 경로당 여섯 곳에 전화를 걸었으나 그를 아는 사람을 찾지 못했다.

일주일 뒤 리모델링하는 인부를 통해 집주인 연락처를 받으려고 유삼걸씨의 집을 다시 찾았다. 우연히 또 그 중년 부부와 마주쳤다. 중년 여성은 우리를 보자 반갑게 인사하며 "지난번에 찾아온 뒤로 생각해봤는데 딸이 있다고 했다"고 말했다. 그러자 옆에 있던 남성은 "아니야, 아들이 있다고 했어"라며 정정했다. 두 사람의 말은 엇갈렸다.

무연사가 발생한 지역과 주거형태는 다양했다. 김하진씨와 이덕재씨 집은 아파트였다. 김하진씨는 목동의 아파트에, 이덕재씨는 중계동의 아파트에 살았다. 언뜻 봐도 중산층 이상이 사는 대규모 아파트 단지였다.

　주소지가 아파트로 적혀 있으면 일단 실망하게 된다. 낮에 방문해보았자 사람이 없을 확률이 높았기 때문이다. 15층에 있는 김하진씨 집의 초인종을 눌렀다. 역시나 응답이 없었다. 옆집의 초인종을 눌러보았지만 사람이 없었다. 위아래 층도 마찬가지였다. 김하진씨가 살던 아파트 단지에는 2,000세대가 살았지만, 마주친 사람이라고는 쓰레기를 버리러 나온 노인뿐이었다.

　이덕재씨도 다르지 않았다. 옆집, 윗집, 아랫집은 비어 있었고, 세탁소와 슈퍼 주인은 그에 대해 알지 못했다. 거주민 대부분이 무직이거나 일용직인 쪽방과 달리, 맞벌이가 일반적인 아파트는 적막했다. 일부러 서녁 또는 주말에 찾은 적도 있지만 낯선 이의 방문에 문을 열어주는 사람은 흔치 않았다. 분명 안에서 인기척이 느껴졌지만 벨을 눌러도 답이 없었다. 사람이 있더라도 이웃집에 누가 사는지 모르는 경우가 허다했다.

　두 사람은 그나마 나은 경우였다. 신자영씨 집에는 접근조차 하지 못했다. 성인 남성 평균 키보다 높은 담벼락에 둘러싸인 방배동의 고급 빌라는 비밀번호를 누르지 않고서는 건물 내로 들어갈 방법이 없었다. 언젠가 신문에서 읽었던 '빗장 도시(gated city)'가 떠올랐다. 건물 안이 보이지 않게 높게 세워진 담은 '거주자 외 출입을 금한다'는 경고문처럼 보였다. 대문 옆 경비실에는 경비원 여럿이 보초를 서듯 문을 지키고 있었다. 신자영씨가 사망한 이후 취업

한 경비원들은 이것저것 묻는 우리가 불편한 눈치였다.

취재 초기 우리는 소득수준에 따라 무연고 사망자가 발생하는 이유가 다를 것이라고 가정하고 강남에 있는 무연고 사망자 거주지를 찾은 적이 있다. 가장 먼저 향한 곳은 김태승씨의 집이었다.

삼성역을 나오자 거대한 빌딩 숲이 펼쳐졌다. 코엑스, 휘문고등학교, 대치동 학원가를 지나 포르쉐, 폭스바겐과 같은 고급 승용차 전시장을 거쳐 평범한 주택가에 도착했다. 강남이 맞나 싶을 정도로 소박한 동네였다. 지은 지 20~30년은 넘었을 것 같은 낡은 연립주택과 다세대 가구들이 길게 이어졌다. 그 가운데서 김태승씨의 집을 발견할 수 있었다.

그가 살던 단독주택 1층에는 평수가 작은 셋방이 여러 개 있었다. 우리는 그가 이 중 한 곳에 살았을 거라고 직감했다. 대문도 열어주지 않은 집주인은 "누군지 모른다"며 곧바로 들어가버렸다. 1층 셋방에 사는 이웃도 "1년간 살았지만 처음 듣는 이름"이라고 말했다. 공고에 행려사망자라고 적혀 있는 것을 볼 때 그는 최소 1년 이상 노숙 생활을 한 것으로 추정됐다.

강남에 사는 무연고자의 삶이 달랐을 거라는 우리의 가정은 틀렸다. 209명의 무연고 사망자 중 주소가 이른바 '강남 4구(강남구·서초구·송파구·강동구)'였던 사람은 모두 12명이었다. 그중 이진영씨와 이우상씨는 거주지가 병원이었고, 안기철씨와 김찬곤씨는 주민등록 말소자였다. 실거주자는 8명이었다. 앞서 언급한 신자영씨는 고급 빌라, 김태승씨와 이강청씨는 오래된 다가구주택에 살았다. 황기호, 김천일, 고영자, 곽근호, 송석기씨는 고시원에 살았다. 고급 빌라와 아파트 사이에서 고시원을 발견했을 때의 허무감을 잊을 수 없다. 주소가 강남일 뿐, 이들의 삶은 쪽방촌의 고시원에 사는 이들과 다르지 않았다.

 –여기 우리 동네인데?

'강남 4구'에 있는 송석기씨의 거주지를 찾아가던 중이었다. 취재 팀원 하나가 깜짝 놀란 듯이 말했다. 익숙한 슈퍼와 미용실, 다니던 학교…. 지도 앱도 열지 않고 길을 안내하는 팀원을 따라 다다른 곳은 고시원이었다.

고시원 주인은 송석기씨를 또렷이 기억했다. 그는 '정부 지원이 끊겨 고시원에서 쫓겨난 장애인'이었다. 주인의 설명에 따르면 그는 명의를 도용당해 신용불량자가 되었고, 그로 인해 정부 지원이 끊겼다고 한다. 이후 폐지를 주워서 생계를 이어 가려 했지만, 고시원 비를 낼 여력이 되지 않아 주인이 쫓아냈다고 했다.

"그런 위험한 사람 데리고 있을 이유가 없지. 말을 섞지도 않아서 (그에 대해) 잘 몰라."

주인의 말에서 장애인에 대한 삐뚤어진 시각을 엿볼 수 있었다. 송석기씨를 서울의료원에 진료 의뢰한 지구대에 따르면 그는 길에서 쓰러진 채 발견됐다. 1월의 강추위 속에서 노숙 생활을 하다가 쓰러진 것으로 추정된다.

우리가 사는 동네에서도 무연사가 발생했다. 송석기씨와 같은 동네에 사는 팀원은 자주 걷던 거리에서 무연고자가 죽어간 일에 충격을 받은 표정이었다.

 –동네 고시원은 나 같은 대학생들이 공부하는 곳이라고만 생

각했는데….

 공동체 일원으로서 얼굴도 모르지만 같은 동네에 사는 누군가가 연고 없이 죽어간 것을 몰랐다는 사실에 마음이 복잡했다.

박재원 – "집주인은 충격 받아서 딴 데 살아요"

박재원	등록기준지		주소지	
1952년생, 남	서울시 서대문구 북가좌동 ○○○		서울시 중구 퇴계로 ○○○	
	사망 일시	사망 장소	안치 장소	사망 원인
	2014년 4월	자택	국립중앙의료원	미상

 빨간 벽돌로 지어진 3~4층짜리 연립주택 밀집 지역. 박재원씨 집은 비슷하게 생긴 4개의 연립주택이 마주보고 있는 골목에 있었다. 1층에 두 가구, 2층에 한 가구, 3층은 주인집. 그리고 4층에는 박재원씨가 살던 옥탑방이 있었다.

 아래층부터 차례대로 물어볼 생각으로 1층 문을 두드렸다. 오른쪽 집에서 30대로 보이는 젊은 여성이 나왔다. 대여섯 살쯤 되어 보이는 아이들이 거실에서 뛰어놀고 있었다. 박재원씨에 대해서 묻고 싶어서 왔다고 하자 "왜냐"고 물으며 경계했다. 젊은 엄마는 아이들이 들을까 걱정됐는지 아이들에게 "조용히 하라"고 경고한 뒤 문 밖으로 나왔다.

 "이제 여기 안 살아요. 위층에 세 들어 살았어요. 그 집에서 3~4년간 산 걸로 알아요. 같이 사는 가족은 없었어요. 저희도 세 들어 사는 사람이라 잘은 몰라요. 집주인도 그 일 때문에 충격을 받아서 다른 집에 가 있는 걸로 알고 있어요."

그녀는 박재원씨가 집에서 사망한 뒤 며칠이 지나서야 발견되었다고 했다. 고독사였다. 공고에 적힌 사망 장소가 거주지와 같았기 때문에 집에서 죽은 사실은 알고 있었지만, 평범한 주택가에서 고독사가 일어났을 거라고는 생각하지 못했다. 같은 건물에 살았던 이웃과 집주인에게는 박재원씨가 고독사한 사실이 충격으로 다가온 모양이다. 1층 젊은 여성은 고독사가 알려지는 걸 꺼려하는 눈치였다. 다른 이웃들은 그에 대해 아는 바가 없었다. 1층 왼쪽 집 주민은 "잘 모르겠다"며 문을 닫았고, 2층 주민은 "이사 온 지 얼마 안 돼서 그 이름을 처음 들어 본다"고 했다.

주택의 경우 고인에 대해 가장 많이 알고 있는 사람은 대개 집주인이다. 집주인을 만나지 못하면 많은 정보를 알아내기가 어려웠다. 며칠 뒤 집주인이 돌아왔을까 해서 한 번 더 주소지를 방문했지만 집주인은 여전히 집을 비운 상태였다. 2층 주민은 "집주인이 몇 달간 집을 비울 거라고 했다"고 전했다. 혹시나 하는 마음에 박재원씨가 살던 옥탑방에 올라가보았지만, 이미 깔끔하게 청소를 마친 후 텅 비어 있었다. 별수 없이 취재를 중단하고 건물을 나서는데 1층 젊은 여성이 우리를 부르며 쫓아왔다.

"제가 집주인도 안 계시고 다들 아는 거 없을 거라고 했잖아요. 다른 분들은 그분이 그렇게 죽은 사실을 모르세요. 그런데 층마다 다니면서 물어보시면 어떻게 해요. 동네에 소문이 나거나 아이들이 그 사실을 알게 되면 어쩌려고요. 집주인도 충격이 심하셔서 그분 얘기를 하길 꺼려하세요. 더는 그렇게 물어보시면서 취재하지 마세요."

황석주 – "바깥에서 쓰러졌으니까 행복하게 돌아가신 거야"

박재원	등록기준지		주소지	
1940년생, 남	서울시 종로구 종로5가 ○○○		서울시 종로구 종로길 ○○○	
	사망 일시	사망 장소	안치 장소	사망 원인
	2013년 7월	국립중앙의료원	국립중앙의료원	허혈성 심질환

 버스 정류장에서 내려 언덕길을 올랐다. 오른쪽으로는 아파트가, 왼쪽으로는 3~5층짜리 빌라와 단독주택이 줄지어 있었다. 편의점 옆 벽에 걸린 '원아 모집' 현수막이 눈에 띄었다. 아파트 놀이터에서는 아이들을 데리고 나온 여성들이 삼삼오오 모여 대화를 나누고 있었다. 그 옆으로 택배 차량이 쌩 하고 지나갔다.

 "그냥 뭐 덩치는 좋으세요. 어디 아프다고 들었는데. 신장? 아 맞아요. 신장이요. 밖에서 커피 한잔 드시고 집에 오시다가 돌아가셨어요. 아프셔서 일은 따로 안 하시고 왔다 갔다 운동만 하시고. 자세히 알고 싶으시면 ○○ 슈퍼 가보세요. 통장이 하는 가게니까. 찾아오는 사람은 그런 분들밖에 없었어요. 정부에서 도와주시는 분들."

 황석주씨가 살던 집은 셋방이 여러 개 붙어 있는 단독주택 건물이었다. 1층에 셋방 두 개가 있고 마당을 통해 나 있는 계단을 올라가 2층 옥탑방이 나왔다. 그곳이 그의 집이었다. 지금은 아무도 살지 않는 듯 보였고, 빈 옥탑방 위로 쨍한 햇볕이 내리쬐고 있었다. 1층에 사는 이웃 아주머니는 그와 오가다 인사하는 사이일 뿐 길게 이야기해본 적은 없다고 했다.

 아주머니에게서 다른 곳에 거주한다는 집주인 번호를 받아 전화를 걸었다. 한참 신호음이 울린 끝에 전화를 받은 집주인은 대뜸 밀린 월세 이야기부터 꺼냈다.

"제가 바로 집주인입니다. 황석주라는 이름은 기억나네요. 따로 만난 적은 없습니다. 동네에 통장이 여자 분인데, ○○슈퍼인가? 거기 사장이에요. 그분이 잘 아시는데. 내가 지금 돌아가셨기 때문에 할 말이 없지만, 받을 돈이 좀 있어요. 누가 좀 나타나면 돈 좀 받을까 싶어가지고 그러고 있는 중입니다."

―월세가 밀렸나요?

"밀렸어요. 안 내고 돌아가셔서. 나도 난감해요. 15만 원씩 두 달치라 30만 원밖에 안 돼요."

―이분 가족 얘기는 못 들어보셨어요?

"가족은 없는 거 같아요. 연고자가 전혀 없어요."

―유품은 다 치웠나요?

"구정에서 다 치워줬어요. 구청 사회복지과에서 와서 다 처리해버렸어요. 죽은 사람 살림 놔둬봐야 필요도 없고 그래서. 통장이 전화 걸어줘서 구청 직원이 와서 전부 치워갔어요."

―유품 치울 때 같이 계셨어요?

"아니요. 치워간다고만 얘기 듣고 며칠 있다 가보니까 치웠더라고요."

―짐이 많으셨어요?

"아니요. 침대 그거 하나 깔고 이불 가져가고 뭐 그랬죠."

통화를 끝내고 황석주씨를 잘 알 거라는 통장을 만나보려고 ○○슈퍼로 향했다. ○○슈퍼는 오래된 동네에 하나쯤 있을 법한 작은 가게였다. 통장은 동네 사람과 이야기를 나누고 있었다. 통장은 황석주씨가 슈퍼에 반찬을 사러 자주 와서 몇 번 이야기를 나누었다고 했다. 반찬거리를 사고 통장이 타주는 믹스 커피 한 잔을 얻어 마시며 10분쯤 이야기를 나누다 돌아가는 게 그의 하루 일과 중 하나였다.

"독거노인이고 고아 출신이에요. 결혼도 안 하고. 아, 중국사람하고 한 번 결혼했는데. 교포들하고 호적상 결혼하면 신분 증명 그런 게 나오니까, 같이는 안 살고 결혼협회에서 하는 거 있잖아요."

국적을 얻기 위해 하는 일종의 위장 결혼을 말하는 듯했다. 같이 산 게 아니라 돈을 조금 받고 자기 신분을 빌려준 셈이었다.

- 황석주씨는 여기 오래 사셨나요?

"글쎄 얼마나 살았을까. 이 동네에서는 창신동, 숭의1동, 숭의2동… 계속 근처에 살았어요. 원래는 제주도 출신인데 거기서 몰래 밀항선을 타고 여기 왔대. 어렸을 때부터 올라와서 종로 바닥에서 살았죠. 다른 데로 안 떠났다고 하더라고. 종로 토박이라고 봐야죠."

- 어떤 일을 하셨어요?

"수급자여서 일 안 했어요. 수급자 되기 전에? 그건 몰라요. 내가 통장 할 때는 수급자가 되어 있었으니까. 그 전에는 잘 모르지. 내가 (통장) 한 뒤에 한참 있다가 아저씨가 이사 오셨으니까. 밑바닥까지는 다 몰라. 그분이 얘기하시는 부분만 알지."

- 동네에서 친하게 지내시는 분은 계셨어요?

"글쎄. 그냥 운동하고 왔다 갔다 하셨어요. 여기 와서 커피 한 잔씩 먹고. 기본으로 한 잔씩 잡숫고 가시니까. 술이나 담배 같은 것도 안 하고 그냥 정직하게 사셨어요. 주민센터랑 불우이웃 돕는 노인복지회관이랑 연계가 되어 있으니까 그런데서 많이 도와줬죠.

남부럽지 않게 살고 가셨지."

— 주로 무슨 얘기 하셨어요?

"그냥 이런저런 얘기 하지 뭐. 그전 동네에는 수급자들한테 나오는 게 아무것도 없었는데 이 동네에서는 반찬이나 이런 거 많이 해줘서 너무 좋다고. 그런 얘기 하고. 당신 혼자 가실 때도 그냥 손에다 반찬 들고 집에 들어가다가 돌아가셨으니까. 아, 돌아가신 건 아니고 쓰러지셨으니까. 구급차 타고 병원 가서 돌아가셨죠."

— 누가 발견하신 건가요?

"갑자기 쓰러지셨어요. '나 집에 가서 한숨 자야지' 하고 반찬 가지고 갔는데 진짜 그 언니가 못 봤으면 길거리에서 갔어. 근데 옆에 사는 아줌마가 화장실 가려고 딱 나왔는데 아저씨가 쓰러졌다고 해서 119에 신고해가지고 바로 국립중앙의료원 갔어요."

— 시간은 언제쯤인가요? 저녁?

"점심 때. 아침 먹고, 집주인한테도 좋게 하고 간 기야. 집에서 돌아가셨으면 집주인 입장에서도 좀 그렇지. 늦게 발견하면 저기 하잖아. 근데 밖에서…."

보지는 못했지만 어떤 장면이었을지 떠올려보는 건 어렵지 않았다. 덩치 좋은 남자 한 명이 한 손에는 검은 봉지를 들고 한적한 동네를 걸어가는 모습. 그러다 갑자기 쓰러진 남자를 이웃집 사람이 바로 발견해 놀라 소리치고는 119에 신고하는 모습. 가만히 통장 옆에서 이야기를 듣던 아주머니가 말을 보탰다.

"집에서 돌아가셨으면 집주인 곤란하고 집에서 죽으면 또 늦게 발견되잖아. 근데 바깥에서 쓰러졌으니까 행복하게 돌아가신 거죠. 행복하게."

평범한 동네의 무연사

◆ 김기복 | 1959년생, 남

마지막 주소지는 서울 동대문구의 한 단독주택 셋방이다. 집주인 내외는 그가 사망한 사실조차 모르고 있었다. 그는 이 셋방에 들어와 두 달을 살았다. 석 달째에 연락이 끊기며 행방불명되었다. 집주인이 그의 방에 가보니 전깃불이 다 켜진 채 문도 열려 있었다. 휴대전화로 전화를 해보았지만 처음 몇 번은 신호음이 가더니 끊겼고, 다음에는 번호가 중지됐다는 안내 음성이 들려왔다. 집주인은 그를 찾으려고 경찰서까지 갔다. 경찰서에서는 가족이 아니니 실종 신고는 못한다며 주민센터에 가보라고 안내했다. 그러나 주민센터 역시 가족이어야만 찾아줄 수 있다고 했다. 집에 있는 물건들에서 전화번호가 적힌 수첩이 나와서 전부 전화를 돌려보았지만 아무도 받지 않았다. 우리가 찾아갔을 당시 김기복씨의 유품은 그대로 남아 있었다. 남의 재산이니 버릴 수 없어서 방 한구석에 쌓아두었다고 한다. 집주인은 남의 유품을 함부로 보여줄 수 없다고 했다.

◆ 고태희 | 1937년생, 남

2012년 11월 사망했다. 등록기준지는 경기도 양주시, 마지막 주소지는 서울 관악구의 한 단독주택이다. 대로변 안쪽으로 단독주택이 늘어선 동네였다. 그는 1층에 세를 들어 살았다. 그곳에서 만난 세입자들은 "잘 모르겠다"며 고개를 저었다. 3년 뒤 추가 취재를 위해 그곳을 찾았을 때는 건물이 헐리고 새로 빌라를 짓는 중이었다.

◆ 김배상 | 출생연도 미상, 남

　주소지는 서울 광진구의 한 빌라 3층이었다. 우리가 찾아갔을 때는 공사 중이라 빌라가 모두 비어 있었다. 이 동네에 오래 살았다는 한 주민은 빌라에 살던 다른 사람은 기억했지만 김배상씨는 알지 못했다. 근처 경로당을 찾았으나 경로당에 오는 할아버지는 둘 밖에 없었고, 그중 김씨는 없었다. 주민센터에서 독거노인을 대상으로 하는 돌봄이 서비스를 운영하고 있으나 김배상씨와 관련된 기록은 개인정보라 알려줄 수 없다고 했다.

◆ 박삼인 | 출생연도 미상, 남

　주소지는 3층짜리 단독주택이었다. 박상인씨는 1층에 세를 들어 살았고, 3층이 주인집이었다. 문을 열고 나온 집주인의 딸은 "지금은 안 살고 계신 거로 아는데 저희는 아는 게 없다. 그분 저희랑 왕래가 있었던 게 아니라 조용히 살다 나가신 분이라서 자세한 얘기는 모른다"고 했다.

◆ 황경민 | 1929년생, 남

　주소지는 서울 강동구의 한 단독주택 반지하 셋방이다. 집주인은 2층에 살았다. 취재 당시 집주인의 딸은 "엄마가 더 잘 안다"며 휴대전화 번호를 알려주었다. 그러나 집주인은 "운전 중이라 오래 통화하지 못한다"며 전화를 끊고는 다시 전화를 받지 않았다.

◆ 김영군 | 1949년생, 남

　동거녀와 함께 서울 동대문구 장안동에 살았다. 주민들은 그를

'술만 먹으면 폭력적으로 변하는 남자'로 기억했다. 동거녀는 폭력을 견디지 못하고 떠났다. 집은 김영군씨의 이름으로 계약했지만 동거녀가 집세를 모두 냈다고 한다. 친한 이웃은 없었다. 가정 폭력으로 행패를 부려서 자주 경찰이 왔다. 연상인 동거녀는 식당에서 일했다. 차를 끌고 일을 나갔다는 말로 보아 근방에 있는 식당은 아닌 듯했다. 장안동에는 1년 정도 살다가 답십리로 이사했다. 나중에 답십리의 한 대형 마트에서 누군가 김영군씨를 본 적이 있다고 했다. 김영군씨 집에 자주 출동했다던 파출소에 찾아갔지만 "동네 사람들 입장에서는 신고를 많이 한 것처럼 보이지만, 우리 입장에서는 그런 사람이 너무 많아 기억하지 못한다"는 답을 들었다.

+ 한호식 | 1953년생, 남

"10년 전쯤에 용산에서 밥집 겸 하숙하던 집에서 그 사람 처음 만났어. 거기서 얼굴 알고 지내다가 이 집에 같이 들어왔지. 본인 말로는 충남 예산 출신인데 열다섯에 서울로 상경했다 하더라고. 유리 하차 일을 했다고 하는데 풍이 들어서 말도 못 할 정도로 몸이 안 좋아졌어. 약주도 자주 드셔서 내가 못 먹게 말렸어. 저쪽 동네에 누이동생이 살고 있다는 소리는 들었는데 본 적은 없어."(한집에 살았던 남성)

+ 김용상 | 1938년생, 남

"교회 다니셨어요. 약주를 자주 드셨고요. 그냥 오가며 얼굴 보는 사이라 잘 몰라요. 돌아가신 것도 어머니한테 들었어요."(이웃 주민)

+ 박고정 | 1953년생, 남

"이 동네에서는 몇십 년 살았는데. 마지막 거주지에선 몇 년 살았는지 몰라요. 혼자 살더라고. 주인 아줌마랑 (박고정씨랑) 교류가 있었던 건 아니고 자기 집에 살았으니까 사람이 아팠다 정도는 알았을 거야. 어쨌든 잘 몰라요. 우리는 여기 대문이 따로 있어서 출입문이 다르니까."(이웃 주민)

+ 서균성 | 1944년생, 남

서울 강북구 미아동의 단독주택 1층 셋방에 10년 정도 살았다. 3층에는 주인집이, 2층에는 주인집의 아들 내외가 살고 있었다. 미혼으로 아파트 경비 일을 했으나 직장이 어디였는지 알 수 없었다. 친한 친구 한 명이 자주 찾아와서 챙겨주었다고 한다. 어느 날 서균성씨가 아프다며 병원에 갔다가 돌아오지 않아 집주인이 유품을 정리했다. 집주인 사위가 집을 치우러 갔더니 앉을 자리가 없을 정도로 물건이 가득 차 있던 상태였다. 유품은 모두 고물상에 팔았다. 평소 말이 없어서 이웃과 친분은 없었다. 서균성씨가 병원에 입원했을 당시 집주인이 병문안을 갔다고 했다.

+ 윤혜성 | 1953년생, 남

"부인하고 같이 살았는데, (부인이) 2년 전에 죽었어. 부인이 죽고 나선 혼자 쭉 살았지. 택시 기사였어. 이 집엔 오래 살았지. 집에서 (윤혜성씨가) 숨진 채로 발견되어서 경찰도 오고 그랬어."(이웃 주민)

● 박용준 ㅣ 1973년생, 남

"돈 받을 게 130만 원 정도 되는데 도망갔어. 13만 원짜리 방세를 거의 7~8개월간 밀렸어. 여기서 1년 조금 더 살았나? 아버지가 있는 걸로 알고 있는데, 부안인가 그쪽에 산다던데. 결혼은 안 한 것 같은데 몰라. 마누라도 없고 자식도 없는 것 같더라고. 물건은 다 버렸지. 여기 있을 땐 막일 다녔어. 수급자는 아니었고 지병도 없었어. 일하고 파친코 하는 것 같더라고. 그래서 몇 개월씩 방세도 못 냈지."(집주인)

● 석진영 ㅣ 1953년생, 남

집은 서울 서대문구 연희동의 한 단독주택 셋방이었다. 2층 주민에 따르면 2층과 3층 주민들은 친분이 있지만 1층 주민은 잘 알지 못하고, "1층 사는 사람이 사기쳤다"는 소문을 들은 게 전부라고 했다. 다른 주민은 "1층 주민이 건축 현장에서 일하는 사람이라 지방에 자주 간다"고 했지만 그를 '젊은 총각'으로 기억해 석진영씨가 맞는지 확신할 수 없었다.

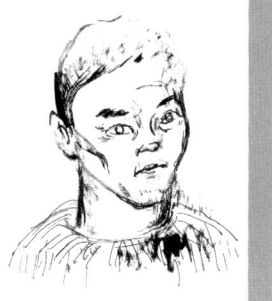

4장 하루라도 사람답게 살고 싶은 사람들

'○○호텔 2년 근무. △△뷔페 2년 6개월 근무. □□웨딩홀 2년 7개월 근무.'

박상명씨의 이력서는 살던 집에 그대로 남아 있었다. 그가 병원에서 돌아올 거라 여긴 집주인이 물건을 치우지 않았던 것이다. 우리는 흰 봉투에서 둘둘 말린 이력서 한 장을 꺼냈다. 자필로 쓴 이력서였다. 첫번째 경력은 ○○호텔이었다. 1979년 고등학교를 졸업하자마자 그는 ○○호텔에서 2년 동안 일했다. 그 뒤로 군대를 다녀왔고 본격적인 사회생활을 시작했다. 뷔페, 결혼식장, 호텔 등 그는 자기를 불러주는 곳이라면 어디든 마다하지 않았다. 그가 일했던 곳 중에는 스키장으로 유명한 고급 리조트도 있었다. 2004년에는 경력을 살려 한식 조리사 자격증도 땄다. 그의 나이 마흔둘. 적지 않은 나이였으나 도전을 멈추지 않았다.

이력서 왼쪽 위에는 컬러 사진 한 장이 붙어 있었다. 빨간 외투 안에 남색 체크 셔츠를 입고 찍은 사진이었다. 머리를 위로 빗어 올려 다부지고 깔끔한 인상을 주었다. 똑같은 사진이 얼추 서너 장은 있었다. 다른 이력서에도 붙이려고 뽑아놓은 듯했다.

한 장을 빼곡히 채운 이력서는 그가 바지런히 달려온 30년의 긴 세월을 말해주었다. 비록 한 직장에 오래 다니지는 않았지만 딱히 쉰 적도 없었다. 요리사로 인정받기 위해 국가에서 주는 자격증도 공부했다. '도대체 무엇을 위해 이토록 열심히 일했을까?' 이력서를 보는 내내 같은 물음을 떠올렸으나 쉽게 답을 내릴 수는 없었다.

열심히 살았던 사람은 박상명씨만이 아니었다. 목수였던 배인환씨는 온종일 일했다. 그가 장기 투숙한 여관의 주인은 "낮에 나가서 밤이 되어야 돌아왔고 여관에서는 잠만 잤다"고 했다. 여관에서 지내는 동안 술 취한 모습 한번 보인 적 없었다. 그렇게 번 돈으로 방세 35만 원을 꼬박꼬박 냈다.

일터를 집 삼아 살았던 사람도 있다. 공고문에 적힌 민영보씨의 주소지는 서울의 한 사당이었다. 그는 이곳에서 30년 동안 관리인으로 일했다. 서울시 지정 문화재인 이 사당이 서울역 인근에서 관악구 쪽으로 옮겨올 때 그도 함께 이사했다. 가파른 언덕길 맨 꼭대기에 있는 이곳을 처음 찾았을 때, 바로 옆 공장 직원들은 이 집에 여자 한 명과 남자 두 명이 같이 산다고 했다. 이상한 관계(?)일 수도 있다고 의심하며 조심스레 나무문을 밀고 안으로 들어가자, 한 노인이 사당 안쪽에 지어진 현대식 집에서 걸어 나와 의문의 눈길을 보냈다. 자신을 사당 관리 재단 이사장이라 소개한 그는 "민영보씨는 얼마 전 죽었고, 지금은 자신과 부인이 이곳을 관리한다"고 했다. 민영보씨는 한국전쟁 때 가족을 모두 잃었고, 그 후 결혼하지 않고 이 사당에서 30년을 살았다. 일터가 곧 그의 집이었던 셈이다. 이사장은 "예전에는 건강했다. 죽기 직전까지 일했다"고 했다. 암에 걸려 병원에 간 뒤에야 그는 그 집을 나오게 되었다.

포클레인 기사 이영은씨도 민영보씨처럼 몸이 성하지 않을 때까지 일했다. 직업 특성상 공사 현장이 지방에 있는 경우가 많아 전국을 돌아다녔다. 환갑을 훌쩍 넘긴 뒤에도 그는 일 욕심이 많았다. 이영은씨가 살던 고시원 총무는 그를 성실한 사람으로 기억했다. 총무는 "일을 계속하고 싶은데 나이가 많다는 이유로 일거리를 안 준다는 말을 많이 했다"며 "원래 다니던 회사에서 일을 주면 그때 일을 나갔다"고 말했다. 이영은씨는 고시원에 온 지 1년이 지날 무렵 건강이 점차 안 좋아져 병원에 드나들면서 자연스럽게 일을 할 수 없게 되었다.

택시 기사였던 백찬웅씨는 췌장암에 걸려 일을 그만두었다. 영업용 택시를 몰던 그는 개인택시로 차를 바꿔 일했다. 매일 출근하던 그는 어느 날부터 집 밖을 나서지 않았다. 이를 이상하게 여긴 관리인이 물어보니 이미 몸에 암세포가 퍼져 손을 쓸 수 없는 상황이라고 했다. 그는 짧은 투병 끝에 생을 마감했다.

유재명씨는 죽는 날까지 서울역 근처 빌딩에서 일했다. 그와 같은 빌딩에서 일했던 청소부 아주머니에게 그가 어떻게 경비 일을 시작하게 되었는지 들을 수 있었다.

"청소부 일이라도 하고 싶다고 아는 사람한테 부탁을 했대. 하루를 살아도 사람답게 일하면서 살고 싶다면서. 일을 해서 돈을 모으고 싶었나봐. 그 말을 듣고 아는 사람이 한 빌딩에서 일하도록 도와줬어."

어렵게 구한 직장이어서 그랬을까. 그는 무엇이든 열심이었다. 마지막에는 서울역 인근 빌딩에서 일했는데 그곳에서 쓰러진 채 발견되었다. 그는 죽기 직전까지 아픈 사실을 숨겼다.

늙은이라고 천대받으면서도 먼지 나는 공사 현장이 그리운 포클레인 기사. 허리 한 번 펴지 못하고 다시 운전대를 잡았을 택시 기사. 가장 먼저 출근해 가장 늦게 빌딩 문을 닫고 퇴근하는 경비원. 평생을 열심히 일했던 이들도 무연사를 피하지 못했다.

유재명 - "하루를 살아도 사람답게 살고 싶어요"

유재명	등록기준지		주소지	
1941년생, 남	서울 용산구 후암로 ○○○		서울시 성동구 행당동 ○○○	
	사망 일시	사망 장소	안치 장소	사망 원인
	2014년 6월	서울백병원	서울백병원	뇌탈출

유재명씨의 등록기준지는 서울 용산구 동자동이다. 주민등록증이 말소된 후 다시 살리는 과정에서 당시 거주지이던 쪽방을 등록기준지로 올려놓은 듯했다. 1941년생으로 2014년 사망 당시에는 73세였다. 안치 장소는 서울 중구에 있는 서울백병원이었다. 무연사를 취재하며 공고문에서 수도 없이 봤던 곳이었다. 별다른 특이점은 없었다.

무연고 사망자 공고에서 눈길을 끌었던 부분은 그가 태어난 날짜와 사망한 날짜였다. 그의 주민등록 앞자리는 4106○○으로 시작한다. 그리고 그가 사망한 날짜는 2014년 6월, 바로 그의 생일날 새벽 1시였다. 세상에 온 지 정확히 73년 만에 세상을 떠난 셈이었다.

공고문에 적힌 마지막 주소지에 도착했다. 초록색 대문 앞 평상에서 대화를 나누는 세 명의 아주머니가 보였다. 유재명씨에 대해 묻자 그중 한 아주머니 강명주씨가 "건물 빌딩 청소부로 그와 몇십 년간 함께 일했다"고 답했다. 다른 아주머니들(김미자씨, 최이순씨)도 오랫동안 청소 일을 해서 그에 대해 어느 정도 알고 있었다. 공고문에 적힌 주소지는 강명주씨의 집이었다. 마땅한 주소지가 없어 일을 구할 때마다 애를 먹던 유재명씨를 자신의 주소에 올려둔 것이다. 유재명씨는 이력서를 내는 등 신분을 증명해야 할 일이 생기면 그 집에 들러 등본을 떼어갔을 뿐 이 동네에 산 적이 없다고 했다.

"청소부는 밥을 싸가거나 아니면 대기실에서 해 먹어야 돼. 근데 이 아저씨가 밥을 싸오지도 않고 남자라서 어디 대기실에서 해 먹지도 못하고 있으니까 우리 총무란 양반이 나랑 같이 밥 한번씩 해주라고 그러더라고. 그때부터 이 아저씨 밥도 해주고 옷도 빨아주고 그리했지."

강명수씨와 유재명씨는 서울역 근처 빌딩에서 오랫동안 일했다. 한 건물에서 함께 일하기도 했고 옆 건물에서 일하며 오다가다 보기도 했다. 그러다 강명주씨가 5~6년 전 서울역 쪽 빌딩 일을 그만두고 강남 쪽으로 일터를 옮기며 얼굴 보는 일이 뜸해졌다.

"그 사람 아무도 없어. 결혼도 안 했고 가족도 없어. 원래 형제가 둘인데, 두 형제가 의붓엄마하고 만리동 살았어. 같이 일할 때 자기 집 가서 김치 좀 담가 달라 그래서 내가 한번 갔었거든. 갔더니 엄마가 육신이 온전치가 않아. 친엄마도 아닌데, 어쨌든 엄마도 요양원 가서 세상 떠나고 형은 돌아가신 지가 5~6년 좀 넘었어. 그래서 아무도 없어. 친아버지, 의붓엄마는 일찍 세상 뜨고."

아주머니들은 유재명씨가 6월에 사망했고 무연고 사망자로 처리되었다는 사실도 어렴풋이 알고 있었다. 강명주씨 집으로 사망통지서가 날아왔기 때문이었다. 주민센터 직원들도 찾아왔다. 연고자를 찾기 위해 주소지에 찾아왔던 모양이었다.

"어제 내가 주민센터 가서 물어보니까 교통사고로 죽었는지 안 그럼 아파서 죽었는지 ○○병원에 가면 알 수 있다는데, (직원이) 나한테 '친형제가 아니라 알려주려나 모르겠네요.' 그러더라고."

유재명씨는 아주머니들에게 함께 살고 싶다는 말을 여러 차례 했다. 김미자씨가 집을 새로 짓는다고 하자 "600만 원 댈 테니까 집 짓는 그 옆에 방 하나 지어 달라"고 부탁했다고 한다. 강명주씨에게도 비슷한 말을 했다.

"나한테는 1,000만 원 댄다 그랬어. 20년 세월에 정이 들 만큼 들었단 말이야. 내가 시다바리 다 했으니까. 돈 있으면 나랑 산다는 소리도 들었어. 뭐라는 줄 알아? 어디 댕겨도 내가 있어서 든든했다 그래."

결국 집은 못 지었고 그가 아주머니들 옆방에 살게 되는 일도 없었다. 그가 단지 집이라는 공간이 필요했던 것인지 아니면 그 집에 살고 있을 사람이 그리웠던 것인지는 알 수 없었다. 그에게도 한때는 가족이 있었다. 돌아가셨다는 부모님 말고도 몇 년 전까지 한 여자와 살다가 헤어졌다고 한다.

"집도 사주고 홀딱 넘어갔어. 돈 있어놓으니까 여자들은 반반히 사귀어서 적어도 여한은 없겠다, 그런 얘기 했어. 언니랑."

그가 돈을 모은 건 경비 일을 시작하고부터인 듯했다. 그는 자신이 젊었을 때 건달 짓을 했다고 아주머니에게 흘리듯 말했던 적이 있었다.

"아는 사람한테 '하루를 살아도 사람답게 살고 싶다' 그러면서 청소부로 맘 잡고 돈도 모을 수 있게 해달라고 했대. '나 할 수 있어요, 나 붙들어만 주세요.' 사람답게 빌딩에서 청소만 하게 해달라 하그라. 그 말 들었던 사람이 그 당시에 ○○빌딩에서 청소하도록 도와줬다 그래."

김미자씨는 유재명씨를 죽기 며칠 전 보았다고 했다.

"내가 언니네 집에 올라왔는데 그날 왔더라니까. 반가워서 '어찌 왔어?' 하면서 '고기 먹고 싶으니까 고기 사주고 가' 그랬지. 그러니까 저 슈퍼에 가서 고기를 3만 원어치 샀어. 이것저것. 과일 한 봉다리하고. 고기를 한 개는 볶아가지고 '저녁 먹고 가요' 이러니까, 나갔다가 5시에 와서 우리 셋이서 고기 볶아서 맛있게 먹고. '아저씨 하나 싸 가지고 가' 그랬더니 '아, 그러지' 그러면서 갔지. 전에는 웃으면서 '어어, 다음에 또 봐' 이랬는데 그날따라 인사하는 얼굴이 울상이야."

일주일 뒤 유재명씨가 일했다는 빌딩을 찾아보려고 서울역으로 향했다. 몇 시간을 헤맬지 모른다고 각오했지만 운이 좋았다. 처음으로 들어간 빌딩 지하에서 청소하던 아저씨를 붙잡고 물어보자 그는 바로 유재명씨가 누군지 안다고 했다. 머뭇거리는 얼굴로 "이 빌딩에서 쓰러져 병원에 실려 갔다"고 말했다. "성실했던 분"이라고도 덧붙였다. 하지만 더 물으려 하자 자신이 대답할 위치가 되지 않는다며 황급히 자리를 피했다. 이 빌딩에서 쓰러진 탓에 혹여나 일하는 곳에 불똥이 튈까봐 몸을 사리는 것 같았다. 그래서 지하로 내려가 경비실장을 만났다. 그 역시 외부인을 경계했다. 자신도 고용된 입장이라 길게 해줄 수 있는 이야기가 없다고 했다. "평소 모습에 대해서 알고 싶은 거지, 어떻게 돌아가셨는지 물으려는 게 아닙니다"라고 계속 설득한 끝에야 실장은 입을 열었다. 유재명씨는 이곳에서 4년 정도 일했고, 경비실장은 1년 전 이곳에서 근무를 시작했다.

"겉으로는 굉장히 건강해 보였어요. 그래도 그 나이 되면 알게 모르게 지병이 있겠죠. 그걸 숨기고 있다가 그렇게 된 거죠. 쓰러진 건 나도 못 봤지만 건강이 안 좋아진 거 같아요. 갑자기 피던 담배도 끊더라고. '담배 안 피세요?' 이러니까 '아, 담배 안 펴' 이러시더라고요."

경비실장은 유재명씨를 괴팍한 남자로 기억했다. 동료들과 의견 충돌이 있을 때마다 화를 참지 못하고 욕설을 내뱉었다고 한다.

"아무래도 가족이 없고, 혼자서 젊어서부터 부모 일찍 여의고 살다보니 어떤 내면의 아픔이랄까, 굴곡진 삶을 살아왔겠죠. 자식도 있고 가정이 있다면 평범한 사회 구성원으로 밝게 살면서 나름 동료들과 어울렸을 텐데. 동료들과 도움을 주고받을 땐 받고. 다들 그렇게 살잖아요. 그런데서 좀 아쉬운 부분이 있었지."

실장은 유재명씨가 부모를 여읜 것도, 혼자 살아왔던 것도 알았다. 1년 남짓 관리인과 직원 사이로 지낸 정도로는 알기 쉽지 않은 이야기였다. 하지만 거기까지였다. 그는 119 구조대원이 나중에 건네준 것이라며 유재명씨의 유품을 보관 중이라고 했다.

"그 속에 뭐가 들어 있는지는 저도 몰라요. 제가 알기론 카드라든가 교통카드, 당시 입고 있던 옷… 뭔지는 모르지만 그런 게 좀 있는 거 같아요."

유품을 볼 수 있느냐고 물었지만 "가족이 아니면 안 된다"며 거절했다.

"언제까지 보관하고 있을지는 저도 모르죠. 한 가지 말씀드릴 수 있는 건, 그분의 가족이라든가 아니면 뭐 진짜 형제라든가 아니면 진짜 형제를 주장하는 사람, 친인척이다 주장하는 사람이 나타나길 기다리고 있어요. 그런데 아직까지 그런 사람은 없었어요. 친형제라고 나타난 사람은 없어요."

백찬웅 – "남의 신세 안 지려고, 자기 힘으로 살아가겠다고 그랬지"

백찬웅	등록기준지		주소지	
1962년생, 남	서울시 성북구 돈암동 ○○○		서울시 강북구 삼각산로 ○○○	
	사망 일시	사망 장소	안치 장소	사망 원인
	2013년 2월	거주지	무연고 추모의집	미상

운 없는 날이었다. 첫번째, 두번째 취재가 연이어 실패로 끝나는 바람에 팀원들 모두 힘이 빠진 상태였다. 다음 차례는 백찬웅씨였다. 주소지를 확인해보니 여관이었다. 그동안 여관에서 만난 취재원이 고인에 대해 모르는 경우가 허다했던 터라 의욕은 더 떨어졌다. 2차선 도로를 따라 차를 타고 달리다가 칼국수 가게와 통닭집 사이로 방향을 틀었다. 폭 2미터 정도의 골목 사이로 낡은 단독주택들이 줄지어 늘어서 있었다. 단독주택 너머로는 신축 빌라들이 군데군데 높이 머리를 내밀고 있었다. 그런 어수선한 풍경 속에 여관이 있었다.

불투명한 청록색 유리문을 열고 안으로 들어갔지만 인기척이 느껴지지 않았다. 창구를 지키는 관리인도 보이지 않았다. 다시 밖으로 나가려던 그때 창구 옆방에서 한 남성이 문을 열고 나왔다. 투숙객으로 보이는 남성은 주인을 만나려면 2층에 가보라고 했다. 계단을 올라 남성이 알려준 방 앞에서 문을 두드리자 한 아주머니가 나왔다. 자신을 관리인이라고 소개한 아주머니는 헝클어진 머리만큼이나 자기 인생도 꽤 복잡한 듯 보였다. 백찬웅씨에 대해 묻는 질문에 아주머니는 "나도 먹고 살기 힘들다"며 신세 한탄을 하거나 "국가가 우리 같은 사람한테 해준 게 뭐냐고" 화를 내는 등 예상치 못한 반응을 보였다. 자신도 힘들게 살았기 때문일까. 관리인은 홀로 여관방에서 죽은 백찬웅씨를 가여워했다.

"죽어 있는 걸 내가 발견했어. 그 사람 참 착했지. 아까운 사람이야. 인물도 잘생겼어. 남의 신세 안 지려고 하고 자기 힘으로 살려고 하고. '아저씨 방세 못 내고 이렇게 살면 안 되잖아요' 하니까 '아줌마, 나는 췌장암 못 고치면 강원도 산속에 가서 약초나 캐먹을 거예요' 했어. 아저씨 너무 힘이 없어 보여서 밥 한 그릇 사주고 싶다고 했는데 그러기도 전에 그 사람이 죽었다니까. 참 안 됐지."

관리인은 한참 이야기에 몰입하다 말고 우리를 밖으로 이끌었다. 투숙객들한테 말소리가 들릴까 신경 쓰인 모양이었다. 관리인의 적극적인(?) 태도에 혹여 백찬웅씨 가족에 대해 알 수 있을까 싶었다. 취재 초기의 의욕이 다시 살아났다.

관리인에 따르면 취재 1년 전이었던 2013년, 백찬웅씨는 택시를 몰고 여관에 왔다. 영업용 택시였다. 몇 달을 영업용 택시로 출근하던 그는 후에 개인택시를 구했다. 여관 골목에는 늘 그가 몰던 택시가 주차되어 있었다. 그는 매일 택시를 몰았다. 하지만 어느 날부터 일 나가는 횟수가 조금씩 줄어들면서 방세가 밀리기 시작했다. 관리인은 수차례 방문을 두들겨보기도 하고 전화도 걸어보았다. 계속해서 연락이 닿지 않자 경찰에 연락을 했다. 경찰과 함께 문을 열자 이상한 냄새가 났다. 시신이 부패하는 냄새였다.

백찬웅씨가 죽은 후에도 가족은 나타나지 않았다. 아내와는 이혼했다고 한다. 아들이 한 명 있었지만 입양을 보내고 그 후로는 계속 혼자 살았다. 여관 관리인이 직접 그에게 들었던 말은 아니었다. 백찬웅씨 사인을 조사하러 나온 경찰관에게서 건네 들은 말이었다.

"내가 경찰한테 아들 좀 찾아달라고 했어요. 그래도 뿌리를 찾아야지. 안 그래요? 살아서 괴롭힌 것도 아니고. 그러게 잘 살지도 못하면서 아들 하나 키우지, 입양을 보내나."

경찰은 아내가 살아있다는 말도 해주었다. 그가 죽자 이혼한 아내에게도 연락이 갔겠지만 시신 인수를 거부한 듯했다. 관리인을 통해 정체를 알 수 없는 '친구'에 대한 이야기도 들을 수 있었다. 백찬웅씨가 죽은 지 얼마 안 되었을 무렵 고인과 '친구'였다는 남성이 여관을 찾아왔다고 한다. 그는 중요한 유품은 모두 챙겨갔다. 주민등록증, 신용카드, 그리고 통장. 통장에는 60~70만 원 정도 돈이 들어 있었다. 가족이 아니면 통장에 든 돈을 만질 수 없어서 여관 관리인이 그저 갖고만 있던 것을 남성이 "친한 친구는 돈을 인출할 수 있다"며 가져갔다. 그는 자신이 사회복지사라면서 장례를 치러주고 남은 돈으로 밀린 방세를 갚겠다고 했다. 하지만 통장을 건네받고 다시 찾아오지 않았다.

5장 무연사로부터 무연한 사람은 없다

김성명씨는 노숙 생활을 하며 고물을 주워 팔았다. 첫 취재는 그가 4년 넘게 고물을 팔러 다녔던 고물상에서 시작되었다. 회색 철문에 빨간색 페인트로 "고물상"이라는 세 글자가 크게 쓰여 있었다. 활짝 열린 철문 안으로 들어서자 포클레인이 너른 마당 한가운데에 산더미처럼 쌓인 병, 캔, 폐지 등 온갖 고물을 한쪽으로 밀고 있었다. 포클레인을 운전하던 남자는 고물상 사장이었다. 사장은 김성명씨를 또렷이 기억했다.

– 옛날엔 뭐하셨어요?

"건국대 나왔어. 직장도 괜찮은 데 다녔고."

대학 이름을 듣는 순간 우리는 멈칫했다. 김명성씨가 대학생이던 1980년대 대학 진학자는 10명 중 3명에 불과했다. 서울 주요 사립대를 나온 사람은 더욱 흔치 않았다는 사실을 고려한다면 그는 꽤 고학력자에 속했다.

– 그런데 어쩌다 노숙자가 됐어요?

"잘 모르겠어. 본인 이야기 하는 걸 워낙 안 좋아해서."

– 그럼 가족은 없었나요?

"부모랑 형제가 있다고 들었어. 가족을 보러 가는 거 같진 않더라고. 이유는 나도 모르지."

옆에서 대화를 듣고 있던 고물업자에게도 물었으나 돌아온 답은 같았다. 고물업자는 "옛날에 같이 술을 마시며 한두 번 얼굴 본 사이였다"라고만 했다. 대학까지 나온 김성명씨가 어째서 노숙자가 되었는지, 가족들과 연을 끊은 이유가 무엇인지 설명해줄 사람은 없었다. 그와 10년을 알고 지냈다던 사장도, 같이 술을 마셨다던 고물업자도 알지 못했다. 한참을 이야기하던 사장이 툭 한마디 덧붙였다.

"사람들이랑 어울리는 건 좋아하는데 자존심이 있어서."

사장은 고인과 친하게 지냈다던 고물업자를 알려주었다. 키 170센티미터에 마른 남성으로 길 건너에 있는 ○○고물상을 다닌다고 했다. 알려준 대로 길을 건너 고물상을 수소문했다. 가장 가까운 고물상부터 찾아갔다. 하지만 고물상 이름부터 달랐다. 그곳 사장은 김성명씨와 어울린다던 고물업자도 알지 못했다. 맞은편에 있는 고물상도 마찬가지였다. 골목 안으로 들어가니 또 다른 고물상이 보였다. 이번에도 "그런 사람 없다"는 대답이 돌아왔다. 그 이후로 대여섯 번의 헛걸음을 한 끝에 겨우 사장이 알려준 곳과 비슷한 이름의 고물상을 찾았다.

그러나 그 고물상 사장 역시 "3년째 운영하고 있는데 그런 사람 못 봤다"며 "여기는 가족끼리 운영하는 고물상이라 직원은 나를 포함해 3명뿐"이라고 고개를 저었다. 마지막 발걸음마저 수포로 돌아가면서 취재가 중단되었다.

209명의 무연고 사망자 중에는 대학을 나온 고학력자가 있었다. 그중 김근수씨와 양기완씨는 서울대학교 출신이다. 김근수씨는 서울대학교 상과대학 53학번으로, 서울대학교 총동문회 홈페이지에는 그가 2006년 2월 동문회 회비를 납부한 자료가 남아 있었다. 명문 대학교를 나온 그는 고위 공무원을 지낸 뒤 퇴직하고 사업을 벌였다. 양기완씨는 서울대학교를 졸업하고 대학원까지 다녔다. 그와 40년을 알고 지내며 죽기 직전까지 그를 돌보았던 할머니는 "양기완씨가 공부를 많이 하신 분"이라며 "그 양반이 일어, 영어를 잘해. 일본에서 유학까지 했다"고 했다. 회화에 능숙했던 그는 미군 부대에서 일할 기회도 얻었다. 보증을 잘못 서면서 빚을 지기 전까지 그의 삶은 탄탄대로였다.

무연고 사망자 중에는 유복한 가정에서 자란 사람도 있다. 장승민씨는 아버지가 ○○자동차의 사장이었다. ○○자동차는 당시 업계에서 10위 안에 드는 국내 굴지의 기업이었다. 이명호씨는 기부를 할 만큼 부유했다. 그는 건축 관련 사업을 해 큰돈을 벌었다. 인터넷에 검색하면 나올 정도로 사업의 규모가 컸다. 그는 사업으로 번 돈을 교회, 문중 공사, 북한 어린이 돕기 사업 등 여러 단체에 내놓았다. 기부금만 모두 합쳐 4억 원이 넘었다.

무연고 사망자들 모두가 처음부터 가난했던 것은 아니다. 모두 배우지 못한 사람들도 아니었다. 우리가 만난 몇몇은 유복한 가정에서 자랐고, 명문 대학교를 나왔고, 사업에 성공했다. 무연사의 공포는 학벌과 소득수준을 떠나 모두에게 드리워져 있었다.

김근수 – "그 사람, 서울대 출신이에요"

김근수	등록기준지		주소지	
1933년생, 남	서울시 종로구 창신동 ○○○		서울시 종로구 종로○○길 ○○	
	사망 일시	사망 장소	안치 장소	사망 원인
	2012년 8월	○○교회	국립중앙의료원	미상

　봄비가 추적추적 내리던 어느 오후, 김근수씨의 등록기준지인 서울 종로구의 한 쪽방촌에서 취재를 시작했다. 좁은 골목길을 따라 길게 늘어선 쓰레기봉투의 행렬을 지나 찾아간 곳은 한 여인숙이었다. 입구에 설치된 발을 열어젖히며 주인 아주머니에게 김근수씨를 아느냐고 물었다. 아주머니는 그를 기억했다.

　김근수씨는 서울 동대문에 있는 아파트에 살다가 5년 전 이 동네로 이사를 왔다. 쪽방 생활의 시작은 이 여인숙이었다. 그는 부인 이문자씨와 20년 넘게 결혼 생활을 하다가 사망하기 1년 전에 이혼했다. 사망 몇 개월 전까지 병에 걸린 그를 돌보았던 여자도 있었다고 한다. 하지만 마지막에는 혼자였다. 공고문에는 이렇게 쓰여 있었다.

> **교회 쉼터 내에서 변사자에게 밥을 주기 위해 변사자를 깨웠으나 숨을 쉬고 있지 않는 등 사망한 것을 같은 교회 후배가 발견하고 119 및 112에 신고한 것임.**

　우리는 그가 죽은 교회로 향했다. 교회는 쪽방촌 입구 건물 2층에, 구멍가게처럼 허름한 모습으로 자리 잡고 있었다. 넓은 방 하나가 교회의 전부였다. 거기서 쉬고 있는 노숙자들 사이에 조근형 목사가 있었다. 목사에게 김근수씨에 대해 물어보니 다행히 그를 잘 알고 있었다.

"그 사람, 서울대 출신이에요. 우리가 확인해보니까 맞긴 맞아. 서기관 공무원으로 한 4급까지 했고요."

검색엔진에서 그의 이름과 "서울대"를 함께 검색해보니, 2006년 2월 서울대학교 총동문회 홈페이지에 평생회비 20만 원을 납부했다는 기록이 남아 있었다. 53학번으로 1933년생인 김근수씨와 나이가 맞아떨어졌다. 그는 공무원 생활을 접고 건축 사업을 몇 번 시도했지만 실패했다. 그러면서 점점 가세가 기울었고, 서민 아파트에 살다가 결국 기초생활보장수급자가 되어 쪽방으로 밀려났다.

한번은 김근수씨와 대학 동기였던 사람이 조 목사를 찾아와 서울대학교 관련 기사를 보여주었다. 김근수씨가 언급된 기사였다. 대학 동기는 김근수씨를 가리키며 "저 사람 조심해라. 예전에도 뻥 많이 쳤던 사람"이라고 경고했다. 조근형 목사 역시 '내가 어디에 120억 원 정도 있는데 나를 여기서 살게 해주면 교회를 위해서 십일조로 좋은 데 쓰겠다'는 식의 거짓말을 들은 적이 있었다.

"술 좋아하고 거짓말 잘하고. 그러니 주위 사람들과 어울릴 수가 없었죠. 자기는 수준이 있으니까. 자기 프라이드도 있고 하니까 사람들과 거리를 뒀어요."

쪽방촌 이웃들과도 진실한 관계를 맺지 못했다. 주민 인터뷰를 여러 번 시도했지만 그와 친하게 지냈다는 사람이 없었다. 그의 이름 정도만 알고 있던 사람들 역시 그를 허풍이 심하고 거짓말을 많이 하는 할아버지로만 기억했다.

"부인하고 1년 전에 이혼했대요. 그 전에도 두 명의 부인이 있었지만 몇 년 못 가서 이혼했다고 했고. 호적상에 아들이 한 명 있는데 친자식은 아니라나 뭐라나. 아, 양딸도 있다고 들었어요."

양아들과 양딸. 둘 다 김근수씨가 사업할 때 만난 사이다. 양아들은 김근수씨가 쪽방 교회에 기거할 때 가끔 찾아와 돈을 요구했다. 양아버지의 안부를 살피러 찾아온 적은 없었다.

가족의 이야기를 듣고 싶어서 목사에게 전 부인 이문자씨의 연락처를 물었다. 그는 망설이며 이문자씨에게 직접 연락했다. "김근수씨에 대해 살짝 언급해봤는데 반응이 좋지 않네요." 조 목사가 고개를 저었다. 어쩔 수 없이 이문자씨 역시 이 근처에 산다는 정보를 토대로 쪽방촌을 탐문했다. 이 사람 저 사람에게 묻는 와중에 이문자씨를 알고 있는 세탁소 주인을 만났다. 그는 우리의 취재 목적을 듣고 주저주저하더니 그녀가 사는 곳을 손가락으로 가리켰다.

우리는 문 앞에 서서 한참을 고민했다. 김근수씨는 부인에게도 그리 잘하는 사람이 아니었다. 조 목사를 비롯한 이웃들은 하나같이 그가 20년 동안 부인에게 상처를 주었다고 했다. 전 남편에 대해 물어보는 게 실례가 되지 않을까? 우리는 일단 부딪쳐보고 그녀가 거절하면 그냥 나오기로 했다. 하지만 의외로 이문자씨는 우리를 따뜻하게 맞아주며 김근수씨에 대한 이야기를 들려주었다. 그녀는 양아들과 양딸에 대해서도 자세히 알고 있었다.

"걔들은 만날 남편한테 사업 자금 대달라, 얼마 빌려달라 그랬어. 말로는 '아빠, 아빠' 하면서도 돈 달라고…. 근데 돈 없다는 걸 알고는 언제부터인가 오지도 않더라고."

20여 년 전, 이문자씨는 전 남편과 사별하고 김근수씨와 재혼했다.

"서울대 나왔고, 집안이 부자였다고 소개받았어."

이문자씨는 재혼 직후 이 말이 거짓이라는 걸 알게 됐다.

"어디 땅을 샀는데 그게 몇백 억짜리다, 근데 그린벨트에 묶여서 돈이 나중에 나온다…. 늘 그렇게 얘기했어. 23년 동안 그랬어."

김근수씨는 거물급 인사를 거론하며 '누구랑 친하고, 누가 나한테 돈 줄 게 있다'는 말을 자주 했다. 하지만 아내에게 실제로 큰돈을 가져다준 적은 단 한 번도 없었다. 생활비조차 제대로 가져다준 적이 없었다. 이문자씨는 20년간 참고 또 참다가 남편 말이 사실인지 직접 알아보았다. 그가 항상 돈 받을 게 있다고 얘기한 동창 김 모씨를 수소문해 찾아갔다. 장관 출신에 법률사무소를 운영하던 김씨는 남편과 동창이기는 했지만 그것 말고는 남편의 말은 모두 거짓이었다. 김씨는 어디에 땅이 있고 받을 게 있다고 하는 것들에 대해 선혀 모르고 있있다.

이문자씨는 거짓말에 대해 남편을 추궁했다. 그러자 김근수 씨는 "그럼 같이 안 살면 되잖아" 하며 집을 나갔다고 한다. 그런 싸움이 몇 번 반복됐다. 어느 날 그는 다른 여자의 차를 타고 와서는 이혼을 요구했다. 두 사람의 결혼 생활은 그렇게 끝났다. 그리고 몇 달 후 김근수씨는 암으로 사망했다. 경찰서에서 이문자씨에게 연락을 해왔다. 시신 인수 여부를 묻는 전화였다. 이문자씨는 한참 망설이다 대답 없이 전화를 끊었다. 자신이 아니더라도 누군가가 장례식을 치러줄 거라고 생각했다.

"그렇게 무연고로 처리될 줄 알았으면 그냥 내가 시신 거둬줄 걸 그랬나봐."

이문자씨가 측은해하며 말했다.

"인간성은 나쁘지 않았어. 거짓말을 너무 많이 해서 그런 거야."

양기완 – "자기 죽은 걸 말하고 싶지 않은 사람도 있는 거예요"

양기완	등록기준지		주소지	
1954년생, 남	서울특별시 용산구 ○○길 ○○○		서울특별시 용산구 ○○길 ○○○	
사망 일시	사망 장소	안치 장소	사망 원인
2014년 7월	○○병원	○○병원	미상

양기완씨가 살던 동네를 찾은 날은 그가 죽은 지 보름하고 3일 뒤였다. 어느 때보다 무거운 마음으로 그의 집을 찾았다. 사망한 지 한 달도 안 되어서 고인의 집을 찾은 것은 처음이었다. 우리는 보통 짧게는 3개월, 늦으면 2년이 지나서야 고인의 집을 방문했다.

지하철역을 가운데 두고 이질적인 두 공간이 맞붙어 있었다. 아파트와 쪽방. 이름을 들으면 모두 알 만한 유명 고급 아파트 단지 건너편은 쪽방 밀집 지역이었다. 양기완씨가 살던 집은 아파트에서 쪽방으로 가는 골목 어귀에 있었다. 홀로 세련되어 보이는, 초록색으로 페인트칠한 2층짜리 단독주택이었다. 집은 비어 있었고 공사가 한창이었다. 맞은편 집에서 50대 후반으로 보이는 중년 여성과 여든이 넘어 보이는 할머니가 나오는 걸 보고는 붙잡고 물었다.

"응? 한 달 전에 이사 갔는데? (양기완씨는) 이 동네서 50년 가까이 살았어. 여기서 학교도 나오고 유학도 갔지. 공부를 많이 하신 분이셔. 어머니랑 둘이 살았는데, 어머니는 돌아가시고 그 뒤로 혼자야. 결혼도 안 했고. 근데 그분이 죽었어? 얼마 전까지 멀쩡했는데."

양기완씨가 돌아가셨다는 말에 놀라는 눈치였다. 병원에 입원해 집을 비운 것을 이사한 것으로 알고 있었다. 무연고 사망자 공고를 보고 찾아왔다고 하자 강원도 홍천에 사는 배다른 형제 이야기까지 꺼내며 그 사람한테 가보라고 권했다.

"아, 정미애하고 잘 어울렸는데 따라와봐."

중년 여성을 따라 정미애씨 집으로 향했다. 미로처럼 끝이 보이지 않는 굽이진 골목을 한참 따라 들어간 끝에 다다른 곳은 쪽방 밀집 지역이었다. 부서진 건물들 곳곳에 빨간 글씨로 '철거'라고 적혀 있었다. 거주민에 따르면 2009년 재개발 사업이 추진되면서 건설업체 쪽에서 집을 사기 시작했고, 팔지 않는 사람들에게 겁을 주려고 용역들이 구매한 집을 도끼와 해머로 부수었다고 한다.

중년 여성이 문을 두드리자 아직 집 형태를 갖추고 있는 건물에서 일흔은 넘어 보이는 할머니가 나왔다. 정미애씨였다. 중년 여성이 양기완씨를 찾는 학생들이 있다고 말하자 그녀는 "양기완씨를 왜 찾느냐"고 물었다. 우리가 찾아온 경위를 설명할 틈도 없이 중년 여성이 "돌아가셨다는데 아시냐"고 그녀에게 물었다. 그녀는 "모른다"고 짧게 대답했다. 당황한 기색이 역력했다. 무연고 사망자 공고를 보고 찾아왔다고 말하자 "잘못 알고 오신 거 아니냐"며 되물었다. 중년 여성은 우리에게 들은 이야기를 토대로 그녀에게 설명했지만, 그녀는 끝까지 "모르겠다"고 했다. 중년 여성이 잠시 자리를 뜨자 그녀는 주변을 두리번거리더니 작은 목소리로 골목 밖으로 나가자고 말했다.

"조용히 해요. 동네 시끄럽게 알리지 말고. 우리 다 알고 있어요. 제가 보호자나 다름없어서 이미 다 알고 있어요. 다 알고 있고 장례 치르고 다 했어요. 제가 계속 모른 척해달라고 눈을 깜박거렸잖아요. 쓸데없는 소리를 자꾸 하면 동네에 소문이 나고. 자기가 간 거 남한테 발설하고 싶어 하나요. 안 하고 싶은 사람도 있는 거예요."

"어려운 걸음 하셨네. 하하." 한 남성이 다시 다가오자 정미애 씨는 황급히 말을 돌리며 멋쩍은 웃음을 지었다.

"자살했대요?"

양기완 씨와 같은 동네에 산다고 소개한 그 남성은 벌써 소문을 듣고 왔는지 대뜸 물었다. 죽었다는 한마디가 어느새 자살했다는 말로 바뀌어 있었다. 우리는 "이야기를 들어보니 주소만 같고 이름이 다르다"며 "착각했다"고 설명했다.

"그럼 양기완이 죽은 게 아니라고?"

"주소만 보고 와서 실수한 것 같다"고 한 번 더 설명했다. 옆에서 정미애 씨가 "선생들이 잘못 알고 오신 것 같다"며 거들었다.

"내가 양기완 하고 2년 동안 한 동네에서 교제해서 묻는 거야."

재차 아니라고 강조했더니 그는 "그럼 됐다"며 오던 길로 되돌아갔다.

─ 정말 죄송해요. 저희 때문에.

"여기 어려운 동네라서 어려운 사람들이 많아요. 가신 분에 대해서 이러쿵저러쿵하는 게 싫어서 그러는 거예요. 왜냐면 양기완 씨가 공부를 많이 하신 분이세요. 서울대 출신이고, 대학원까지 나오신 분이에요. 그 양반이 일어, 영어를 기가 막히게 했어요. 일본에서 유학까지 했어요. 홀어머니의 외아들이었는데, 어머니가 아들을 오만 정성으로 가르치신 분이세요. 어머니도 영어, 일어에 능통하셨어요. 그 사람 짐을 제가 가지고 있어요. 얼마 전에 우리집에 와서 일주일 넘게 있다가 가셨어요. 그분이 불교 믿어서 친구들이 제를 드릴 때 태우려고 모아둔 것도 있어요."

― 가족은 어머니뿐이셨던 건가요?

"본인이 결혼 쪽으로는 신경을 안 쓰는 분이셨어요. 있잖아요. 그런 분들. 어머니 가시고 혼자 사셨는데, 참 착하고 어진 분이세요."

정미애씨가 갑자기 멋쩍은 웃음을 짓기에 뒤돌아봤더니 처음 우리를 이곳으로 안내해준 중년 여성이 와 있었다. 우리는 그녀에게 "이야기해보니까 사람을 착각한 것 같다"고 설명했다. 중년 여성이 "아니 그런 게 어디에 있어. 말띠는 맞는데"라며 의아해하자 우리는 "정부에서 공고를 작성하다가 실수를 한 것 같다. 귀찮게 해드려서 죄송하다"고 사과했다. 정미애씨는 "나도 관공서에서 우편물이 잘못 오는 경우가 있었다"면서 말을 거들었다. "아니 어떻게 그렇게 헷갈릴 수가 있느냐"며 의심을 거두지 않던 중년 여성은 "저희가 가진 정보랑 실제 양기완씨 고향이 달랐다"고 하자 그제야 믿는 눈치였다. 그녀는 "같은 동네 산다고 다 아나? 앞집 산다고 해도 말을 안 해봐서 잘 몰라. 그래서 형님이 잘 아실 것 같아서 데리고 온 거야. 시신 수습을 못 한다니까. 아니면 됐지 뭐. 갈게요"라며 걸음을 돌렸다.

― 죄송해요. 저희가 생각 없이 묻고 다녀서.

"나 깜짝 놀랐어요. 저 양반을 붙들고 들어오니까는."

― 저희가 집에 갔더니 맞은편 집에서 나오시더라고요.

"그 집이 어떻게 된 줄 알아요? 경매로 넘어간 거예요. 원래 양기완씨 어머니 소유의 집이었어요. 일본 사람이 살던 집을 어머니께서 사셨죠. 양기완씨가 어릴 때부터 그 집에 살았어요. 어머니가 돌아가신 뒤 그분이 물려받았죠. 몇 년 전에 친척이 같이 사업을 하자고 해서 집을 담보로 은행에서 융자를 받았는데, 친척이 사업 자금을 가지고 필리핀으로 날랐어요. 그러면서 빚이 생긴 거예요. 은행 이자를 안 낼 수 없으니 돈을 돌려 막고, 또 돌려 막고 하다가 집까지 경매로 넘어가게 된 거죠."

― 형제가 있긴 했나요?

"씨 다른 형제가 한 분 있어요. 박씨라는 사람이. 어려서부터 남남으로 살았기 때문에 남과 다름없어요. 호적으로도 안 되어 있어요. 어머니가 같고 아버지가 다른데, 옛날에는 씨가 다르면 같은 호적에 들어갈 수 없잖아요. 전혀 남남이나 마찬가지예요. 어머니가 안 계시니까."

― 생전엔 어떤 일을 하셨어요?

"미군 부대에서 잠깐 근무하셨고, 장사도 하셨어요. 워낙 영어랑 일어에 능통하셨으니까. 일어는 뭐, 일본 사람보다 더 정확하게 하시는 분이셨어요. 아까운 분이신데…."

― 공고에는 목욕탕에서 쓰러져 병원으로 옮겨졌다던데 평소 몸이 안 좋으셨나봐요.

"장애인이셨어요. 당 때문에 오십이 넘어서 몇 년 전에 다리를 잘랐어요. 예전에는 키도 크고 튼튼한 분이셨는데. 여러 가지로 참…. 이미 종로구에서 초상 치르고 다했을 거예요. 친구, 후배들이 그분 쓰시던 물건도 다 처분해서 제도 드릴 거예요."

― 어떤 후배들이요?

"사회에서 사귄 후배들도 있고 학교 후배들이 있는데, 절에서 49재도 하려고요. 어차피 연고자가 먼 친척이라 연락하니까 시신을 거부해서. 원래 부스러기라도 떨어지면 너도나도 들여다보는데. 집도 경매로 넘어가고 재산이 남아 있지도 않으니까요."

― 사망신고는 되어 있어요?

"아마 후배들이 할 거예요. 했는지 안 물어봤는데, 후배들이 절차를 밟으려는 것 같아요. 돌아가신 지 보름이 다 되었는데 관공서에서 절차를 하나하나 거치려니까 장례도 며칠 전에 치렀어요. 가실 때 가고 모실 때 다 모셨어요. 예순하나면 예전 같으면 할아버지겠지만, 지금은 한창 나이인데 안타까워요. 그분이 배운 분이라 젊은 분들이랑 이야기를 참 잘했어요. 살아계셨으면 젊은 친구들이 왔다고 좋아하셨을 텐데."

― 그분을 실제로 봤으면 더 좋았겠네요.

"저도 마음이 더 아파요. 어려운 걸음 하셨네. 더 알고 싶은 게 있으면 (동네 돌아다니지 마시고) 저를 찾아오세요."

장승민 ― "아버지는 큰 부자였어요"

장승민	등록기준지		주소지	
1956년생, 남	부산시 부산진구 전포동 ○○○		서울시 중구 세종대로 ○○○	
	사망 일시	사망 장소	안치 장소	사망 원인
	2014년 1월	○○병원	○○병원	미상

장승민씨의 삶은 기이했다. 그는 부잣집 아들로 태어났고 기 치료에 빠져들어 평생을 기인처럼 살다 죽었다.

마지막 주소지부터 범상치 않았다. 지하철역 뒷골목, 음식점 뒷문들이 다닥다닥 붙어 있는 폭 2미터 정도 좁은 길가에 그 집이 있었다. 음식점 주방에서 요리를 하다 나온 듯 하얀 앞치마를 두른 남자들이 여럿 담배를 물고 있었다. 좁은 길 오른쪽에 있는 철문을 열자 가파른 계단이 눈앞에 나타났다. 계단을 오르자마자 "방 있습니다. 010-○○○○-○○○○"라고 적힌 쪽지가 보였다. 인기척도 없고 묵을 방도 보이지 않았는데, 쪽지 한 장만이 여기가 여관이라는 걸 말해주고 있었다.

적힌 번호로 전화를 걸자 한 여성이 전화를 받았다. 처음에는 자신이 "멀리 나와 있다"고 퉁명스럽게 말하던 여성은 장승민씨 이야기를 꺼내자 반색하며 "곧 여관으로 돌아갈 테니 기다리고 있으라"며 서두르는 기색이었다. 30분쯤 후 나타난 여성은 긴 파마머리를 한데 묶고 짙게 화장을 한 모습이다. 그녀는 자신이 미용실 원장이자 건물의 관리인이라고 소개했다.

그녀는 고인을 6~7년 간 자신의 건물에 공짜로 살게 해주며 여러모로 도움을 준 사람이기도 했다. 혹시 연인 관계일까 추측했지만 여성은 절대 내연 관계 같은 것은 아니라며 고개를 저었다. 그 여성, 이정민 원장이 "고인과는 애증 관계"라며 들려준 이야기는 이랬다.

장승민씨는 ○○자동차 사장의 큰아들이었다. 아버지는 돌아가시고 가족은 어머니, 남동생 둘, 여동생 하나가 있었다. 대학에서 기계공학을 전공한 후 원주에서 건설사를 운영하다가 안기부와 엮여 사업을 접었다. 그 후 중국으로 떠나 그곳에서 17년, 사이판의 절에서 몇 년 머물다가 한국으로 돌아왔다. 기 치료사로 사이판에서 꽤 유명했다고 한다.

장승민씨가 한국으로 돌아왔을 때 이정민 원장은 미용실을 하다가 사기를 당하고 실의에 빠져 있었다. 둘은 주위 사람의 소개로 만났고 이때 그가 원장을 정신적으로 위로해주었다고 한다. 그때의 인연으로 원장은 장승민씨를 여관에 공짜로 살게 해주었다. 그는 여관에서 기 치료를 하며 돈을 벌었다. 그런데 언제부터인가 술에 빠져 이상한 행동을 하기 시작했다. "술 안 먹으면 천재, 술 먹으면 또라이에요." 원장은 장승민씨를 이렇게 표현했다. 결국 여관에서 몇 번 쫓아냈지만 며칠 뒤면 다시 돌아왔다.

죽음은 허망했다. 한겨울, 술에 취해 건물 1층에 쓰러져 있는 걸 원장이 발견했지만 워낙 술에 취해 찾아온 적이 많았던 데다 다 큰 성인 남성을 혼자 2층으로 옮기기 힘들어 밖에 그냥 두었는데, 그 사이에 죽었다고 했다. 원장은 그때 장승민씨를 어떻게든 안으로 옮기지 않은 걸 후회하는 듯했다.

"장승민씨 소개로 알고 있던 큰 절에 가서 스님하고 49재도 지내고, 목사님하고 용미리 무연고 묘지에도 다녀왔어요. 가족이 아니라 시신을 인수하지 못했을 뿐이지 장례도 치렀죠. 이전에 한번 병원비를 내달라면서 여동생이 장승민씨한테 전화했던 적이 있었는데, 그 번호를 겨우 찾아내서 연락했어요. 전화를 안 받더라고요. 장례식장이 썰렁했어요. 나랑 목사님이랑 스님 빼고는 아무도 없어서…"

5일 뒤, 장승민씨의 지인이라며 원장이 알려준 조 모 국장을 찾았다. 그는 한 지역 방송국에서 오래 일하다 은퇴한 후 서울 청계천의 한 아파트에서 살고 있었다. 아파트 경로당 앞에서 만난 그는 1985년부터 장승민씨를 알았다고 했다. 그때 고인은 건설업을 하고 있었고 자신은 지역 방송국에서 근무 중이었는데, 공사 관련 일로 엮여 알게 되었다고 했다. 그가 들려준 고인의 가족 이야기도 이정민 원장이 해준 이야기와 비슷했다.

"아버지가 큰 부자였지. 일제시대에 비행기를 기부하기도 했어. 어머니는 친어머니라고 (장승민씨가) 말은 했지만 (장승민씨와 어머니의) 나이 차가 열여섯밖에 안 나는 걸로 봐서 친엄마가 아닌 거 같았어. 남동생은 대처승인데, 예전에 중국에서 버스 사고를 내서 곤란에 빠진 걸 내가 몇백 만 원 주고 도와준 적이 있지. 여동생은 장애인이고 그 남편도 장애인인데, 그 딸이 어린 나이에 고대 법대에 합격해서 신문에 난 적이 있어요."

일제시대 애국지사 아버지, 스님 남동생, 장애인 여동생, 천재 조카…. 들으면 들을수록 스케일이 점점 더 거대해졌다.

"건설 일을 했는데, 정부 사업이었던 댐 사업에 참여했다가 정권에 밉보였어. 그래서 그 일 접고 중국에서 무역업을 했는데 사기 당해서 쫄딱 망하고 사람 고치는 쪽으로 완전히 업종 변경했더라고. 소림사에서 배웠대. 어떻게 소림사를 들어갔느냐 그러니까 지금으로 치면 국정원이지, 그쪽 계통에 있는 사람이 소개를 해줘서 나름 실력 있는 스님한테 배운 모양이에요. 그래 가지고 한 몇 년 후에 나타났으니까."

– 한국에선 어떻게 사셨어요?

"아는 사람이 기 치료 사무실 내는 걸 도와줬어. 얘가 술만 안 먹으면 결혼 잘해서 가장 노릇도 훌륭하게 할 수 있을 것 같거든. 그런데 보니까 술을 먹으면 통제가 안 되는 거야. 그렇게 한국에서 살다가 어느 날 없어진 거야. 말도 없이 사이판에 갔지."

― 사이판에는 갑자기 왜 가신 거죠?

"나도 모르지. 사이판에서 어떤 보살을 만나서 둘이 한국에 같이 들어왔더라고. 소개 시켜주고 그러면서 자기 이제 사이판 안 간다고 그러더라고. 그래서 너 인마 어디 있어야 될 거 아니냐 했더니 신설동 어디에 있다가 여관에 있다가 한대. 아마 그 여자가 그 여관 주인(이정민 원장)하고 아니까 여관에서 기 치료를 하면서 생활을 하라고 해줬던 것 같아. 거기서도 며칠 잘 있다가 술 먹고 내쫓긴 거지."

― 자주 보셨나요?

"난 여기 있을 때는 한 번인가 두 번밖에 안 만났어. 내가 먼저 연락하는 법은 없으니까. 그렇잖아, 뭐 내 자식도 아니고. 만약에 내 지식이리도 속 썩이면 안 볼 텐데. 아무튼 지가 연락하면 만나고 그랬지. 그러다 언젠가 또 전화가 왔어. '형님 한번 뵈면 안 될까요?' 그래 가지고 거기(여관) 갔어. '있을 만하냐' 그러니까 '거 뭐 그냥 있는 거죠' 그래. '그래, 아무 데고 잘하고 있어라. 나는 더 이상 해줄 말이 없으니까.'"

― 그 후로는 못 보셨어요?

"그게 다야. 죽을 때도 난 몰랐어. 그때 한 두어 달간 연락이 없었어요. 나는 먼저 전화를 안 하니까. 근데 그 여자(이정민 원장)가 울면서 전화를 했더라고. 걔가 죽었다고. 그래서 갔지. 갔더니 벌써 시신 같은 건 없어서 못 봤어. 내가 볼 땐 얼어 죽은 것 같아. 거기 계단이 안 좋잖아. 술 많이 먹으면 건강한 사람도 올라가기 만만치 않은 계단인데 그놈이 좀 시원찮아졌더라고. 못 올라가니까 거기 쭈그리고 있었던 것 같아. 저체온증으로 죽은 거 같더라고."

그 후 장례식장에 왔다던 스님과도 통화했지만 비슷한 이야기밖에 들을 수 없었다. 왜 가족과 멀어졌는지, 언제부터 연락을 끊고 살았던 건지, 연락을 끊고 산 건 맞는지, 여동생과 남동생은 분명 어느 시점에는 장승민씨에게 연락을 하고 있었던 것 같은데 왜 장례식에는 나타나지 않았는지, 왜 그렇게 살았던 건지…. 묻고 싶은 게 많았지만 답을 들을 수 없었다.

잘나갔던 부모와 형제를 두고 홀로 나라 안팎을 떠돌았던 남자, 멀쩡한 사업을 접고 기 치료사로 전향했던 남자. 그는 우리가 취재한 사람 가운데 지인에게서 가장 많은 이야기를 들은 축에 속했지만 여전히 종잡을 수 없는 남자였다.

6장 말할 수 없는 이름, 가족에 대하여

> 사망자 이정호의 가족 이정○가 사망자 이정호의 시신을 인수하려고 했으나 가정형편상 인수를 거부하여 이정호 시신을 ○○복지병원에서 국립중앙의료원으로 이송하여 안치하였으며, 국립중앙의료원에서 사망자의 가족 이정○에게 사체포기각서를 제출받음.

이정호씨의 무연고 사망자 공고 중에서 특이사항란에 적힌 내용이다. '시신 포기자 이정○, 그는 누구일까?' 그의 집을 찾아가는 내내 우리는 이정○가 누구일지 추측해보았다. '성이 같으니 형제나 아들이지 않을까?' '돌림자가 같은 걸 보면 형제일 가능성이 크겠지?' 생각이 꼬리에 꼬리를 물었지만 알 수 없는 일이었다. 분명한 건 그에게 가족이 있었다는 사실이다.

이정호씨는 7~8년 전부터 동자동 쪽방촌에 살았다. 공공근로를 다니면서 번 돈과 기초생활보장수급비를 합쳐 월세를 냈다. 집주인은 "집세가 밀린 적이 한 번도 없는 성실한 사람"으로 그를 기억했다. 이웃들에 따르면 그에게는 아들이 있었다. 이혼한 아내 사이에서 낳은 자식이다. 연락을 주고받던 형제도 있었다. 그러나 아들인지, 형제인지 알 수 없는 그의 가족 이정○씨는 시신 인수를 거부했다. 이정○씨가 제출한 그의 사체포기각서에는 '가정 형편상 시신 인수를 거부한다'고 적혀 있었다.

서울 혜화경찰서에서 시신 포기자 한○○에게 사체를 인도하였으나, 시신 포기자 한○○가 국립중앙의료원을 찾아가 시신 포기를 함.

한태선씨 공고에도 가족이 시신을 포기한 사실이 명시되어 있었다. 이정호씨의 경우와 달리 '시신 포기자 한○○'는 한태선씨와 성만 같았다. 우리는 세련된 이름으로 미루어 아들로 추정했다. 한태선씨가 살던 하숙집에는 그에게 온 우편물들이 있었지만, 하숙집에서 5년간 살았다는 남성도 그를 기억하지 못했다. 그가 사망한 지 1년이 다 되어가던 시점이었다. 시신 포기자 한○○씨를 만난 혜화경찰서를 찾아 그에 관해 물었지만, 개인정보라 알려줄 수 없다며 취재를 거부했다.

사망자 자(女) 김○○가 변사자에 대하여 장례를 치러주고 싶어 했으나 형편상 장례를 치르지 못함.

무연고 사망자와의 관계가 적혀 있는 공고도 있었다. 김석호씨 공고에는 딸이 시신을 거부했다는 내용이 적혀 있었다. '가족 관계까지 밝히면서 실명을 거론하는 것은 너무한 거 아닌가?' 딸이 혹시라도 이 공고를 보게 되어 상처 받을까 염려되었다. 김석호씨가 3년간 살았던 고시원 거주자들에 따르면 그는 심장이 안 좋아서 자주 구급차에 실려 갔다고 한다. 딸이 형편상 장례를 치르지 못했다는 공고문을 볼 때 김○○씨는 병원비를 내지 못해 아버지 시신을 인수하지 못했을지도 모른다.

관련 규정에 따르면 가족이 있는 경우 무연고 장례를 치르기 위해서 유족에게 사체포기각서를 받아야 한다. 무연고자의 시신은 대개 화장한 뒤 납골당에 보관되는데 차후 생길 수 있는 법적 문제를 방지하기 위해서다. 사체포기각서는 병원마다 조금씩 다르지만 보통 다음과 같은 형식이다.

〈그림2〉 사체포기각서

사 체 포 기 각 서

사망자 성 명 :
주민등록번호 :
주   소 :
사 망 장 소 :
사 망 일 시 :

　　본인은 사망자 (　　)의 (　　)로써　　년　월　일 국립의료원에서 치료중 사망한 (　　)의 사망사실을 통보 받은바 사체를 인수하여야 하나 가정형편상 사체를 인수할 수가 없어 이를 포기하오니 관련규정에 의하여 사체를 처리하여 주시기 바랍니다. 차후에 사망자 (　　)와 관련된 연고자에게 연락이 된 경우에는 사망사실과 사체포기 경위를 알리겠습니다.

　　앞으로 사망자와 관련한 모든 권리를 포기하고 사체와 관련한 문제가 있을시는 사체포기 대표자로서 국립의료원과 처리 해당 구청에 어떠한 이의도 제기하지 않을 것임을 유족대표자로서 각서하며 사망자(　　)의 사체에 대해서는 관계기관인 서울시 중구청에 행정처리하여 주시기 바랍니다.

　　　　　　　　　　　　　년　　월　　일

사체포기자　성　　　명 :
(유족대표자) 관　　　계 :
　　　　　　　주　　　소 :
　　　　　　주민등록번호 :
　　　　　　전 화 번 호 :

서울에서 행려 병동이 가장 많은 국립중앙의료원에서는 무연고 사망자가 많이 발생한다. 우리가 취재한 무연고 사망자 209명 중 54명이 국립중앙의료원에서 사망했다. 사망자가 발생하면 보통 관할 경찰서가 가족을 찾는 일을 맡는다. 하지만 공문을 보내는 수준에 머물 때가 많아 병원에서 사망한 경우에는 병원 원무과 직원이 가족을 직접 만나기도 한다. 국립중앙의료원 원무과의 한 직원은 "가족이 나타나지 않으면 진료비가 손실처리 되기 때문에 경찰보다 병원이 더 적극적으로 유가족을 찾는다"고 말했다.

  무연고 사망자 중에는 가족과 수년간 왕래하지 않은 사람이 많아서 가족을 찾는 데 애를 먹는 경우가 많았다. 강봉원씨는 2013년에 사망했지만 장례는 그로부터 1년 뒤인 2014년에 치러졌다. 병원 측은 여러 방면으로 노력해보았지만 가족들에게 연락이 닿지 않았다. 유일하게 사망 사실이 전달되었던 셋째 아들마저도 병원에 나타나지 않았다. 병원은 "가족 동의 없이는 시신을 처리할 수 없어 장례 절차를 밟는 데 오래 걸렸다"고 설명했다. 결국 강봉원씨의 시신은 죽은 지 1년이 지나서야 납골당에 모셔졌다.

강봉원 – "할머니 돌아가시고 집안이 풍비박산됐지"

강봉원	등록기준지		주소지	
1970년생, 남	미공개		미공개	
	사망 일시	사망 장소	안치 장소	사망 원인
	미공개	미공개	미공개	미공개

※유족의 신상 보호를 위해 개인정보를 공개하지 않습니다.

이현옥씨를 알게 된 것은 강봉원씨 집주인을 통해서였다. 공고에 적힌 주소로 찾아가자 육십이 넘어 보이는 집주인 할머니가 목발을 짚고 나왔다.

"강봉원? 밑에 층에 사는 남자애 할아버진데 요양원에 있대."

집주인은 강봉원씨가 사망한 사실을 모르고 있었다.

"할아버지는 손자가 여기로 이사 오기 전 병원에 입원했고 여기엔 손자만 살아."

고인의 손자 현우는 20대 초반으로 아르바이트를 해서 보통 자정이 넘어야 들어온다고 했다. 강봉원씨와는 만난 적 없다는 집주인은 그의 가정사를 상세히 알고 있었다.

"손주 할머니가 이웃사촌한테 엄청 잘해줘서 이 집 보증금 천만 원을 대신 내줬잖아. 그 사람한테 들었지."

장롱 안에 숨겨둔 집 계약서도 꺼내 보여주었다. 계약자란에 적힌 이름이 이현옥씨였다.

할머니가 알려준 번호로 전화를 걸었다. 이현옥씨는 "번호를 어떻게 알았느냐"며 우리를 경계했다. 이현옥씨에게 전화한 날은 2014년 5월 17일이었는데, 사흘 내로 연고자가 나타나지 않으면 강봉원씨 유골은 무연고 납골당에 안치될 예정이었다. 병원을 통해 알게 된 이 사실을 그녀에게 전하자 자세한 이야기를 듣고 싶다며 집으로 초대했다.

"22일에 화장을 한다고?"

그녀는 대뜸 시신 처리 문제부터 물었다.

―21일이요. 21일까지 연고자를 찾지 못하면 무연고 장례를 치르게 돼요.

"21일이면 내일이잖아. 어쩔 수 없네. 할아버지한테 자식이 넷 있어. 자식 둘은 외국에 살고, 나머지 둘은 한국에 있어. 첫째가 잘 나갔지. 아, 벌써 3년 전이구나. 첫째가 대기업 간부였는데, 은퇴한 건지, 잘린 건지, 아무튼 일을 못 하게 됐어. 한창 일할 나이인데. 일 그만두고 주식에 투자했다가 돈을 크게 잃었대."

― 할아버지(강봉원씨)는 자식들과 사이가 어땠어요?

"할아버지가 젊을 적에 잘못하긴 했어. 자식들한테 아낌없이 못 했지. 할머니(강봉원씨 아내)가 우리 애(이현옥씨 딸)를 예뻐해주어서 나름 친하게 지냈어. 그런데 할머니가 8년 전에 건널목을 건너다가 교통사고로 돌아가셨거든. 할아버지가 할머니 사망보험금을 혼자 다 썼지. 자식들한테 주지도 않고. 어떤 여자한테 사기 당해서 한 달 만에 다 날려버렸어."

― 여자한테 사기요?

"한마디로 여자한테 당한 거지. 호프집을 하던 여잔데, 건물주가 가게 보증금을 올려달라고 했나봐. 할아버지가 할머니 보험금을 그 여자한테 빌려줬는데 여자가 날아버린 거지. 바람난 거라기보다는 할아버지가 할머니 죽고 마음도 약해지고 의지할 때도 없으니까. 자식들이 이 사실을 알고 화가 많이 났지."

― 자식들 상처가 컸겠네요.

"할아버지가 할머니랑 공장을 했어. 할머니가 돌아가시고 나서 공장 운영이 잘 안 됐어. 자식들이 아버지를 안 돌보는 거야. 보험금까지 그렇게 되니까 찾아오지도 않고. 집안이 풍비박산됐지. 사실 할아버지는 살 수 있었어. 공장 계단에서 넘어져서 뇌진탕으로 응급실에 실려 갔는데 수술을 안 했어. 수술했으면 사셨지."

─ 수술을 왜 못했어요?

"내가 시댁에 갔다가 오는 길에 주민센터에서 연락을 받고 병원에 갔는데, 나한테 제삼자라고 병명도 안 알려주잖아. 자식들이 왔다가 수술비를 감당할 수 없어서 수술을 안 하고 돌아갔대. 일단 사람을 살리고 봐야 하니까 병원비가 얼마냐고 물어봤더니 얘기를 안 해줘. 수술하다 중도에 사망할 수도 있어서 보호자가 아니면 수술이 안 된다고. 결국 수술을 못 하고 요양원에 보내졌지. 한 두세 달 지나니까 뇌진탕 후유증 때문에 사람도 몰라보더라고."

─ 할아버지께서 주민센터 직원에게 아주머니께 연락해달라고 얘기한 거예요?

"그건 아니고, 그 집에 할아버지랑 둘이 살던 손자가 있어. 아들 하나가 일찍 이혼해서 할머니가 늦둥이처럼 키운 애야. 할아버지가 버는 돈도 없고 해서 기초생활보장수급자로 살았지. 내가 애를 돌보고 그래서 주민센터에서 나를 알아. 그때만 해도 손자가 고등학생이라서 어리니까 걔한테 말을 못하고 나한테 연락한 거지. 손자한테 할아버지가 돌아가신 것도 나중에 말해줬어. 한 서너 달 있다가. 그 얘길 듣고 상처를 받았지."

─ 손자는 할아버지랑 관계가 좋았나봐요.

"할아버지와 사이가 좋진 않았지. 할머니만 손자를 예뻐하고 할아버지는 당신만 위해 사셨지. 할아버지 요양원에 들어가고 아들한테 전화했더니 연락이 안 되는 거야. 처음엔 몇 번 받았어. 내가 자식이 그러면 안 된다고 막 뭐라고 했을 거 아냐. 근데 자기네도 상황이 어려운데 어떡하느냐 이거야. 자식 중에 일이 안 풀려서 고시원에 사는 애도 있었거든. 할아버지가 요양원에 한 8개월 있었는데, 매달 80만 원씩 내야 했어. 거기에 병원에 내야 할 돈도 있잖아. 내가 병원에 시신을 그냥 인계할 수 없느냐고 물었더니 돈을 내지 않으면 안 된다더라고. 병원에 가서 싹싹 빌라고 했지. 병원이 시신을 마음대로 처리할 수 없으니 사정하면 되지 않겠느냐 했는데도 말을 안 들어. 손자만 안 됐지."

― 혹시 사망신고는 하셨어요?

"아들이 사망신고 하러 갔더니 사망진단서를 병원에서 떼 와야 한대. 병원에서는 돈 받으려고 해서 결국 못했대. 나라도 사망신고 하려고 주민센터에 갔더니 제삼자는 할 수 없대. 그래서 결국 못했어."

― 무연고 사망자로 처리됐는데도 그래요? 저희가 무연고 사망자 공고를 보고 찾아온 거거든요.

"무연사로 처리됐다고? 무연고 사망자로 확정이 돼도 병원은 나중에라도 돈을 받는다며. 손자한테 사망신고 하라고 얘기했는데 사망진단서를 떼야 하잖아. 그러니까 지금은 못 가지. 장례 치르고 나중에 알아보고 손자 시켜서 하긴 해야지."

― 자식들이 외국에 살잖아요. 할아버지 젊은 적에는 생활이 괜찮았나봐요?

"그건 아니고 자식들이 뿔뿔이 흩어져서 외국에 사는 것뿐이야. 유학 갈 정도의 형편이 아니었어. 자식들이 할아버지 살아계실 때도 형편이 좋지 않았어. 할아버지가 다니던 교회에서 워낙 자식들이 힘든 걸 아니까 병원비 보태라고 300만 원을 모아서 줬어. 뭐든지 그래요. 우리나라는 돈 없으면 죽는 거야. 수술했으면 사셨지."

― 할머니가 살아계실 땐 어땠어요?

"공장 일 하랴, 집안 살림 하랴. 할머니가 고생 많이 하셨지. 그때는 외국에 사는 딸이 용돈도 드리고 집안을 돌봤어. 근데 딸은 엄마가 돌아가시고 나서 연락이 안 돼. 원래는 딸이 대출받아서 얻어 준 1,000만 원에 40만 원짜리 월세방에 살았어. 근데 할머니가 돌아가시고 나서 딸내미가 자기 돈이라고 보증금을 다 빼간 거지. 할머니 돌아가시고 집안이 풍비박산된 거야. 그나마 집안을 돌보던 딸내미가 아버지를 싫어했어. 할아버지가 젊었을 때부터 아빠 노릇을 못하고 속을 많이 썩였거든. 남자들 그런 거 있잖아. 자기만 알고 돈만 벌고. 하여튼 그렇게 힘들게 사셨지."

- 자식들이 엄마하고만 관계가 좋았나 보네요.

"지금처럼 가족끼리 연락 안 하고 그런 건 없었지. 할머니가 많이 고생하고 사셨어. 할머니가 항상 우리 집에서 내가 죽으면 풍비박산된다고 나한테 그랬거든. 그 말이 딱 맞아. 더는 고생하지 말라고 하늘이 데려간 거지. 할머니가 참 좋은 분이셨어. 내가 친정 엄마 같아서 할머니하고 가깝게 지냈어. 할머니 얘기 들어보니까 할아버지가 속을 많이 썩였더라고. 자식들도 자업자득이라는 거야. 딸한테 아빠 좀 챙기라고 잔소리를 하면 되레 아빠가 자기들한테 뭐 해준 게 있느냐고 그랬대. 어릴 때부터 고생만 시켰다면서. 할아버지가 할머니 시켜서 딸 등골을 많이 빼먹었지. 딸이 손자 학원 보내라고 돈을 보내줬는데, 그 돈을 할아버지가 몰래 다 쓴 거야. 딸이 오십이 넘었는데 아빠 같은 사람 만날까봐 시집도 안 가. 이 집에 할아버지가 죄가 커."

- 저희가 손자를 만나볼 수 있을까요?

"현우한테 물어봐야 하는데. 만나도 상처 줄 얘기는 절대 하면 안 돼. 특히 할머니 얘기는 안 했으면 좋겠어. 사실 할아버지 얘기도 상처지. 나도 할머니, 할아버지 얘기는 안 해. 할아버지가 돌아가신 것도 몇 달 지나서 이야기했다니까. 아무리 할아버지랑 사이가 안 좋았어도 할아버지를 의지하고 둘이서만 거의 6~7년을 살았잖아. 지금도 할아버지 일로 힘들어 하는 것 같더라고. 지금 개를 키우는데 내가 제대로 돌봐주지 못할 거면서 왜 데려왔냐고 뭐라고 하니까 그러더라. 집에 오면 반겨주는 사람이 없어서 허전해서 강아지를 데리고 왔다고. 내가 그 얘기 듣고 마음이 참 아팠어."

우리는 고민 끝에 손자를 만나지 않기로 했다. 강봉원씨는 예정대로 4월 21일에 화장되었다. 그가 죽은 지 11개월하고도 20일이 지난 날이었다. 그의 유골은 용미리 무연고 추모의 집에 이름 대신 행정번호가 적힌 유골함에 담겨 모셔졌다.

유창선 – "집에서 네 식구가 화목하게 살았어요"

유창선	등록기준지		주소지	
50대, 남	–		서울시 ○○구 ○○동 ○○○-○	
	사망 일시	사망 장소	안치 장소	사망 원인
	2012년	거주지	무연고 추모의 집	병사

2013년 5월 24일, 버스에서 하차한 후 가파른 계단을 내려갔다. 300미터쯤 걷자 소박하면서도 복작복작한 마을이 나타났다. 버스 한 대가 지나다닐 만한 길을 가운데 놓고 양 옆으로 통닭집, 참기름집, 구멍가게 들이 한가롭게 들어서 있었다. 시골 읍내 같은 분

위기였다.

　길가 뒤편으로는 단독주택들이 펼쳐졌다. 순댓국집을 끼고 오른쪽 골목으로 들어가 1분 정도 걷자 유창선씨의 집이 나타났다. 하얀색 콘크리트로 지어진 집 문은 굳게 닫혀 있었다. 주변 집들을 두드려봤지만 대낮이라 사람이 없어 보였다. 골목을 지나는 사람들에게 유창선씨에 대해 물어도 "잘 모르겠다"며 고개를 저었다.

　별 소득 없이 다시 길가로 나와 가게들을 돌아다녔다. 다행히 그를 아는 사람을 만났다. 구멍가게 주인이었다. 유창선씨의 집은 최근 며칠 계속 수리 중이었는데, 공교롭게도 취재를 나간 날에 공사를 잠시 쉬는 듯했다.

　"자식이 있었어요. 이 동네 이사 올 땐 부인까지 네 식구가 같이 왔는데, 막판엔 혼자 남았죠. 병을 얻어서 삐쩍 말랐어요. 아픈 후에는 공공근로 일도 하고 폐지도 줍고 했는데, 어느 날 죽었더라고요."

　유창선씨가 고물을 내다 팔았다는 고물상으로 발걸음을 돌렸다. 고물상 주인은 "석 달 정도 일했지만 한 달에 한 번 오는 수준이라 잘은 모른다"고 했다. 가족이 1년 전까지 함께 살았다는 사실은 알았지만 유창선씨가 아닌 다른 동네 사람들에게 전해 들은 모양이었다. 그는 통장이 유창선씨의 집에 2~3일에 한 번씩 방문했다며, 통장을 찾아가보라고 했다. 문득 무연고 사망자 공고문 하단에 적힌 내용이 떠올랐다. '주거지 내에서 사망해 있는 것을 통장이 발견하고 신고한 것임.' 일단 통장을 만나야 좀 더 자세한 이야기를 알 수 있을 듯했다.

　유창선씨를 발견했던 통장은 전임 통장이었다. 현 통장에게 전화번호를 받아 그에게 연락하자 "당신이 누군지 알고 (취재에) 응하느냐"는 답이 돌아왔다. 유창선씨가 죽은 지 얼마 안 되었을 때 한 일간지에서도 취재를 나왔고 할 말은 그때 다 했다고 덧붙였다. 설득 끝에 약속을 잡았지만 날짜가 밀리다가 결국 그해 취재는 더 진척되지 못했다.

올해 책을 내기로 하면서 혹시나 하는 기대감을 품고 다시 유창선씨가 살던 곳을 찾았다. 011로 시작되는 통장의 전화번호로 연락을 하자 '없는 번호'라는 안내 음성이 나왔다. 전임 통장 집을 물어볼 생각으로 현재 통장 집을 동네 사람들에게 물어물어 찾아갔다. 초인종을 누르자 60대 정도로 보이는 여성이 3층 난간에서 고개를 내밀었다. 2012년 당시에 통장을 했던 사람을 찾고 있다고 묻자 "그거 우리 집 양반인데"라는 답이 돌아왔다. 우리가 취재했던 2013년 당시에만 통장을 다른 사람이 하고, 2015년부터 다시 통장 직을 넘겨받은 듯했다.

아주머니에게 통장 휴대전화 번호를 받아 전화를 걸었다. 혹시나 또 취재를 거절하면 집 앞에서 기다리고 있다가 붙잡고 사정이라도 해볼 생각이었다. 그런데 수화기 너머의 대답은 의외였다.

"동네에 와 있다고요? 30분 후에 만납시다."

30분 후 동네 카페에서 이야기를 시작한 통장은 예상한 것보다 유창선씨에 대해 더 잘 알고 있었다. 동네 토박이인데다 통장 일을 오래 해서 가족 사정을 잘 아는 듯했다.

 - 공고문에 통장님이 유창선씨를 발견했다고 적혀 있던데, 어떤 상황이었나요?

"가을이었지. 마트가 하나 있는데 거기 피아노가 있었어. 마트

주인하고 그 친구(유창선씨)하고 어쩌다 그 앞에서 술을 먹다가 마트 주인이 피아노를 그 친구한테 팔기로 하고 5만 원을 받았다고 하더라고. 근데 안 나타나니까 마트 주인이 나한테 묻더라고. '그 양반 뭐해요?' 그래서 내가 '안 나타나면 술 먹고 자는 거겠지' 했는데 '그럼 피아노 어째요?' 해서 집에 가봤지. 키를 따니까 인기척이 없어. 보니까 배를 까고 있더라고. 예감이 이상한거야. 나와서 경찰서에 신고했어. 형사 셋이 와서 '어 죽었네?' 그러더라고."

― 그 집 열쇠를 갖고 계셨어요?

"그 친구가 당시에 이혼을 했었어. IMF 때 아내는 나가고 애들하고 같이 살았는데 아버지가 맨날 술만 먹고 자고, 개도 키우는데 환경도 열악하고 그러니까 어느 날 갑자기 애들도 사라지더라고. 가끔씩 한 번씩 오긴 했는데. 아무튼 내가 통장이니까 가서 방도 닦아주고 반찬도 갖다 주고 그랬지. 전기장판 깔고 자는 거 밖으로 갖고 나가 털어주고. 근데 자포자기 상태라 반찬 갖다 줘도 안 먹고 방은 또 냄새가 나니까 사람들이 안 들어오잖아. 문 두들겨도 술 취해 있으니까 안 열어주고. 그러다 그 친구한테 얘기를 했어요. 혹시 무슨 일이 있을지 모르니 집 열쇠를 맞추겠다. 그랬지. 키 갖고 가끔 가서 문 열어 보면 술 먹고 있는 거지. 그 사람은 삶을 포기한 거야. 그냥 목숨이 붙어 있으니 산 거지. 의지도 꺾여 있고."

― 돌아가시고 난 후에 아내 분이나 자녀 분들한테는 연락해보셨어요?

"죽고 나서 경찰이 부르더라고. 내가 처음 발견자니까 조서 꾸미려고. 갔더니 하는 얘기가 유창선씨 가족한테 연락을 해라 이거야. 장인 연락처를 마침 내가 알고 있어서 연락을 했어. ○○이 아버지 돌아가셨으니 장례식장 가보시라고. 그런데 장례식장에서 전화가 온 거야. 아무도 안 온다고, 왜 안 오냐고. 그 사람이 하는 얘기가 뭔 사인을 하고 갔다는 거야. '무슨 사인이요?' 하니까 사체포기각서를 쓰고 갔다는 거야. 직감적으로 경찰에 전화해서 담당 경찰한테 확인을 했어. 맞느냐 하니 맞다고 그러더라고."

― 가족들 마음도 편치 않았겠네요.

"자기들도 장례 치르기에는 형편이 어려워서 그랬다고 하더라고. 돌아가시고 한 달 뒤쯤 유품 챙기러 아내하고 자식들이 왔어. 근데 열쇠가 없잖아. 그래서 내가 열쇠 갖고 있는 거 아니까 열쇠 받으러 왔더라고. 내가 '그래도 한 때는 같이 살았는데 너무 한 거 아니냐' 하니까 미안하다고 하더라고."

― 혹시 유품 중에 기억나는 건 없으세요?

"글쎄. 특별한 유품은 없어. 그 사람은 매일 츄리닝만 입고 다녔거든. 사진은 애들이 다 챙겨갔지."

― 유창선씨랑 가족들 관계는 어땠어요?

"그 가족이 여기 산 지 10년이 넘었어. 기술공이었는데 돈도 잘 벌었지. 화목하게 살았어. 네 식구가 행복하게. 이 동네 와서 얼마 안 되어서 집도 샀는데, 재개발 얘기 돌았을 땐 그 집이 3억 가까이 가격이 올랐지. 지금은 1억 정도지만. 그거 팔았으면 좋았을 거야. 자기 병도 고치고. 근데 또 말도 안 듣더라고. 한 달에 40만 원 내는 알코올 치료센터를 연결해주려고 했는데. 그때 거기만 들어갔어도 안 죽었어, 그 사람. 집을 팔았어야 하는데 안 팔려고 하더라고. 그럼 자기 죽고 나서 애들 앞으로 떨어지는 게 없으니까."

― 자녀 분들하고는 잘 지내셨나요?

"같이 살았으니까. 그 당시에 한 1년 전인가 애들이 나갔으니까 애들하고 사이가 나쁜 건 아니지. 그 사람 호인이에요, 착해. 애들도 아빠가 술 먹고 방을 완전 못 쓰게 만드니까 감당이 안 된 거지."

- 왜 그렇게 술만 드셨을까요?

"IMF 때 아내하고 사이 나빠지고, 그러면서 술을 더 먹기 시작했어. 그래도 조금씩 일을 다녔는데 건설 경기가 안 좋아져서 일거리도 없어졌잖아. 하루 이틀 일 안 나가면 술만 먹게 돼. 그게 죽기 3~4년 전이에요. 가족이 있었으면 좀 괜찮았을 텐데. 부인도 알뜰하고 자식들도 똑똑하고 정상적으로 다복한 집안이 될 수도 있는 건데 한번 가정이 무너진 게 이 모습이야."

- 주변에서 좀 설득해보거나 그러진 않았나요?

"어느 순간 사람이 자포자기 심정이 되면 그렇게 되더라고. 사람이 일단 포기하면 폐인되는 건 금방이야. 서울역에서 노숙하는 사람들 중에 우리보다 똑똑하고 훌륭한 사람들도 많아. 회사에서 과장, 부장했던 사람도 있고. 사람이 참 착했는데 안타깝지. 마지막엔 몸무게가 30킬로그램까지 줄었어. 그래도 마지막엔 살아보려고 했던 거 같아. 어느 날 갑자기 자기도 생각이 있는지 파지를 줍더라고. 주워가지고 좌우지간에 집에 쌓아놔. 겨울 대비하려고. 그게 쭉 이어졌어."

겨울이 되면 모아두었던 폐지를 팔아 생계를 이어나갈 생각이었던 듯했다. 그러나 그 폐지를 팔기도 전에 그는 사망했다.

통장과 헤어지고 난 뒤 유창선씨가 죽은 채 발견된 집에 가보았다. 3년 전 취재 때는 내부 공사를 하는 중이라 굳게 닫혀 있던 집이었다.

  ─ 누구 안 계세요?

  잠시 뒤에 러닝셔츠 차림의 한 남성이 문을 열고 나왔다. 이틀 전에 이 집에 이사 왔다고 했다. 모기장 너머로 방 안 풍경이 언뜻 보였다. 네 식구가 살기에는 좁은 집이었다. 그러나 이 집에서 유창선씨의 가족은 몇 년간 단란하게 삶을 꾸렸을 것이다. 아내가 떠나고 자식마저 떠난 집에서 그는 무슨 생각을 했을까. 폐지가 잔뜩 쌓인 방 안에 홀로 앉아 술을 마시는 깡마른 50대 남자의 모습이 저절로 눈앞에 그려졌다.

  ─ 안녕히 계세요.

  의아하게 바라보는 현 거주자를 뒤로 하고 우리는 조용히 뒤돌아섰다.

박경섭 ─ "아드님 얘기를 하는 걸 너무 힘들어했어요"

박경섭	등록기준지		주소지	
1950년생, 남	서울시 영등포구 대림동 ○○○		서울시 성북구 보국문로 ○○○	
	사망 일시	사망 장소	안치 장소	사망 원인
	2012년 4월	국립중앙의료원	국립중앙의료원	폐암

  143번 버스를 타고 종점인 대진여객차고지에 내렸다. 언덕길을 따라 내려가니 나무 넝쿨 사이로 좁은 계단이 나왔다. 외길을 따라 걷다가 다다른 곳은 임마누엘 노숙인쉼터였다. 평범한 가정집처럼 보였다. 대문을 열고 들어서자 마당에 있는 성모마리아 상이 눈에

띄었다. 천주교에서 운영하는 쉼터였다. 집 안으로 들어서자 검은 정장을 입은 말끔한 차림의 장년 남성이 반갑게 맞이해주었다.

취재 이유를 설명하고 박경섭씨에 대해 알고 싶다고 하자 오래되어 보이는 검은 장부를 꺼내왔다. 기록에 따르면 그는 2010년 2월 24일부터 2012년 4월 23일까지 2년 2개월간 이 노숙인쉼터에서 살았다. 입원 치료했던 ○○병원의 의뢰로 이곳에 들어왔다. 사망 원인은 폐암. 평소 술과 담배를 좋아했던 그는 이를 금지하는 노숙인쉼터에 적응하지 못하고 들락날락했다.

"여기 들어오기 전에는 페인트공으로 일하셨어요. 안암동 로터리에 박경섭씨가 운영하던 페인트 가게가 있었는데, 지금은 다른 사람이 인수했다고 들었어요. 아들이 하나 있는데 시신을 거부했어요. 부인이랑 이혼하고 아들하고 원수처럼 지냈거든요. 국립중앙의료원 쪽에서 아들도 직접 만나고 시신을 인도받게 하려고 많이 노력했는데 결국 안 됐어요. 저희가 인수하겠다고 사정했는데 권리가 없어서 못했어요. 가족이 아니면 안 된대요."

박경섭씨가 살았던 지하 숙소에 내려가보았다. 거실 중앙에 있는 계단을 따라 지하로 내려가자 침대가 여러 개 있는 방들이 보였다. 스무 명가량이 함께 살고 있었다. 지하 숙소에 사는 사람들에게 박경섭씨에 대해 물어보았지만, 별다른 정보를 얻을 수 없었다. 노숙인쉼터 특성상 거주자가 자주 바뀌는 듯했다.

노숙인쉼터에서 일러준 옛 직장을 찾아갔다. 안암동 로터리 고가도로 부근 상가를 모두 뒤졌지만, ○○페인트라는 상호는 없었다. 부근에 있는 다른 페인트 가게에 들어가서 무작정 물었다. 뜻밖에도 가게 주인은 박경섭씨를 기억하고 있었다.

"그 사람 여기가 아니라 종암 사거리에 있는 페인트 가게에서 일하던 사람이야. 주인은 아니고 거기서 일용직처럼 부르면 페인트칠하는 사람이었어. 그 페인트 가게 옛날 이름이 ○○공사야. 오랫동안 이 근방에서 페인트공으로 일해서 기억하지. 일을 그만둔 지 3년쯤 됐지? 요 근처 ○○병원에 입원했다가 죽었다는 소문을 들었어."

그는 박경섭씨가 사망한 사실을 알고 있었다. 함께 일했던 페인트공 동료들로부터 들은 듯했다. 그에 따르면 박경섭씨는 부인과 이혼했고 슬하에 아들이 있다. 쉼터에서 들은 내용과 일치했다. 주인은 "저녁마다 페인트공들이 이 근방 페인트 창고에서 모인다"며 "더 궁금한 것이 있으면 거기 가서 물어보라"고 했다.

박경섭씨가 일했다는 종암 사거리의 페인트 가게부터 찾았다. 평일 낮인데도 손님이 계속 밀려들어서 가게 주인과는 짧은 대화밖에 나누지 못했다. 주인은 "박경섭씨가 본인 집에서 페인트공으로 일한 게 벌써 10년 전"이라면서 "아는 게 별로 없다"고 말했다. 고인에 대해 말하는 것이 매우 조심스러운 눈치였다. 아내와 이혼했다고 들었는데 이유를 아느냐고 묻자 "사생활 문란"이라고 짧게 답했다.

페인트공들이 저녁마다 모인다는 창고를 찾았다. 페인트 가게 주인이 알려준 약도를 보고 창고를 찾아갔지만, 주변 상인은 "창고를 운영 안 한 지 오래되었다"고 했다. 페인트공들이 모인다고 들은 저녁 7시에 다시 가보았지만 여전히 문은 닫혀 있었다. 부근에 있는 페인트 가게에 가서 창고에 대해 물었으나 "페인트공과 어울리지 않아 모른다"는 대답을 들었다. 그 뒤로 두 차례 더 창고를 찾앉지만, 페인트공들을 만날 수 없었다.

박경섭씨가 입원했던 국립중앙의료원을 찾았다. 시신 인수를 설득하기 위해 아들을 만난 건 원무과 직원이었다. 이 직원은 무연고 사망자 유가족을 만난 경험이 여러 차례 있었다. 그는 "무연고자가 발생하면 의료비를 못 받기 때문에 경찰보다 병원이 유가족을 열심히 찾는다"고 설명했다.

박경섭씨의 아들이 병원을 찾은 건 딱 한 번이었다. 이 직원이 아들이 사는 포항까지 찾아가서 설득한 결과였다. 하지만 아들은 끝내 시신을 인수하지 않았다. 그는 "열심히 설득했는데 결국 그렇게 됐다"며 아쉬워했다. 아들이 시신을 거부한 이유를 묻자 "규정상 말해줄 수 없다"고 했다.

원무과 직원과 헤어진 뒤 생전에 박경섭씨와 상담했다는 국립중앙의료원 사회복지사를 만났다. 국립중앙의료원에 행려병자로 입원하면 사회복지사와 주기적으로 상담을 하게 된다. 사회복지사는 행려병자가 많아서인지 박경섭씨가 누군지 바로 알지는 못했다. 상담 일지를 찾아본 후에야 그를 기억해냈다.

"상담할 때 아드님 얘기를 꺼내는 걸 너무 힘들어했어요. 아들과 관계가 안 좋다고 했어요. 아들이 전화번호를 자주 바꿔서 먼저 연락할 수가 없대요. 아들한테 먼저 전화가 와야지만 연락이 닿는다고 하셨어요. 부인 얘기는 이혼했다는 것 말고는 특별히 안 하셨어요."

박경섭씨는 상담할 때 과거 얘기를 꺼내지 않았다. 오로지 현재에 대해서만 이야기했다. 사회복지사는 "말기 암의 경우 가족에 대해 물어도 도움을 줄 수 있는 부분이 없기 때문에 심리적 안정을 위해 깊이 묻지 않는 편"이라고 말했다. 그는 사회복지사에게 퇴원하면 호스피스에 연결해달라고 부탁했다. 그러나 사회복지사가 호스피스 병원을 알아보는 도중에 그는 사망했다.

가족이 유품을 챙겨 가다

+ 김윤석 | 1941년생, 남

"작년 8월쯤 할아버지 돌아가시고 방이 비었어. 그 전에는 할아버지 혼자 살았지. 가끔 시장에 장 보러 가시고 경로당을 다니시지는 진 않았어. 양로원에 계신 줄 알았는데 나중에 보니까 돌아가셨다고 하더라고. 아들이 와서 짐 가져갔어."(건물 관리인)

+ 나진성 | 1960년생, 남

"방이 두 개인데 나진성 동생이 살았어요. 나진성씨는 안 살고. 나진성이 집을 사서 동생에게 줬어요. 동생이 어려요. 30대인가. 한번은 나진성씨가 집 고친다고 밤에 왔었어요. 그 사람 직장은 저도 모르죠. 길 가다 마주치면 인사 정도 하는 사이라서. 지금은 동생이 인천으로 이사 가서 방이 비어 있어요."(이웃 주민)

+ 정서민 | 출생연도 미상, 남

"그 사람 죽었어요. 여기서 한 5~6년 살았던 거 같아요. 가족관계나 직장은 전혀 몰라요. 서로 오가질 않아서 나하고 얘기를 많이 안 했으니까, 예전에 (정서민씨가) 잠깐 외국에 살았다고도 들었어요. 형제는 없고 아들 하나 있고 본처랑 이혼했던데 왕래가 없었어요. 어떤 일이 있었는진 모르죠. 아들이 못됐다고 하더라고요. 병원 한번 안 간 걸로 알아요."(셋방 집주인)

● 김아인 | 1964년생, 남

"여기 김아인씨 집 아니에요. 어머니가 4~5년 사셨어요. 가끔 그분이 어머니 뵈러 왔어요. 어머니가 요양원 가신 뒤로 집이 비었죠. 벌써 2~3년 전 이야기예요. 어머니도 돌아가셨다고 들었어요."(이웃 주민)

7장 숨기고 싶은 상처를 드러내는 일

김영한씨의 마지막 거주지는 오래된 아파트였다. 초인종을 누르자 30대로 보이는 젊은 남자가 나왔다. 무연고 사망자 공고를 보고 찾아왔다고 하니 남자는 황급히 문을 닫았다. '혹시 아들인가?' 가족일지 모른다는 생각에 다시 벨을 누르지 못했다.

10일 뒤 김영한씨의 집을 다시 찾았다. 고민 끝에 유가족의 이야기를 들을 기회를 놓쳐서는 안 된다고 판단했다. 이번에는 60대로 보이는 여자가 나왔다. 김영한씨를 찾아왔다고 말하자 여자는 "저희 아이 아빠인데…"라며 말꼬리를 흐렸다. 이 여자는 그의 아내였고, 지난번에 보았던 젊은 남자는 그의 아들이었다. 취재 목적을 설명하자 그의 아내는 "더 할 말이 없다"며 문을 닫으려 했다. 우리가 문을 붙잡자 지난번에 만난 아들이 나왔다. 아들은 신분증을 요구하며 우리를 경계했다.

"학생들이 기본적인 생각이 있다면 이런 거 하는 게 아니야. 이렇게 와서 벨을 누르고 확인하는 게 아니라고."

아들의 목소리가 격양되어 있었다.

"우리는 거기에 대해 할 말이 없으니까 당신네가 알아서 해. 우리는 신경 안 쓸 테니까 다시는 찾아오지 마. 누구한테 알려주지도 말고. 이 시간 이후로 밖에서 수선 떨지 말아요."

— 혹시….

말을 채 끝맺지도 못했는데 문이 쾅하고 닫혔다. 귀가 먹먹했다. 한 팀원은 한숨을 내쉬며 고개를 떨구었다. 낯선 사람에게 삿대질을 당해 기분이 나빠서가 아니었다. "다시는 찾아오지 마." 이 한마디로 유족의 복잡한 심경이 느껴졌기 때문이다. 아버지를 향한 분노, 아버지를 잃은 슬픔, 아버지를 버린 죄책감. 복잡하게 뒤엉킨 감정들이 그의 말 한마디, 몸짓 하나, 심지어 숨소리를 통해서도 전달되었다.

김성민씨 유가족도 취재를 거절했다. 김성민씨는 몇 년 전 아내와 이혼한 뒤 고시원에서 살았다. 슬하에 자식은 없었다. 공고에 적힌 주소는 김성민씨 형의 집이었다. 초인종을 누르자 그의 조카, 즉 형의 아들이 나왔다. 김성민씨에 대해 아느냐고 묻자 침묵이 흘렀다. 우리는 무연고 사망자 공고를 보고 찾아왔고, 어떤 사정이 있는지 듣고 싶다고 설명했다. 한참 동안 말이 없던 조카는 조심스러운 말투로 대답을 건넸다.

"이곳에 사신 게 아니라 주소만 여기로 해뒀어요. 왜 무연고 처리됐는지는 개인 사정이라 말하기 어렵네요."

'사망 장소였던 고시원에서는 자식이 없고 부인과 이혼했다던데…' '형의 집으로 주소를 옮겨둔 연유는…' 수많은 질문이 입안을 맴돌았지만, 어떤 걸 물어야 실례가 되지 않을지 판단이 서지 않았다.

"죄송한데 더 이상 드릴 말씀이 없어요. 개인 사정이 있으니 그렇게만 알고 돌아가주세요."

조카가 다시 정중하게 말을 건넸다. 더 이상 묻는 게 실례일 듯했다. "개인 사정." 이 네 글자에 담긴 수많은 의문을 뒤로 한 채 발걸음을 돌려야만 했다.

왜 이들은 무연고 사망자와 연락하고 지냈거나 한집에 살았음에도 시신을 거부할 수밖에 없을까. 임학권씨와 김정국씨 가족을 만나면서 그 이유를 어렴풋이 이해할 수 있었다.

임학권 ─ "어떤 일이든 겪어보지 않으면 몰라"

임학권	등록기준지		주소지	
미공개. 남	미공개		미공개	
	사망 일시	사망 장소	안치 장소	사망 원인
	미공개	미공개	미공개	미공개

※유족의 신상 보호를 위해 개인정보를 공개하지 않습니다.

"빚 때문에 왔소?"

임학권씨가 생애 마지막으로 살았던 집에 도착하자마자 우리는 습관처럼 우편함을 뒤적였다. ○○캐피탈, ○○대부, ○○금융…. 대부분 대부업체에서 "박경자"라는 사람의 명의로 온 우편물이었다. 임학권씨에게 온 편지는 없었다. 사망한 지 반년이 넘은 터라 다른 사람이 살고 있을 가능성이 컸다.

임학권씨가 살았을 것으로 추정되는 집의 문을 두드렸다. "거기 아무도 안 살아요." 위층 계단에서 한 남성의 목소리가 들려왔다. 자신을 집주인이라고 소개한 남성은 귀찮은 듯이 빚 때문에 찾아온 거냐고 물었다. 취재차 왔다고 설명하자 집주인은 또 채권 추심업자가 온 줄 알았다고 말했다.

"임학권이 그 방에서 박경자라는 사람이랑 살았는데 1년 전에 이사 갔어요. 지금도 우편물이 계속 와요. 박경자라는 사람이 빚이 엄청 많아. 우편물이 전부 대부업체들이야. 하도 빚 받으러 사람들이 찾아와서 내가 주민센터에 가서 주민등록번호를 말소시켜버렸지. 여기 안 산다고."

박경자. 수많은 우편물 더미에서 봤던 그 이름은 임학권씨 아내의 이름이었다. 박경자씨는 이 집에서 어린 아들과 함께 2년간 살았다고 했다. 예전에는 임학권씨도 가족들과 함께 살았지만, 3년 전쯤 집을 나갔다. 집주인은 그 뒤로 임학권씨가 서울역 근처에서 노숙한다는 소문을 들었다고 했다.

집주인이 임학권씨를 직접 본 것은 딱 한 번이었다. 박경자씨가 이사하고 한 달 뒤쯤, 행색이 초라한 한 남성이 대문 앞에서 얼쩡거리는 것을 보았다고 했다. 그가 의심스러워서 대문을 굳게 잠가놓았는데 그날 밤 가족들이 살았던 방에 들어와 있었다. 집주인은 그를 발견하고 놀라 "남의 집에 무단침입해서 왔다 갔다 하면 신고한다"고 소리쳐 쫓아냈다고 했다. 그 후로 임학권씨는 이 집에 찾아오지 않았다.

"박경자 그 사람, 빚에 쫓기다가 완전 거지가 되어서 도망간 거야. 보증금도 싹 다 까먹고. 밤에 그냥 가버렸어. 신랑이 있거나 말거나 제 자식 데리고 도망간 거지. 확실히 눈으로 박경자가 이사 가는 걸 확인했지. 이 집에 골칫거리였거든. 지저분한 거 다 치우고

가라고 했어."

집주인에게 박경자씨가 어디로 갔는지 아느냐고 묻자 "야반도주하듯이 떠났는데 어떻게 알겠느냐"며 황당해했다. 박경자씨와 2년 가까이 살았던 이전 집주인에게도 연락했지만 개인정보를 알려줄 수 없다며 취재를 거절했다. 이들이 어디로 갔는지 어떠한 실마리도 찾을 수 없었다.

임학권씨가 노숙했다는 서울역을 찾았다. 1시간 가까이 서울역 노숙자들에게 그에 대해 물었지만 헛수고였다. "그 형 죽었는데?" 포기하려던 순간 한 남성이 그를 기억했다. 노숙하면서 임학권씨와 어울렸다는 세 남성은 역 모퉁이에서 술을 마시고 있었다. 오후 3시경이었다.

"아주머니가 계시고, 어린 아들이 하나 있지. 가족들이 학권이 형한테 말도 없이 이사 갔어. 집사람은 일하는데 형은 맨날 술만 마시고 여기서 자니까 부인이 몰래 도망간 거지."

이들에 따르면 임학권씨는 과거에 사업을 했다. 한 달에 200~300만 원을 벌면서 착실히 살았다. 그러다 일을 그만두면서 술을 마시기 시작했다. 술을 마시는 날들이 하루 이틀 계속 늘어갔다. 아내 박경자씨는 남편 대신 남의 가게에서 일하며 생계를 책임졌다.

"형도 나름대로 괴로운 게 있으니까 술을 마신 거지. 내가 몸을 추스르고 일하라 해도 안 해. 한번은 내가 왜 그렇게 사느냐고 얘길 했는데, 형이 그러더라고. 나름대로 처신 잘하고 살았다고 생각했는데 이렇게 됐다고. 아주머니가 도망가고 형이 꽤 힘들어했어."

이들은 임학권씨에 대해 더 알고 싶으면 생전에 그를 많이 도와준 ○○교회 박천우씨를 찾아가 보라고 했다. 이들에게 번호를 받아 전화를 걸었다. 서울역에서 14년째 무료 배식 봉사를 하는 박천우씨는 5~6년 전 그를 처음 보았다고 했다.

"알코올의존증이 심했어요. 가족들 속 많이 썩였죠. 부인도 참 열심히 살고 있다고 하던데 안타깝죠."

박천우씨는 유족 중 한 분이 사는 곳을 알려주었다. "가족들 속을 하도 썩여서 찾아가면 모른다고 할 수도 있다"고 했다. 어떤 말부터 꺼내야 할까. 문 앞에서 한참 망설였다. 혹시 아픈 상처를 끄집어내는 건 아닐까 싶어 걱정이 앞섰다. 30분간 서성이다 조심스럽게 문을 두드렸다.

─ 안녕하세요. 대학생들인데요. 임학권씨에 대해 여쭙고 싶어서 찾아왔습니다.

취재하면서 수없이 반복했던 말이지만, 오늘따라 입 밖에 내기가 힘겨웠다. 유족은 "어떻게 알고 찾아왔느냐"며 당황한 기색이 역력했다. 오게 된 경위를 설명하자 앉으라면서 의자를 내주었다.

그는 말없이 커피 믹스를 탔다. 생각이 많은 듯한 얼굴로 한참 동안 침묵을 지켰다. 커피를 내주면서 "힘들게 찾아온 건 알겠지만 해줄 이야기가 없다"며 취재를 거절했다. 어쩌면 당연한 반응이었다. 우리는 "임학권씨에 관한 이야기가 아니더라도 유족 입장에서 무연고 사망자에 대해 어떻게 생각하는지 듣고 싶어요"라며 "보편적인 이야기라도 해주세요"라고 설득했다. 그는 오랜 침묵 끝에 말을 이어갔다.

"병원에서 나한테 전화가 왔어. (임학권씨가) 죽었으니 시신을 찾아가라고. 아내 연락처를 몰라서 나한테 전화했대. 아내와 아들이 병원에 찾아갔어. 치료비를 내야 시신을 찾아갈 수 있다고 했나봐. 길에서 쓰려져서 중환자실로 옮겨졌는데 결국엔 죽었대. 건강보험도 안 들어놓아서 병원비가 수천만 원이 나왔어. 그 형편에 그 돈이 있겠어? 아내는 건강이 좋지 않은데도 일하고 있고, 아들은 방과 후에 한두 시간씩 아르바이트를 해. 어떤 일이든 겪어보지 않으면 몰라. 이런 경우는 노숙자라서 병원에 입원하더라도 돈이 없으면 안 돼. 돈 없는데 어떻게 해. 그냥 돌아올 수밖에 없었지."

<u>임학권</u>씨는 생전에 사업을 했다. 계약을 잘못 맺어 대금을 못 받으면서 사업이 어려워졌다. 원재료비를 갚고 직원들에게 임금을 주고 나니 수중에 남는 돈이 없었다. 어떻게든 사업을 살려보려고 대부업체에 손을 내밀었다. 하지만 생각대로 일이 풀리지 않았다. 신용불량자가 되어 더는 돈을 빌릴 수 없게 되자 아내 명의로 돈을 빌렸다. 아내마저 빚에 허덕일 수밖에 없었다. <u>임학권</u>씨는 채권추심업자를 피해 집을 나갔고 그 뒤로 연락이 되지 않았다. 3년 만에 듣게 된 남편 소식은 사망을 알리는 전화였다.

"(<u>임학권</u>씨가) 죽은 뒤로도 형편이 어려웠어. 아들이 미성년자니까 한 부모 가정 지원금이라도 받을 수 있을까 해서 주민센터에 갔대. 그런데 남편이 근로 능력이 있어서 지원을 받을 수 없다고 하더래. 아내는 정부에서 무연고 처리를 했으니까 당연히 사망신고가 된 줄 알았지. 주민센터에 사정을 말해봤는데 사망진단서가 없으면 사망신고를 못 한대. 그래서 병원을 다시 찾아가서 사망진단서를 떼어줄 수 없느냐고 부탁했대. 근데 병원 쪽에서는 시신 보관료라도 내라고 했나봐. 그 돈마저 없었지. 사정을 말하니까 병원 담당자가 관계자들하고 상의해서 금액을 낮춰보고 다시 연락 주겠다고 하더니 그 후로 연락이 없다는 거야."

―○○추모공원에 안치된 건 알고 계세요?

"응, 알고 있어. 다 찾아봤어. 가볼까도 했는데 지금은 못 가. 추모공원에 가려면 돈을 가지고 가야지. 가족이 가면 유골함을 가져가라고 하지 않겠어? 근데 그걸 그냥 가져올 수 없잖아. 돈을 내고 가져가라고 할 거 아냐. 10년간 유골함을 보관한다고 하는데 지금은 돈이 없어서 찾으러 갈 수가 없어."

―무연고로 돌아가신 분들은 돈 안 내고 10년 동안 추모공원에 유골이 보관될 거예요.

"그니까 지금은 무연고 처리가 됐으니까 보관되지만, 추모공원에 찾아가면 가족이냐고 물어볼 거 아니야. 가족이라고 하면 돈을 내고 유골함을 가져가라고 말이 달라질 수도 있지."

―그래도 가보는 편이 낫지 않을까요.

"뭔 일이더라도 닥쳤을 때 겪어보지 않으면 몰라. 사람이라는 게 자기가 겪어보지 않으면 그 심리를 알 수가 없어. 죽은 사람 가족 심정은 이루 말할 수가 없는데…. 또 그렇지 않은 사람은 그래도 몇십 년간 같이 산 가족인데 그럴 수 있느냐고 해. 어떻게 매몰차게 나 몰라라 할 수 있냐면서. 생활이 워낙 어려우니까 그럴 수밖에 없는 건데. 산 사람이 문제지. 예전에 장례식장에 모친 시신 놔두고 부의금 들고 도망간 사람 방송에 나왔잖아. 얘길 들어보니까 모친이 병원 생활을 오래 했나봐. 모질게 어려우면 그런 문제가 생길 수 있어. 어려울 때는 단돈 십 원도 정말 큰돈이야. 젊은 친구들은 부유하게 살아서 이해가 안 될지 모르겠지만, 내가 이 일을 겪어보니까 그게 딱 이해됐어."

김정국 – "그 사람에 관해 묻고 다니지 마세요"

김정국	등록기준지		주소지	
미공개, 남	미공개		미공개	
	사망 일시	사망 장소	안치 장소	사망 원인
	미공개	미공개	미공개	미공개

※유족의 신상 보호를 위해 개인정보를 공개하지 않습니다.

"누구 찾아요?"

공고에 적힌 집 앞에서 서성이자 쓰레기를 버리러 나온 할머니가 말을 건넸다. 김정국씨와 같은 건물에 살았던 이웃이었다. "김정국이요? 저 집에 살아요." 할머니는 그가 죽었다는 사실을 모르고 있었다. 김정국씨가 죽은 지 100일쯤 지났을 때였다. "왜 그러세요?" 차마 그가 죽었다는 말을 할 수 없어서 "가족들과 살고 계시느냐"며 말을 돌렸다. 그랬더니 "딸이랑 산다"는 뜻밖의 대답이 돌아왔다.

우리의 어수선한 대화를 들었는지 김정국씨가 살았다는 집에서 한 여성이 나왔다. 공고에 적힌 김정국씨 나이로 추정할 때 딸이 아닌 다른 가족으로 보였다. 그녀는 주변을 의식해선지 매우 작은 목소리로 "자기한테 물어보라"며 "왜 찾아왔느냐"고 물었다. 취재 목적으로 찾아왔다고 설명했지만, 그녀는 주변을 경계하느라 제대로 못 들었는지 "이거 써서 내야 해요?"라고 되물었다. 우리를 구청 직원으로 착각하는 것 같았다. 다시 한 번 취재 목적으로 왔다고 설명했지만, 그녀는 말을 자르더니 "요구하는 거 물어보세요"라고 말

7장 숨기고 싶은 상처를 드러내는 일

했다.

"딸이랑 (이 집에서) 살았어요. 친지들하고는 전혀 왕래가 없었어요. 사업하다가 계속 안 되니까 도저히 생활할 수가 없어서 (피해를 주다보니) 가족들과도 멀어졌죠."

그녀의 말에 따르면, 김정국씨는 오랜 기간 소득이 없었다. 평생에 걸쳐 사업을 했지만, 성공한 적이 없었다. 계속되는 실패에 가족들은 힘들어했다. 그럼에도 그는 건강이 안 좋아져 일할 수 없게 될 때까지 사업을 포기하지 않았다.

김정국씨 가족이 시신을 인수하지 못한 이유는 경제적인 사정 때문이었다. 그녀는 가족들이 가족의 도리를 다하지 않은 것은 아니라고 설명했다. 딸은 아버지를 대신해 직장 생활을 하며 가정 생계를 책임졌다. 그가 사망 직전 며칠째 집에 들어오지 않았을 때도 그를 찾기 위해 실종신고까지 냈다. 공고에 적힌 사망 원인을 볼 때 길에서 쓰러져 병원으로 이송되면서 가족들과 연락이 끊긴 것으로 추정된다. 하지만 생계를 책임졌던 딸은 무직 상태가 되면서 시신을 포기할 수밖에 없었다. 임학권씨 사례에 비추어볼 때 사업으로 인한 막대한 빚과 감당할 수 없는 병원비 그리고 장례 비용 때문에 그런 선택을 할 수밖에 없었던 것으로 보였다.

지금도 딸이 이 집에 살고 있느냐고 묻자 그녀는 조심스럽게 고개를 끄덕였다. 혹시 딸을 만나볼 수 있느냐고 묻자 "왜요? 딸을 왜 만나요?"라며 갑자기 언성을 높였다. 침착한 어투로 조곤조곤 설명해주던 방금 전과는 사뭇 다른 날카로운 목소리였다. 그녀는 딸이 집에 없으니 궁금한 게 있으면 자신한테 물어보라고 했다.

"사유서에 거절한 이유 다 써서 냈잖아요. 딸이 지금 일을 하지 않고 있어서 경제적으로 부양할 수 없고, 일부러 내다버린 것도 아니고, (김정국씨가) 집에 안 들어와서 실종 신고도 내고 찾으려고 노력도 했어요. 근데 시신을 수습할 수 있는 여력이 안 돼서 거부할 수밖에 없던 거예요."

– 딸은….

딸에 관한 이야기를 다시 꺼내려고 하자 그녀는 말을 가로챘다.

"개인적인 거는 더는 묻지 말고 평범한 얘기만 하세요. 전혀 생활 능력이 없어요. 그래서 어딜 가라고 해도 갈 데가 없어요. 갈 데가 있어야 집에 사람도 데려오지. 그렇잖아요. 딸은 안 보는 게 좋아요. 딸하고 아버지가 관계가 안 좋았어요. 좋은 꼴 못 봤어요. 아버지 노릇을 안 했으니까요. 같이 살았다고 다 아버지는 아니잖아요. 그렇게 아시고 아버지에 대해서 말하고 싶지 않은 애니까 그만 얘기합시다."

"대체 뭣 때문에 그러시는 거예요?"

인사하고 돌아가려는 순간 딸이 집에서 나왔다.

"아이고, 너는 얘기하지 말라고 했잖아."

그녀는 딸을 설득해 집 안으로 들어가게 하려고 했다.

"얘기를 뭘 안 해. 자꾸 얘기가 길어지는데. 어디서 나온 사람들이에요?"

취재 목적을 설명하려고 하자 그녀가 말을 가로막았다.

"돌아가세요. 너하고 얘기할 거 없어. 얘가 싫어하니까 없다고 한 건데. 법적인 이유가 있으면 몰라도 사적으로 싫다면 하지 말아야지. 얼른 가세요."

그녀의 말을 듣고 인사하고 나가는 우리를 딸이 붙잡았다.

"윤리적으로 반하는 그런 일 한 거 아니거든요? 개인적인 사정이 있었고, 집안 사정이 있거든요? 뭐 때문에 취재를 나왔는지 정확히 모르겠는데. 천륜을 저버린 것도 아니지만, 그렇다고 해도 이렇게 막 불쑥 찾아와도 되는 거예요? 정확히 주소를 알고 와서 물어보면 괜찮아요. 이웃들은 잘 모르시잖아요. 왜냐면 그 사람이 뭘 한 게 없기 때문에. 이때까지 말한 것도 짜증이 나는데 뭘 그렇게 물어보고 다니느냐고요. 그러면 얘기가 들리잖아요. 그거는 아닌 것 같아요. 물어보고 다닐 거면 주소를 정확히 알고 물어보세요. 그 사람에 관해 물어보고 다니는 것도 싫고, 무연고 사망자 가족이라는 이야기를 듣는 것도 싫어요."

유족의 입장에 관해 딸에게 묻고 싶은 말이 많았지만, 더 이상의 취재는 옳지 않은 것 같아 "실례를 범한 것 같다"고 사과하고 집 밖으로 나왔다.

취재를 중단한 우리는 한참 동안 아무 말도 하지 않았다. 울분 섞인 딸의 목소리가 계속 귓가에 맴돌았다.

'딸에게 상처를 주면서까지 취재할 권한이 우리에게 있나?'

이 질문이 머릿속에서 떠나지 않았다. 우리의 취재는 누군가에게는 숨기고 싶은 상처를 세상에 드러내는 일이었다.

'우리가 쓰려는 글은 한 사람의 아픔보다 더 가치가 있을까?'

이 고민은 이 글을 쓰는 내내 우리를 따라다녔다.

8장 무연생을 거쳐 무연사한다

경기도 고양시 ○○동 ○○번지. 이 주소지에는 전부 혼자 사는 남자들뿐이었다. 처음 이곳을 찾은 건 취재 범위를 서울로 한정하기 전 무연고 사망자 임주영씨의 흔적을 찾기 위해서였다. 그가 마지막으로 살던 곳은 단층집이었다. 파란 대문을 열고 들어가자 정면에 가장 큰 방이 보였고 양옆으로 작은 방들이 다닥다닥 붙어 있었다. 집이 워낙 작아 고개를 살짝만 돌려도 전체를 금방 훑을 수 있었다. 아이 키만 한 문짝에 붙은 창호지가 너덜거렸다. 아직 떨어지지 않은 게 이상할 정도였다. 그나마 철문으로 굳게 닫힌 가운뎃방이 사람이 살기에 가장 안전해 보였다.

마당 한편에는 수도꼭지와 대야가 덩그러니 놓여 있었다. 밥풀이 듬성듬성 붙은 쇠그릇이 물에 반쯤 담겨 있었고 그 옆에 수세미와 비누가 놓여 있었다. '이 집은 비누로 설거지를 하나?' 처음에는 엉뚱한 생각이 들었지만 이 집에 여러 차례 와본 뒤에야 마당이 이들에게는 부엌이자 화장실이라는 사실을 알 수 있었다(물론 집 밖에 공용으로 쓰는 재래식 변소가 있다).

집에는 총 세 가구가 살았다. 처음 만난 사람은 왼쪽 방에 사는 김정수씨였다. 한 사람이 간신히 누울 정도로 좁은 방. 볼록 텔레비전과 작은 밥솥만으로도 방은 가득 찼다. 우리는 들어갈 공간이 없어 문턱에 쭈그려 앉아 대화를 나누어야 했다. 그는 과거 운전학원에서 강사로 일했다. 큰 관광버스도 몰았으나 교통사고 이후 그의 삶은 나락으로 떨어졌다. 사고로 뇌를 다치면서 직장을 그만두었다. 그 무렵 아내와 이혼하고 하나뿐인 딸과 헤어졌다. 그렇게 5년이란 세월이 흘렀다.

"내가 직장 다닐 때는요. 돈 잘 벌었어요. 마누라 나랑 이혼할 때 (내가) 1억 넘게 주고 다 가져가라고 하고 헤어졌어요. 잘 나가던 놈이에요 내가. 딸이 하나 있는데 딸이 아빠 돈 좀 부쳐줘 하면 한 달에 50만 원씩 또박또박 부쳐줬다고요. 얼마 전에 주민센터에서 딸 번호를 알려줘서 전화해봤는데 연락이 안 돼. 이젠 내가 전화해도 받질 않아."

'어떻게 위로해야 할까?' '괜찮으시냐고 물어볼까?' 복잡한 마음에 아무 말도 잇지 못했다. 며칠 뒤 그를 찾았을 때 그는 주머니에서 꼬깃꼬깃 구겨진 종이를 건넸다. 딸 주소와 번호가 적힌 종이였다. 비록 딸의 목소리를 듣지는 못했지만 그는 여전히 종이를 품에 가지고 있었다. 종이를 만지작거리던 그는 한마디를 보탰다.

"사람들한테 우리 딸 예쁘다는 소리 많이 들었어요. 나를 닮아서 눈이 커요."

낯선 이에게도 거리낌 없이 신세 한탄을 하던 김정수씨와 달리 맞은편 방에 사는 오근남씨는 과묵했다.

- 오늘은 어디 가세요?

"병원에 가요."

– 같이 가드릴까요?

"아니요. 괜찮아요."

늘 그의 철벽 방어에 막혀 대화는 형식적인 수준에 머물렀다. 그러다 구멍이 송송 나 앉기가 망설여지던 의자가 편해지고, 먹고 남은 아이스크림을 알아서 꺼내 먹을 정도로 이 집이 익숙해질 무렵 마침내 오근남씨와 깊은 대화를 나눌 기회를 갖게 되었다.

그는 지난겨울 이 집에 들어왔다. 근처 비닐하우스에서 살다가 추위를 피해 오게 되었다. 홀로 산 지 벌써 수년이 지났다. 물론 처음부터 가족이 없었던 건 아니다. 그도 한때 아내와 함께 살았다. 시골에서 상경해 정비공, 택시 기사 등 여러 직장을 전전하던 시절 그는 전 부인을 만나 결혼했다. 둘 사이에는 아들도 있었다.

"처음 같이 살 때는 깨가 쏟아졌어요. 근데 식구가 하나 늘어나니깐 (아내가) 계산적으로 변하더라고요. 아내는 제가 회사를 들어가도 꾸준히 한 우물을 파길 바랐는데 저는 이리 뛰고 저리 뛰고 그랬으니 결국 남남이 됐죠. 지금은 어디 사는지도 몰라요. 아이가 어릴 때 헤어져서."

이혼 후 오근남씨가 아들을 데려와 키웠다. 하지만 형편이 어려워지면서 전 부인에게 보냈다. 홀로 살게 된 뒤로 아들과 연락도 점차 뜸해졌다. 최근에 그는 아들이 결혼을 했다는 소식을 들었다. 충청도의 어느 집에 데릴사위로 갔다고 한다. 아들과 며느리가 보고 싶지 않느냐고 묻자 그는 한참을 망설이더니 입을 뗐다.

"지금은 못 보러 가죠. 해준 것도 없는데. 다시 일 시작하고 돈도 모으면 그때 보러 가려고요."

삶의 끝자락에서 무연고 사망한 사람들의 모습은 이들과 다르지 않았다. 대개 가족과 수년간 관계가 단절된 채 누구와도 연고를 맺지 않고 홀로 살아갔다. 일가족이 모두 사망해 홀로 살 수밖에 없는 사람들도 존재했다. 우리는 이러한 삶을 "무연생無緣生"이라 부르기로 했다.

무연고 사망자 강원성씨도 죽기 직전까지 무연생을 살았다. 공고문에 적힌 그의 거주지는 역에서 10분 거리에 있는 주공아파트였다. 교회와 초등학교를 사이에 끼고 아파트 입구로 들어가 조금 걸어가자 그가 살던 동이 나왔다. 엘리베이터를 타고 올라가 공고문에 적힌 호수의 벨을 눌렀지만 답이 없었다. 옆집, 그 옆집, 차례차례 벨을 누른 끝에 복도 가장 왼편 집에 사는 한 할머니가 "누구시냐"며 문을 열었다.

"혼자 사셨어. 요양보호사가 와서 돌봐주셨고, 아마 요양보호사가 처음 돌아가신 걸 발견했을 거야. 올봄에 유품 정리했는데 살림도 별로 없었대."

공고문을 다시 보니 그의 사망 장소는 거주지와 같았다. 제법 쌀쌀해진 바람에 낙엽이 하나둘 떨어질 무렵 그는 자기가 살던 아파트에서 숨진 채 발견되었다. 혹시 입주 기록에서 가족에 대한 단서를 찾을 수 있을까 싶어 단지 내에 있는 관리사무소를 찾았다. 그동안의 경험에 따르면 "고독사"라는 단어를 입 밖으로 꺼내는 순간 관리사무소에서 내쫓기곤 했지만 이번에는 달랐다. 무연고 사망자 공고문을 보고 왔다고 하자 직원이 입주할 때 작성하는 서류를 찬찬히 살폈다. 서류에는 고인이 2008년 입주했다고 적혀 있었다.

"여기가 영구임대주택이라 독거노인이 많으세요. 고독사도 흔하고. 보통은 혼자 방에서 돌아가셔도 보증금을 찾으러 가족이 나타나기 마련이죠. 그런데 강원성씨는 아무도 안 나타나셨어요. 가족관계증명서에 자녀도 부모, 형제도 없었죠."

관리사무소에서 노인들이 자주 간다는 복지관을 알려주었다. 복지관에서도 '국가유공자'라는 것 외에 가족에 대한 단서는 찾기 어려웠다. 홀로 끼니를 해결하기 어려웠던 강원성씨는 두 차례 반찬 배달 서비스를 요청했다. 설날에는 떡국과 김치를 받아간 것이 전부였다. 직원은 "형제자매가 없다면 아마 이산가족이거나, 전쟁 중에 가족들이 돌아가셨을 가능성이 크다"고 했다. 사망 당시 80세였던 걸 고려한다면 충분히 벌어질 수 있는 일이지만 어디까지나 추측이었다. 결국 그에게 가족이 있었는지는 정확히 알 수 없었다. 하지만 분명한 사실은 그가 임대아파트에서 8년간 홀로 살다 죽은 채 발견됐다는 것이다.

무연고 사망자 중에는 고아로 자란 사람도 있다. 김천일씨가 살았던 고시원 주인은 그가 "고아로 어릴 때 입양됐지만 양부모가 교통사고로 죽었다"고 했다. 이후 이웃집에 맡겨졌는데 무슨 이유에서인지 집을 나왔고 가족과 연을 끊었다. 성인이 되어 결혼을 하고 새 가정을 꾸렸다. 하지만 아내마저 김천일씨를 남겨두고 일찍 세상을 떴다. 고시원 주인은 그가 병원에 입원했을 때 어릴 적 맡겨졌다던 이웃과 통화를 한 적이 있다. 그 이웃은 "자기한테 연락한 저의가 뭐냐? 내 자식 아니다"라고 했다고 한다.

공고문에서 무연생의 흔적을 발견한 경우도 있다. 이덕재씨 공고문에는 "수급자로 홀로 살다 죽었다"라고 적혀 있었다.

강원성씨나 김천일씨처럼 가족들이 모두 죽거나 없는 건 매우 드문 경우다. 대개는 가족이 있지만 관계가 단절된 상태였다. 7남매 중 장손이었던 강수찬씨는 강원도에 부모도 있었다. 그가 자주 찾던 슈퍼 주인은 "강수찬씨가 사업을 했을 때만 해도 부모가 종종 그를 보러 왔다"며 "사업이 망하고 병이 나 일을 못 하게 되자 왕래가 뜸해졌다"고 했다. 혼자 사는 그를 안타깝게 여긴 주인은 여러 차례 외상을 해주었다. 외상 장부에는 그가 사간 물건이 적혀 있었는데, 주로 라면 몇 봉지와 담배였다. 가끔 주인이 외상값을 받으러 집에 가보면 그는 홀로 방에 우두커니 앉아 있었다. 명절날도 다르지 않았다.

박진만씨에게는 여동생이 있었다. 부모가 죽고 유일하게 남은 혈육이었다. 하지만 박진만씨가 고향을 떠난 뒤로 연락이 끊겼다. 그가 죽기 직전 요양원에서 말소된 주민등록번호를 살리고자 고향인 충북 제천을 찾았으나 가족을 만나지 못했다. 요양원 과장은 "부모님은 돌아가셨고 여동생이 두 명 있는데 둘 다 제천에 살지 않았던 것 같다"고 했다.

곁을 지키던 가족이 먼저 세상을 떠나면서, 혹은 가족과 관계가 단절되면서 이들은 무연생의 길을 걷게 되었다. 필요할 때 도움을 요청할 사람도, 힘들 때 의지할 사람도 없었다. 돌봐줄 사람이 없었던 양승덕씨는 병원에 갈 때 구급차를 직접 불러야 했다. 그가 살던 쪽방촌에서 만난 한 이웃은 가족에 대해 묻자 일말의 망설임도 없이 "아무도 찾아오지 않았다"고 했다. "안 왔지. 오는 사람도 없고" 대화를 엿듣던 다른 이웃이 말을 보탰다. 어느 누구도 그를 찾지는 않았지만 그는 낮이건 밤이건 형광등을 끄지 않았다. 그를 취재하며 만난 이웃들에게 가장 많이 들었던 말도 "형광등을 켜고 살았다"였다. 그와 6~7년을 함께 살았던 건물 관리인도 "낮이나 밤이나 불을 안 끈다"며 같은 이야기를 했다.

보호자가 없어서 병원 치료를 못 받은 사람도 있었다. 곽한영씨가 방에서 홀로 끙끙 앓고 있자 이웃이 그를 발견해 병원에 데려갔다. 하지만 보호자가 없어서 입원할 수가 없었다. 곽한영씨의 이웃은 "그 사람한테 아들이 있다고 들었지만 한 번도 찾아오는 걸 못 봤다"고 했다. 10년간 보이지 않던 자식이 갑자기 병원에 나타날 리 없었다. 결국 곽한영씨는 치료를 받지 못한 채 집으로 돌아왔고 얼마 뒤 숨진 채 발견됐다. 10년 동안 친구도 가족도 찾지 않았던 그는 생을 마감하는 순간에도 혼자였다.

양승덕 - "그 양반은 불을 안 꺼, 낮이나 밤이나"

양승덕	등록기준지		주소지	
1941년생, 남	서울시 용산구 청파동1가 ○○○		서울시 종로구 종로46가길 ○○○	
	사망 일시	사망 장소	안치 장소	사망 원인
	2013년 12월	국립중앙의료원	국립중앙의료원	패혈증

서울 종로구 동문시장 뒤편에는 창신동 쪽방촌이 있다. 좁은 골목과 골목 사이에 숨은 마을이다. 처음 이 동네를 찾았을 때는 복잡한 구조 탓에 한 시간 넘게 헤맸다. 어느덧 익숙해진 골목에서 양승덕씨가 살던 집을 찾았다.

아주머니 세 명이 문 앞 골목에서 이야기를 나누고 있었다. 우리가 대문 앞을 서성이자 한 아주머니가 말을 건넸다.

"누굴 찾아왔는데?"

양승덕씨를 찾아왔다고 하자 다른 아주머니가 말했다.

"돌아가셨어."

그걸 어떻게 아느냐고 묻자 또 다른 아주머니가 "우리야 한 동네 사니까 알지" 하며 대화에 끼어들었다.

— 집주인은 안 계세요?

아주머니2: 없어 나갔어.

아주머니1: 노인정에 갔어.

— 언제쯤 돌아오세요?

아주머니3: 한 8시 돼야 들어와.

아주머니1: 근데 그 할아버지는 아파 가지고.

아주머니3: 병원에서 죽었어. 여기서 살 땐 괜찮았는데

— 돌아가셨다는 이야기는 어떻게 들으셨어요?

아주머니1: 동네 사람 중에 할아버지랑 같이 병원 가 있는 사람이 있어서 들었지.

— 양승덕씨는 여기서 얼마나 사셨어요?

아주머니2: 한 6~7년 살았지?

아주머니1: 더 되면 더 됐지, 덜 되진 않았어.

— 가족은 있으셨어요?

아주머니1: 누가 한 번도 안 왔어.

아주머니2: 안 왔지. 오는 사람도 없고.

— 혹시 결혼은 안 하셨나요?

아주머니2: 그런 건 우리가 잘 모르지.

아주머니1: 할아버지 나이가 많은데 그전에 했는지 우리가 어

떻게 알아.

아주머니3: 아들딸이 있느냐고 물어도 없다 그러데.

아주머니2: 그런 건 우리가 잘 안 물어봐. 아저씨가 말하는 걸 싫어하니까. 비위만 맞출 뿐이지.

― 직장은 없으셨고요?

아주머니2: 안 아팠을 때는 장사했어. 5~6년 전만 해도 노점을 했는데, 아파 가지고 장사도 못 하고 걷지도 못했지.

아주머니1: (쓰러질 당시에) 할아버지가 직접 구급차를 불렀다고 하더라고.

아주머니2: 자기가 불러서 (병원에) 가더니 집에 안 와. 그러더니 죽었다고 하데.

― 원래 지병이 있으셨던 거예요?

아주머니2: 술도 안 마시고 밥도 잘 잡수셨어.

아수머니1: 어쩌나 우리가 들어가 보면 냄비에 김치찌개, 된장찌개 끓여서 잡숫고 그래. 혼자 그러더니 어느 날 구급차가 문 앞에 와 있는 거야. 들어보니까 할아버지가 아프다고 119에 전화했대.

아주머니2: 평소에 허리랑 다리가 아프다고 그랬어. 다린가 어디를 수술했다는 얘기를 들었는데….

아주머니1: 주인아주머니가 가끔 양승덕씨 입원한 병원에 갔거든. 오랜만에 찾았더니 돌아가시고 없으시더래. 그러니까 아줌마도 허탈해서.

― 주인아주머니와 꽤 친분이 있으셨나 보네요.

아주머니2: 옆방 사니까. 주인아줌마하고는 같은 집에 살았어.

아주머니1: 주인아주머니도 세 들어 사는 거야. 진짜 집주인은 할머니인데 아주머니가 대신 관리해주고 있는 거야. 할아버지가 방세를 밀려도 아줌마가 할머니한테 혼나고 말지. 달라고 못하지, 아픈 사람한테.

 – 특별히 찾아오는 사람은 없었던 거예요?

아주머니2: 응. 교회에서 학생들이 크리스마스 같은 날에 오면 그 방에 들어가서 이 말 하고, 저 말 하고. 묻고 그래. ○○교회에서 왔나?

아주머니1: 응, 맞아. ○○교회에서 한 달에 한 번씩 여길 찾아와. 아픈 사람들 약도 주고, 아픈지 안 아픈지 봐주고.

아주머니2: 그 교회에서 학생들이 많이 와. 아픈데 방은 좁잖아. 쪽방이니까. 앉아서 얘기해주고 가고 이러면 또 좋으신가 본데, 우리가 물어보면 자기가 살았던 얘기하고 싶지 않은지 말을 안 해.

 – 할아버지 평소엔 어떻게 지냈어요?

아주머니2: 주로 집 안에 계셨지. 아프기 전엔 어디 가서 술이나 마시고 그랬는데, 아픈 뒤론 어딜 안가. 노인정도 안 가고 집 안에만 계셨어.

아주머니1: 할아버지가 담배를 좋아해. 방 안에 향초가 있더라고. 담배 냄새를 뺀다고.

아주머니2: 그 할아버지 365일 형광등을 켜고 자야 한 대. 밤에도 불을 항상 켜놓고 있었어. 이상해서 물었더니 별말을 안 해. 왜 그랬는지 나야 모르지.

아주머니들은 "양승덕씨가 기초생활보장수급자였다"며 "쪽방상담소에 가서 물어보라"고 말했다. 쪽방 거주민 대부분이 등록되어 있어서 알 거라고 했다. 쪽방촌 골목 끝자락에 있는 상담소를 찾았다. 양승덕씨에 대해 묻고 싶다고 하자 직원은 상담 서류를 꺼냈다.

"저희 주민이셨고, 지병이 있으시고, 상담소에 등록돼 있어서 서비스를 제공해드렸던 어르신이에요. 사실은 지역 주민이 돌아가셨을 때 민간단체 쪽에서 할 수 있는 게 많이 없어요. 저희 상담소가 하는 일은 물품 지원하고 의료 지원인데, 물품 지원은 때에 맞춰서 제공되고, 의료 지원은 양승덕씨가 1종 수급자여서 병원 진료를 받고 그 외에 필요한 게 있어서 오시면 현장에서 의약품 처리 같은 걸 해드렸죠."

가족에 대한 구체적인 말은 안 했고, 혼자 살았고, 노점을 했으며, 집주인이 아닌 관리인과 함께 살았고, 담배를 자주 피웠다는 말을 들었다. 아주머니들에게 들었던 이야기와 일치했다. 새롭게 알게 된 것은 이 지역의 월세가 19~20만 원가량이라는 점 정도였다.

3주 뒤 관리인을 만나기 위해 양승덕씨 집을 다시 찾았다. 대문을 열고 마당으로 들어시니 네 개의 방이 일렬로 늘어서 있었다. 저녁인데도 집 안은 고요했다. "계세요?" 침묵을 깨는 우리 목소리에 세번째 방에서 인기척이 났다. "누구세요?" 양승덕씨와 4년간 같은 집에 산 이웃 남자였다.

"돌아가신 지 한참 됐는데, 작년 12월에 돌아가셨는데 계속 건강보험회사에서 우편물이 날아와. 가족이나 직장 그런 건 없어. 그러니까 병원에서 바로 처리를 했지. 예전에 노점에서 장사했잖아. 예전에 강원도 쪽에 있었다는데, 강원도에 친구가 딱 하나 있었대. 가끔 교회에서 목사님들이 찾아오셨고, 다리도 아프고 병이 많았어요. 다리 수술하고 깨어나신 지 일주일 만에 돌아가신 거야. 맨 끝 방에 살았어. 지금은 딴 사람이 들어왔지만. 맨날 텔레비전을 켜놓고 살지. 주무실 때도 항상 켜놔."

한참을 기다렸지만 관리인 아주머니가 오지 않았다. 그만 돌아가려는데 관리인 아주머니가 집 앞 골목 어귀로 들어섰다. 장을 보고 왔는지 짐을 한가득 들고 있었다. 아주머니를 도와 집 안까지 짐을 옮기고 방으로 들어가 이야기를 나누었다.

"가족은 없는 것 같아. 가족에 대해 못 들었어요. 이 집에 오래 사셨어요. 한 6~7년쯤. 근데 그냥 뭐 혼자 계시니까. (수급자라서) 정부에서 도와주니까 그거 갖고 그냥 살았어요. 자식도 없고 아무도 없나봐. 부인도 없고 친구도 없고. 좀 괴팍한 성질이라 누구 찾아오는 사람도 별로 없더라고. 어쩌다가 같이 장사하는 사람이 찾아오기도 했는데, 옛날엔 장사했거든. 늙고 몸이 아파서 그만뒀지만. 그 양반은 불을 안 꺼. 낮에나 밤이나. 텔레비전도 꼭 켜고 자. 밤에나 낮에나 들어왔다 하면 텔레비전을 켜더라고. 방에서 나가지도 않고. 그냥 그러고 살았어. 병원에 입원했다기에 가보니까 할머니 오셨냐고 하면서 간병인 보고 커피 한잔 갖다 주라고 하네. 안 먹는다고 그랬더니 얼마 있다가 또 '건강하세요' 그러더라고. 그러고 왔는데 얼마 있다 돌아가셨다고 하더라고."

관리인과 헤어진 후 이웃집 남자가 그려준 약도를 따라 양승덕씨가 장사할 당시 친하게 지냈다던 노점상 동생 집을 찾았다. 관리인은 "같이 장사할 때 안면 있는 정도라서 가도 별 얘기 못 들을 것"이라고 했지만, 주소를 알게 된 이상 찾아가지 않을 수 없었다. 양승덕씨보다 한참 동생이라는 노점상은 그가 죽은 사실을 알고 있었다.

"별로 아는 거 없어. 예전에 같이 노점 했는데, 같이 안 한 지

7~8년도 넘었어. 서로 보따리 갖고 다니면서 장사하니까 만나서 아는 체하는 것뿐이지. 후레쉬, 불 켜지는 거 있지? 그거랑 모자도 팔고 허리띠도 팔고 그랬어. 그 사람 아무도 없다는 것 같은데? 식구가 없다고 들었어요. 결혼도 옛날에는 했는데 젊어서부터 혼자 살았대. 내가 알기로는 혼자 산 지가 한 20년이 넘었는데, 그렇게 혼자 돌아다니면서 장사를 하니까. 말만 들었지 아무것도 몰라. 한 동네 살아도 접촉을 안 하니까 병원에 입원했다는 것도 몰랐어. 나중에 돌아가시고 나서야 알았지."

성기호 ― "같이 살던 할머니가 있었어요"

성기호	등록기준지		주소지	
미상, 남	서울시 영등포구 문래동1가 ○○○		서울시 영등포구 영등포로 ○○○	
	사망 일시	사망 장소	안치 장소	사망 원인
	2014년 2월	서울시 영등포구	○○○병원 양산로 ○○○	불명

"같이 살던 할머니가 있었어요."

성기호씨의 주소지에서 뜻밖의 이야기를 들었다. 집주인은 성기호씨가 이 집에 이사 올 때 한 할머니와 함께 왔다고 했다. 두 사람은 이곳에서 몇 달 정도 같이 살다가 다른 곳으로 이사 갔다. 집주인은 "부인은 아닌 거 같아 보였다"고 했다. 하지만 적어도 함께 살 정도면 성기호씨에 대해 어느 정도는 알고 있을 거라는 기대가 생겼다.

그 할머니를 만나야겠다는 생각에 집주인에게 물어 할머니가 이사 갔다던 집을 찾았다. 성기호씨의 마지막 주소지에서 5분 정도 떨어진, 허름한 3층 빌라의 반지하 방이었다. 혹여나 할머니가 작은 소리를 잘 못 들을까 싶어서 한참 쿵쿵 현관문을 두드리고 있으니 옆집 사람이 고개를 내밀며 "할머니 지금 없다"고 퉁명스럽게 말했다. "낮에는 항상 교회에 있고 저녁에나 들어온다"고 했다. 하지만 저녁 8시까지 기다려도 할머니는 돌아오지 않았다.

결국 할머니를 만날 수 있었던 건 며칠 후였다. 할머니 이름은 조경숙이고 성기호씨와 22년간 함께 살았다고 했다. 가족은 아니었다. 조경숙씨의 말에 따르면 성기호씨의 고향은 북한이고 한국전쟁 때 누나와 함께 남한으로 건너와 터를 잡았다. 부인과는 사별했고 자식은 없었다. 이웃이던 조경숙씨와 가까워진 건 부인이 죽고 나서다. 조경숙씨는 홀로 남은 성기호씨가 안쓰러워서 가끔 밥도 해주고 집안일을 도왔다고 한다. 조경숙씨가 남편과 이혼하고부터는 두 사람이 같이 살기 시작했다.

성기호씨의 마지막도 조경숙씨와 함께였다. 사망 당일 그는 몸이 안 좋다고 했다. 입맛이 없으니 흑설탕물을 만들어 달라고 한 뒤 방에 몸을 뉘었다. 조경숙씨는 그를 위해 미역국으로 저녁상을 차렸다. 텔레비전을 켜고 그를 불렀다. "아저씨 식사하세요." 답이 없었다. 다시 한 번 불렀지만 마찬가지였다. 평소 귀가 잘 안 들리는 사람이라 그러려니 했다. 방에 들어가 자는 듯 누워 있는 그를 흔들며 불렀다. 그는 여전히 답이 없었다. 조경숙씨는 구급차를 불렀다.

조경숙씨가 성기호씨와 22년을 함께한 가장 큰 이유는 연민이나 동정, 혹은 마음에서 우러나오는 그 무엇이라기보다 경제적인 부분이 커보였다. 생존을 위한 동거. 일종의 '공생'이었다. 성기호씨가 죽고 홀로 남은 조경숙씨는 생존의 위기에 직면했다. 성기호씨가 보태던 정부 보조금의 빈자리가 큰 탓이다. 복지관에서 주는 쌀과 반찬들로 그래도 버틸 수 있었다고 했다.

조경숙씨의 인터뷰는 성기호씨의 이야기로 시작했지만 본인에 대한 이야기로 끝나는 경우가 많았다. 조경숙씨는 계속해서 자신의 상황에 대해 설명하고 싶어 했다. 털어놓을 데가 없어서라기보다 습관적이라는 생각이 들었다.

―성기호씨와는 어떻게 만나신 건가요?

"당산동에 살 때요. 그 아저씨는 구청 근처에 살았는데 거기서 만났어요. 그 아저씨 부인이 죽고 나서 내가 물었어요. 이제 자식 집에 갈 거냐고. 그랬더니 이북에서 왔다고. 누나하고 건너왔는데 연락 안 한 지 꽤 됐다고 했어요. 어느 날 이사를 가고 전화번호도 싹 바꿨다고 하더라고. 이웃에 사는데 불쌍한 생각이 들었어요. 내가 도와준다고 가끔 밥 해주고 빨래도 해줬어요. 그러다가 내가 우리 아저씨(남편)하고 이혼하면서 남는 방 하나 내주고 거기서 살게 했어요. 처음 알게 될 때는 우리 아저씨(남편)도 같이 있었지."

―그래도 남인데 불편하진 않으셨어요?

"당연히 불편하긴 했죠. 그래도 어떡해. 아저씨가 자식도 없고 돈도 못 벌고 나는 도와주는 거지. 불쌍하니까. 그러다가 정도 들고 했지. 내가 그 아저씨 처음 도와준 게 쉰하나였을 때에요. 지금 내가 일흔둘이니까 22년 됐네. 그 아저씨는 여든넷이니까. 나랑 12살 차이가 났어요. 법 없이도 살 거라는 말 많이 들었어요, 그 아저씨. 말 수도 없었고. 나랑도 진지한 얘기도 그렇게 많이 하지도 않

아. 그리고 담배만 피웠지. 20년 넘게 살면서 술 한 번을 안 먹었어요. 사람이 조신해. 그러니까 같이 살았지. 이상하게 생각하는 사람들도 많았어요. 부부로 오해하는 사람도 있었지. 차라리 부부면 혼인신고 했을 테니 뭐라도 나올 텐데 그렇지도 않고."

― 할아버지(성기호씨)는 평소에 주로 어떤 일을 하셨나요?

"원래 집 짓는 일을 했어요. 그 후로 칠십까진 미장일을 했지. 벽돌 일인가. 그 일 하면서 나한테 푼돈 갖다주곤 했어요. 칠십 넘으니까 일도 못 하더라고. 칠십 넘은 늙은 사람 누가 일을 줘 젊은 사람 쓰지. 나중에는 집에만 있고 자전거 타고 왔다 갔다 하다가 때 되면 집에서 밥 먹고 그랬지. 나도 영세민 되기 전엔 고생 많이 했어요. 할아버지하고 같이 살면서 한 푼이라도 더 벌려고 아침에 5, 6시간씩 일하고 십만 원 벌고 그랬어. 사람 사는 게 참 끔찍해. 언제 이렇게 나이를 먹었나 싶어. 젊을 때 애 업고 다니면 좋을 때다 하는데, 난 그랬어. 살림하고 똥 기저귀나 빨고 뭐가 좋으냐고. 그때 그 노인네들 말이 지금은 가슴에 와 닿아요. 오십 후반부터 아프기 시작해. 그리고 육십 넘으면서 병 덩어리가 되고 일흔 넘어가면서는 죽을 날만 기다리는 거야."

― 할아버지 사망지가 집 주소로 되어 있던데 집에서 돌아가신 거예요?

"20년 전부터 병이 있었어요. 할아버지 말로는 김일성이 죽은 병이래. 약도 많이 먹고 병원도 자주 갔어요. 우리가 이 집에 27일에 이사 온 다음 날, 그러니까 짐도 정리 안 된 상황이었지. 이사하느라 피곤했는지 많이 아파하더라고. 돼지고기 고추장에 달달 볶는 걸 좋아한다고 해서 푸줏간에 가서 돼지고기 한 근을 사다가 반을 볶아 줬어요. 나머지 반 근은 아직도 있을 거예요. 먹는 둥 마는 둥 하더라고. 그다음 날 몸이 너무 안 좋다고 흑설탕물을 끓여 달라고 했어요. 그걸 먹더니 방에 들어가더라고. 그때가 4시쯤 됐을 거예요. 우리가 6시에서 7시쯤에는 밥을 꼭 먹어요. 밥맛이 없다니까 미역국을 끓였죠. 텔레비전을 보다가 상을 차리고 아저씨를 불렀어요. 밥 먹으라고. 못 듣는 거 같더라고. 귀를 잡수셨어요. 그래서 내가 방에 들어가서 빨리 밥 먹자고 했지. 벌써 뻣뻣하게 굳어 있더라고. 사람이 죽은 지 두 시간이 되니까 아주 딱딱해지더라고요. 처음에는 너무 당황해서 구급차를 부른다는 게 자꾸 엉뚱한 번호만 누르다가 겨우 불렀어요. 와서 하는 소리가 이미 죽었으니 경찰을 불러야 한다고 하더라고. 경찰이 와서 싹 조회하고 지갑 뒤져서 돈 십만 원까지 다 가져갔어요. 그리고 나는 부부도 아니고 아무 사이도 아니라고 했더니 경찰서에 가서 얘기하자고 하더라고요. 그래서 한 30분 얘기하고 왔어요."

— 이사 오신 다음 날 돌아가신 거구나. 당황스러우셨겠어요.

"여기 월세가 30만 원이에요. 할아버지 보조금 나오는 걸로 방세 내고, 나 나오는 거는 공과금 내고 반찬이라도 해 먹고 살려고 이렇게 왔는데 할아버지가 그다음 날 돌아가셨으니 내가 방세도 내야 하는 거예요. 우리가 보조금이 37만 원 나와요. 한 달에 방세 30만 원 내고 나면 7만 원 남아. 매달 25일에 기초연금 9만 얼마 나오는 거 그거 가지고 사는 거예요. 복지관에서 화요일, 목요일에 쌀이랑 반찬을 갖다 주니까 그거 먹고 버티고 사는 거예요. 20년을 넘게 같이 살다가 그렇게 갔는데 당연히 마음이 안 좋지."

— 장례는 어떻게 치르셨어요?

"2월에 돌아가셔서 4, 5월에 장례를 치렀다나? 누나가 죽었는지 누나랑 조카들을 찾는데 안 나타난다는 거야. 돈 물어볼까봐. 그 후로는 어디로 갔는지 나도 잘 몰라요. 화장을 했는지 어쨌는지는 전혀 몰라 난."

― 할머니하고 같이 사시는 동안 할아버지 누님 되시는 분하고 연락은 전혀 없었나요?

"처음에는 누나가 안양 산다고 추석하고 설 때 1년에 두 번 정도는 갔었나봐요. 그렇게 몇 년 다니다가 언제 한 번 할아버지가 쓰러졌었대. 조카한테 전화해서 나 쓰러졌으니 좀 도와달라고 했었나봐. 그랬더니 조카가 나 바빠서 못 간다고 그랬대요. 그러고는 할아버지도 자기가 짐 되는 거 같아서 연락 안 하고 누나도 안양 집 이사하면서 주소도 안 가르쳐줬대요. 전화번호도 바꾸고. 그렇게 무연고가 된 거지. 나랑 있을 때는 연락 하는 거 못 봤어요. 가족이 그래요. 서로 도움이 돼야 가족이지 그렇지 않고선 남보다 못 하다니까."

― 돈 때문에 뭉치고 돈 때문에 흩어지기도 하는 거 같아요.

"나도 스무 살에 시집갔어요. 아들, 딸 하나씩 있는데, 둘 다 형편이 어려워요. 이렇게 사는 나한테도 손을 벌리니 내가 살겠느냐고. 새끼들이 못 사니까 내가 영세민이 됐어. 우리 친손자가 스물일곱이야. 내가 이렇게 없이 사니까 전화도 안 해. 찾아오면 뭐해 십 원 하나 안 주고 가는 거. 추석이고 명절이고 내가 오지 말라고 했어. 내가 허리가 아프고 밥할 기운도 없고, 오면 뭐하나 단 돈 만 원이라도 줘야 말이지. 오면 해놓은 거 먹기나 하고 그냥 가고. 할머니가 이렇게 사니까 돈도 없고 줄 거 바라고 그러니까 오지 말라는 거야."

한참 얘기를 하다가 성기호씨가 쓰던 방을 안내해주었다. 언제 누구라도 들어가 생활할 수 있도록 말끔하게 정리된 상태였다. 나이 든 한 남자가 쓸쓸히 죽어간 방의 흔적은 어디에도 없었다. 우두커니 방을 지켜보던 조경숙씨는 한숨을 내쉬었다.

"이사 온 다음 날 그렇게 갈 줄 알았으면 좀 작은 집으로 갔지. 월세만 많이 나오고. 복덕방에 내놨는데 나가지도 않고. 복덕방에서 자기네 말로는 15만 원 받게 해준다고 하더라고. 아니 10만 원이라도 받아주면 좀 나아지지. 생각해봐. 37만 원 나와서 30만 원 내면 뭐가 남겠어요? 나가면 돈도 없으니 집에 이러고 있는 거야. 7만 원 남은 거 거기다 9만 몇천 원 그거 가지고 사는 거야."

곽한영 – "보호자가 없어서 병원에 못 갔어"

곽한영	등록기준지		주소지	
1953년생, 남	경남 의령군 ○○○		서울시 동대문구 답십리로 ○○○	
	사망 일시	사망 장소	안치 장소	사망 원인
	2013년 5월	거주지	–	–

30년도 더 넘은 듯한 낡은 건물이 눈에 들어왔다. 곳곳에 칠이 벗겨져 회색 맨몸을 드러낸 3층짜리 작은 연립주택이었다. 건물 앞에 도착하자, 조그만 밭에서 한 할머니가 밭일을 하는 모습이 보였다. 할머니는 곽한영씨와 한 건물에 오래 살았지만 얼굴만 알 뿐, 이름은 알지 못하는 듯했다.

― 할머니, 혹시 이 건물 사셨던 곽한영씨 아세요?

"모르겠는데."

– 여기 지하 사셨는데.

"지하 사람들 다 나갔어. 작년에 이쪽에 사는 사람이 죽고서는 다 비었어."

그 죽은 이가 바로 곽한영씨였다. 할머니 말에 따르면 도배 일을 했던 그는 집에 있는 시간보다 밖에 있는 시간이 더 많았다고 한다. 이웃들과 길게 이야기를 나누지도 않았다. 이 건물에는 20년도 더 전에 이사 왔지만 처음에 올 때부터 혼자였다. 자식도, 부인도, 친구도, 아무도 이 집에 찾아온 적이 없었다. 혹시 이웃 중에 그와 친하게 지낸 이가 있느냐 물으니 3층에 사는 사람이 자신보다 더 많이 알 거라고 했다.

할머니와 이야기를 마치고 3층으로 올라가 문을 두드려보았다. 하지만 안에 사람이 없는 듯 대답이 없었다. 다른 이웃이 그에 대해 알까 싶어 건물 안에 있는 집을 모두 방문해보았지만 대답이 없거나 잘 모르겠다는 답밖에 듣지 못했다.

더 이상 가볼 곳이 없어 그만 돌아가려다 그의 집에 유품이 남아 있을지 모른다는 생각이 스쳤다. 그래서 지하로 내려가 보니 지하층에는 딱 두 집이 있었다. 모두 문이 굳게 닫혀 있었다. 곽한영씨가 죽은 후 지하에 아무도 살지 않는다는 할머니의 말을 떠올리며 바깥으로 다시 나가려다 혹시나 해서 두 집 모두 현관문을 두드려보았다. 오른쪽 문에서는 아무 대답도 없었다. 그러나 왼쪽 문에서는 "누구세요?"라는 답이 들려왔다. 혹시 곽한영씨를 아느냐고 물으니 이내 문이 열렸다. 중년 여성은 그의 오랜 이웃이었다.

"남자 분이라, 또 서로 바빠서 별다른 이야기는 안 나눠봤어요.

뭐 물어보시려고?"

밤늦게까지 일하다 이제 집에 와서 잠을 자는 중이었다던 그녀는 다행히 귀찮은 티 없이 곽한영씨에 대한 이야기를 들려주었다.

― 평소에 어떻게 지내셨는지 해서요.

"경비도 하고 그전에는 도배 같은 일도 하고 그랬죠. 포장마차도 했고. 도너츠 같은 거, 붕어빵이든가. 사람은 착하고 좋았어. 누구랑 싸우거나 그런 것도 못 봤고. 일 갔다 오면 혼자서 밥 해먹고 빨래 하고. 그런데 갑자기 병이 든 거야. 그전에는 병이 없었는데 언제부터인가 나도 몰랐는데 시골 갔다가 오니까 병원에 입원했다 그래. 작년 겨울인가. 암이라고 했나. 혼자 불쌍하게 있다가 돌아가셨는데."

― 결혼은 안 하셨나요?

"안 했다 하던데. 모르겠어. 암튼 혼자 살았어."

― 다른 가족은 없으셨나요?

"이 사람이 여기 산 지 10년 정도 됐는데 전혀 본 적 없어요. 어디 아들이 있다고 그런 거 보니 가족이 있는 것 같기는 해. 어디서 들었냐고? 그 사람(곽한영씨)한테 들었어. 아주 오래전, 한 10년 전에. 근데 한 번도 찾아오는 것도 못 보고 찾아가는 것도 못 보고. 명절 때 혼자 여기서 지내고. 우리 시골 갔다 와도 그대로 여기 있고 그러니까."

― 일 안 나가셨을 때는 주로 뭘 하셨나요?

"집에 있지. 동네 누구랑 같이 어울리는 건 모르겠고, 같이 일 하던 사람이 있는데 그 사람하고 어울렸어. 도배 같이하던. 그 사람은 어디 사는지는 모르는데 같이 여기 오기도 했지. 도배하려면 장비가 많잖아. 그럼 둘이서 여기다 장비 내려다놓고. 그 양반은 가고. 그 양반(곽한영씨)은 여기 들어와서 씻고 밥 하고. 그런 거밖에 모르지 우리는. 남자니까 술, 담배는 했겠지. 우리는 그런 것까지는 몰라. 나도 일 갔다가 와 갔고 지금 잠 깨서."

― 돌아가실 당시 상황을 좀 들을 수 있을까요?

"혼자서 죽었어. 돌아가시기 한 달 전에 자기가 입원해서 치료받고 그랬는데. 어느 날은 여기서 바르작대고 있더라고. 그래서 경찰을 불렀어. 밤에. 근데 와 갖고 입원을 시켜야 하는데 보호자가 없잖아. 누가 와서 해야 하는데. 그러니까 그냥 방에 놓고 가더라고. 새벽 4시에. 뭐 보호자가 없으면 입원도 안 되잖아. 누가 그걸 책임을 져."

― 그날 돌아가신 건가요?

"그러고 죽었어. 방에다 놓고 그러고 간 다음 죽은 거 같아. 혼자 죽은 거지. 나중에 동네 사람들이 죽이라도 쒀다주려고 오니까 사람이 죽어 있는 거야. 주민센터에서 연락 오고 그래서 시신 치워주고. 한 시간 정도 늦게 발견됐지."

― 동네에 친한 분은 없었나요?

"여기 남자들은 다 술 한 잔씩 먹는데 친한 사람은 없어. 이 사람도 먹고살려고 도배 일, 경비 하지, 붕어빵 장사, 그리고 뭐야, 저쪽 앞에 사거리 가면 금은방 있어. 금은방 앞에서 붕어빵 팔고 그랬어, 혼자서. 먹고살려고 애를 많이 쓴 사람인데 어느 날 갑자기 그렇게 됐더라고."

― 혹시 유품은 누가 치우셨나요?

"그건 집주인이 했겠지. 집주인은 딴 데 어디 있다 하는데 어디 사는지는 몰라. 왜 인자서 그걸 그렇게 적어 가?"

아주머니는 곽한영씨가 그렇게 죽은 것이 못내 안타까운 것 같았다. 그녀는 "도와달라고 할 땐 가족이 아니라고 내팽개치더니 이렇게 뒤늦게 찾아서 무슨 소용이냐"고 되물었다.

"아이고. 그때 병원에만 데려갔어도 살 수 있었을 텐데. 좀 속상하네, 죽은 다음에 이렇게 와서 물어본다는 게. 이만 가세요."

강수찬 – "이 사람만 외삼촌 같아 봤어"

강수찬	등록기준지		주소지	
1964년생, 남	강원도 삼척시 도계읍 도계리 ○○○		서울시 동대문구 한천로 ○○길 ○○	
	사망 일시	사망 장소	안치 장소	사망 원인
	2014년 3월	서울시 ○○병원	무연고 추모의 집	병사

강수찬씨가 살던 곳은 3층짜리 연립주택이었다. 골목으로 들어가 상가 건물을 끼고 오른쪽으로 가니 붉은 벽돌집이 양옆으로 늘어서 있었다. 지은 지 수년은 지난 듯 벽돌색이 바랜 낡은 건물이었다. 계단을 올라 그가 살았을 거라 추정되는 집의 벨을 눌렀다. 한 할머니가 나왔다.

"우리 집 지하에서만 15년 살았어. 30대였을 때 이사 왔을 거야. 계속 혼자 살았어."

할머니 말에 따르면 그는 지하 방에 세 들어 살았다. 공고문에 주소지로 되어 있던 집은 그에게 세를 준 주인 할머니 집이었다. 할머니는 그가 7남매 중 장손이라고 했다. 강원도에 부모도 있었다. 해병이었던 그는 복무 중 허리를 다쳐 국가에서 연금을 탔는데 부모가 연금을 받아 썼다고 했다. 이후 사업을 벌였는데 실패했고 억대의 빚을 떠안았다. 이곳으로 이사를 온 것도 그 무렵이었다.

"사람 괜찮아. 착실하고. 돈 벌어서 자기 집에도 보냈으니까. 봉제 공장에서 일했거든. 잘 지내더니 작년에 병이 나서 몸이 아프다는 거야. 나는 잘 안 내려가보는데, 방세 받을 때 가끔 가보고. 그런데 가보니까 병이 난 거 같더라고."

할머니는 아픈 강수찬씨를 대학 병원으로 보냈다. 그는 하루 뒤 다른 병원으로 이송되었다. 그가 주민등록증이 말소되어 입원이 어려워지자 할머니가 자기 집으로 주소지를 옮기고 주민등록번호를 만들어주었다. 이후 그는 한 달간 병원에서 치료를 받으며 점차 건강을 회복했다. 다시 집으로 돌아왔을 때 할머니는 "이제 그만 부모가 사는 집으로 가라"고 권했다. 돌봐줄 사람이 필요해 보였기 때문이다. 하지만 그는 꿈적도 하지 않았다.

건강이 안 좋아진 뒤로 한동안 일을 하지 못한 강수찬씨는 형편이 더 어려워졌다. 방세는 2년 넘게 밀렸다. 기초생활보장수급자를 신청했지만 국가에서 받는 연금 때문에 지원 대상에서 제외되었다. 그를 불쌍히 여긴 할머니는 틈틈이 지하에 내려가 챙겼다. 쌀과 김치를 가져다주고 몸이 괜찮은지 살폈다. 할머니의 보살핌에도 그의 건강은 더 악화됐다.

"어느 날 보니까 다 죽게 생겼어. 내가 구급차 불러서 병원에 보냈어. 한 달 동안 연락이 없길래 나중에 병원에 전화를 해봤지. 그랬더니 죽었다고 하는 거야. 내가 놀라서, 방도 전부 더럽고 말도 못해."

할머니는 병원으로부터 그의 부모가 시신을 거부했다는 소식을 들었다고 했다. 이유는 알 수 없었다.

"나도 자세한 건 몰라. 앞에 슈퍼 가봐. 거기서 외상 많이 했어."

슈퍼에 가기 전에 할머니에게 부탁해서 그가 살던 지하 셋방에 가보았다. 계단 입구부터 뿌연 먼지와 퀴퀴한 건물 냄새가 복도를 메우고 있었다. 좁은 지하에는 방 세 개가 있었는데 그중 왼쪽 방이 그가 지내던 곳이었다. 세 방이 공유하는 현관 바닥은 마치 공사를 하다만 건설 현장처럼 누런 모래가 산발적으로 쌓여 있었다. 그가 살던 방에는 이미 다른 사람이 살고 있어서 안으로 들어가지는 못했다.

집을 나와 슈퍼를 찾아갔다. 슈퍼는 강수찬씨가 살던 연립주택 바로 맞은편에 자리했다. 주의 깊게 보지 않으면 그냥 지나칠 만큼 작은 가게였다. 주인아주머니가 혼자 계산대에 앉아 가게를 보고 있었다. 아주머니는 강수찬씨를 '외상 했던 남자'로 기억했다. 외상 장부는 아직도 남아 있었다. '해병대 강수찬'이란 페이지에 그가 외상으로 샀던 물건과 가격이 적혀 있었다. 주로 삼양라면 네 봉지와 한라산 두 갑이었다. 아주머니는 남편이 강수찬씨를 안타깝게 여겨서 계속 외상을 해주었다고 했다. 아저씨가 담배를 외상으로 해준 것 때문에 아주머니와 다툰 적도 있었다. 그렇게 쌓인 외상값만 50만 원이 넘었다.

"사람은 착했어. 그래도 간간이 갚으려고 했으니까. 술도 안 마셨고."

주인아주머니는 오히려 그의 부모가 못됐다고 덧붙였다. 아주머니에 따르면 강수찬씨가 사업을 했을 때만 해도 부모가 종종 그를 만나러 왔다고 했다. 사업이 망하고 병이 나서 일을 못 하게 되자 그를 찾는 발길도 뜸해졌다.

사업 실패 후 강수찬씨는 근처 봉제 공장에서 일했다. 주인아주머니는 손수 약도를 그려서 공장 위치를 알려주었다. 우리는 약도를 따라 공장을 찾아보았다. 하지만 밤이 깊어져서 건물을 식별하기 어려웠고 인적이 드물어 탐문도 여의치 않았다. 결국 공장을 찾지 못한 채 취재를 끝내야 했다.

며칠 뒤 공장 위치를 확인하고자 다시 슈퍼를 찾았다. 그에게 외상을 자주 해주었다는 주인아저씨는 그날도 보이지 않았다. 슈퍼에는 주인아주머니뿐이었다.

"자꾸 죽은 사람 떠올리고 싶지 않아. 그런 사람들…. 명절 때 한번 가봐요. 형제도 없고 부모도 없고 혼자 누워 있고. 참 그렇더라고. 지하라 냄새나고 청소해주는 사람 하나 없었어. 누가 들여다보는 사람이 없더라고. 가보면 마음이 아프니까."

우리는 외상 장부를 다시 보여달라고 부탁했다. 혹여 놓친 단서가 있는지 확인하고 싶었다. 아주머니가 외상 장부를 꺼냈다. 밀가루, 즉석밥, 야채 등 처음에는 여느 가정집에서나 살 만한 식재료를 구매한 듯했다. 하지만 시간이 지날수록 외상 물건은 라면과 담배뿐이었다. 장부를 살피던 아주머니가 한마디 보탰다.

"이 사람 생각하면 안 됐다 싶어. 짜증도 나는데 불쌍하기도 하고."

장부를 덮고 봉제 공장을 찾아 나섰다. 아주머니가 그려준 약도를 따라갔지만 공장은 보이지 않았다. 근처 상가 서너 곳을 들러 공장 위치를 물었으나 아무도 알지 못했다. 그때 아주머니의 말이 떠올랐다. "1층에 세탁소가 있고 2층이 봉제 공장이야." 상가를 나와 세탁소가 있는 건물을 찾아 헤맸다. 한참을 걸어 1층이 세탁소인 건물을 찾았다. 세탁소 주인에게 위층에 봉제 공장이 있는지 확인하고 2층으로 올라갔다. 겨우 공장을 찾았으나 문이 굳게 닫혀 있었다. 세탁소 주인에게 공장 사장의 연락처를 얻어 통화했으나 사장도 강수찬씨를 알지 못했다. 공장 사장이 최근에 바뀌었다고 했다. 과거에 일했던 직원들도 공장을 떠났다. 공장 사장은 전 사장의 전화번호도 알지 못했다.

박진만 – "너무 힘으로 뿔뿔여요"

박진만	등록기준지		주소지	
1948년생. 남	충북 제천시 덕산면 ○○○		서울시 동대문구 전농로 ○○	
	사망 일시	사망 장소	안치 장소	사망 원인
	2014년 12월	–	무연고 추모의 집	–

"아, 박진만씨 우리 환자 분이에요. 국립중앙의료원에서 돌아가셨다던데?"

그의 마지막 주소지는 서울 동대문구의 한 요양병원이었다. 데스크에 있던 직원은 그를 기억하고 있었다. 하지만 "우리 병원에서 유지 치료를 해주었는데 자세한 내용은 모른다"며 김승민 원무과장을 소개해주었다. 그는 박진만씨의 말소된 주민등록번호를 찾아주고 그를 가장 가까이에서 챙겨준 사람이었다. 김승민 과장에 따르면 그는 요양병원에서 서너 달 지냈다. 그는 거리에서 발견된 행려병자였고 국립중앙의료원을 거쳐 요양병원으로 오게 되었다.

"자세한 사연은 몰라요. 돈 6만 원 쥐여서 길거리에 누가 버렸다는 얘기만 들었어요."

처음 이곳에 왔을 때 그의 주민등록번호는 말소된 상태였다. 김승민 과장이 주민등록번호를 살리려고 박진만씨의 고향인 충북 제천을 찾았다. 박진만씨도 동행했다. 김승민 과장은 제천에서 그를 어렴풋하게 기억하는 이장을 만났다. 이장은 그를 "바보 형"이라고 불렀다. 친동생이 '바보'여서 형인 그를 "바보 형"이라고 불렀던 것이다.

"제천에서 가족들은 못 만났어요. 부모님은 돌아가셨고 여동생이 두 명 있는데 둘 다 제천에 살지 않았던 거 같아요. 저희도 동생들을 찾아보려고 했는데 주민센터에서는 개인정보라고 아무것도 안 알려주더라고요."

박진만씨는 젊은 시절에 고향을 떠났다. 언젠가부터 여동생들과도 연락이 끊겼다. 우리는 가족들과 왜 연락이 끊겼는지, 고향에서 떠난 사연은 무엇인지 물었으나 이에 대해서는 김승민 과장도 알지 못했다. 그는 "평소에 대화를 나눠도 오늘은 식사하셨냐, 몸은 어떠냐 이런 안부만 주고받는다"며 "딱히 과거 이야기를 하지는 않아 자세한 사연은 모른다"고 했다.

김승민 과장의 도움으로 박진만씨는 주소지를 요양병원으로 변경했고 말소된 주민등록번호를 살릴 수 있었다. 이후에도 그는 몸이 아픈 박진만씨를 살뜰히 보살폈다. 사비를 들여 그가 항암 치료를 받도록 돕기도 했다. 꾸준히 치료를 받자 건강도 점차 회복되었다.

"다 나은 줄 알았는데 몸이 갑자기 안 좋아졌어요. 국립중앙의료원에서 돌아가셨는데 동생들이 경제적으로 어려워서 시신을 거부했다고 하더라고요."

우리는 김승민 과장에게 박진만씨와 친하게 지낸 사람을 알려달라고 부탁했지만 그는 없다고 했다. 책을 쓰며 박진만씨를 기억하는 이장을 찾고자 등록기준지인 충북 제천의 한 면사무소에 전화를 걸었다. 이장의 전화번호를 받아 여러 차례 통화를 시도했으나 전화를 받지 않았다.

김천일 — "내 자식 아니에요"

김천일	등록기준지		주소지	
1965년생, 남	–		서울시 강남구 대치동 ○○-○○	
	사망 일시	사망 장소	안치 장소	사망 원인
	2013년 6월	국립중앙의료원	국립중앙의료원	심부전

김천일씨가 마지막으로 살았던 곳은 고시원이었다. 4층 건물 꼭대기에 고시원이 있었다. 계단을 올라 안으로 들어서자 원장이 나왔다.

– 혹시 김천일씨 아세요?

습관처럼 툭 튀어나온 한마디에 원장은 난감해하며 "할 얘기가 없다"고 했다.

– 가족이나 직장도 전혀 모르세요?

마지막으로 물었다.

"다 알긴 아는데⋯." 예상치 못한 답변이었다.

김천일씨는 고시원에서 6년 넘게 살았다. 당뇨를 앓아 병원을 자주 들락날락했다. 과거 신문 배달을 했지만 병세가 깊어져 일을 그만두었다. 수입이 없던 그는 병원비를 치르지 못하는 상황에 이르렀고 원장이 대신 비용을 내주었다.

"여기(고시원) 아래 병원에 입원했는데, 한 번 입원하면 한 달 정도 있다가 나왔어. 병원에 서너 번은 들락날락했을 거야. 내가 병원비를 천만 원 정도 내줬어. 사람이 착해서 어떻게든 살려보려고 했지."

원장은 형편이 어려운 그가 정부 지원을 받을 수 있도록 수급자 신청을 도왔다. 하지만 처음부터 난관에 부딪혔다. 그는 주민등록번호가 없었다. 고시원에서는 그를 "이상민"이라 불렀는데 이름마저 거짓이었다.

"김천일이한테 물어보니 고향이 제주도야. 어렸을 때 입양됐는데 양부모가 돌아가셨어. 그 부모가 이웃집에 걔를 맡겼는데, 무슨 문제가 있었는지 나왔더라고. 어릴 때 집을 나왔으니 본인도 생년월일만 알고 주민등록번호는 모르는 거야."

혼혈아였던 그는 어릴 적 입양되었다. 양부모가 돌아가시고 이웃집에 맡겨졌지만 열일곱 살이 되던 해 집을 나왔다. 그 뒤로 가족과 연락을 끊었다. 성인이 되어 결혼을 했으나 아내마저 그를 남겨두고 일찍 죽었다.

사연을 전부 알게 된 원장은 주민등록번호를 만들고자 김천일 씨의 의붓어머니부터 수소문했다. 주민번호를 만들려면 의붓어머니가 그의 신분을 증명해주어야 했다. 원장은 경찰에게 의붓어머니의 전화번호를 받아 직접 통화를 시도했다.

"내가 전화해보니까 의붓엄마는 자기한테 연락한 저의가 뭐냐고 그러는 거야. 애가 병원에 입원해서 상당히 위험하니까 와서 보기라도 하라고 그랬지. 그랬더니 그 사람이 '걔는 내 자식 아닙니다'라고 하더라고."

김천일씨 신분을 증명할 방법이 없자 원장은 그에게 물어 그가 다녔다는 제주의 한 초등학교에 연락했다. 학교에서 생활기록부를 받아서 신분을 증명할 수 있었다. 원장의 도움으로 그는 주민등록증을 만들었고 기초생활보장수급자가 되었다. 하지만 그로부터 얼마 뒤 그의 건강은 더 악화되었다. 결국 그는 배에 복수가 차서 병원에 실려 갔다.

"죽기는 아까운 나이였지. 어떻게든 살려보려고 애썼어. 그래서 입원시킨 거고. 입원한 지 한 달이 채 안 돼서 내 꿈에 얘가 나오더라고. 꿈에서 '원장님 다 나았어요'라고 했어. 경과가 좋다고 생각했지. 사나흘 뒤에 병원에 전화했는데 며칠 전에 죽었다고 하더라고. 시신은 어떻게 처리했느냐고 물었는데 행려사망자라 경찰이 처리했다고 하더라고. 그게 다야. 기왕 도와줄 거 더 도와줬어야 했나 싶어."

연고가 없는 사람들

◆ 유인모 | 1954년생, 남

서울 동대문구의 한 고시원에서 2013년 3월에 사망했다. 내연녀로 추정되는 여자가 그를 만나러 왔다가 시신을 발견했다. 등록기준지는 부산 기장군이다. 한때는 조적공으로 일했다. 고시원 근처에 있는 상가와 대학교 건물을 지을 때도 공사에 참여했다. 아내와 딸이 있었는데 그가 주식에 실패한 뒤로 뿔뿔이 흩어졌다. 이후 혼자 고시원에서 8년 넘게 살았다.

◆ 신지선 | 1934년생, 남

거주지는 서울 마포구의 한 다가구주택이었다. 1층은 비어 있고 2층에 사람이 살고 있었다. 2층으로 올라가 문을 두드리자 이웃이 나왔다. 이웃에 따르면 그 집은 교회에서 운영하는 사택이었다. 신지선씨는 1층에 살았고 수급자였다. 가끔 근처 복지관에 가서 밥을 얻어먹기도 했다. 술과 담배는 하지 않았다. 이웃들은 "워낙 말이 없는 사람이어서 가족관계나 직장 이야기를 들어보지 못했다"고 했다. 그는 2014년 3월 집에서 사망한 채 발견되었다. 아래층에서 올라와 안으로 들어가보니 신지선씨는 숨져 있었다. 이미 두 달이나 지난 일이었지만 여전히 방에서는 고약한 냄새가 났다. 좀 더 자세한 이야기를 듣고자 사택을 운영하던 교회를 찾아갔으나 목사를 만나지는 못했다. 다만 신지선씨를 기억하는 교인을 만나 그가 평소 자전거를 타고 교회에 왔고, 조용한 성격이라 사람들과 교류가 없었다는 이야기를 들을 수 있었다.

• 이수종 | 1942년생, 남

　　서울 용산구 동자동 쪽방촌에서 2012년 7월 사망했다. 등록기준지는 경남 창녕군이다. 동생과 딸이 있는데 연락을 안 한지 40년이 넘었다. 백내장 수술을 받았고 허리 수술도 했다. 종종 술을 마시며 어울렸던 동네 친구들이 있었지만 죽은 후 아무도 그를 찾지 않았다.

• 이종환 | 1939년생, 남

　　거주지는 서울 중구의 한 다가구주택 옥탑방이었다. 1층과 2층에 거주하는 아주머니를 따로따로 만나 그에 대한 이야기를 들을 수 있었다. 그는 과거 목수일을 했다. 미혼이었고 형제는 없었다. 찾아오는 사람도 특별히 없어 늘 혼자 지냈다. 다른 사람들이 복지관에 급식을 받으러 갈 때도 그는 집에서 혼자 밥을 먹었다. 국가에서 지급하는 연금으로 방세를 냈다. 수도세 지로 통지서가 오기 전에 미리 주택을 관리하는 아주머니에게 돈을 준 적도 종종 있었다. 우리가 만나 두 아주머니 모두 '돈 한번 빌리지 않은 정직한 사람'으로 그를 기억하고 있었다.

• 정업호 | 1942년생, 남

　　거주지는 서울 중구의 한 단독주택이었다. 그곳에서 정업호씨가 죽은 후 유품 정리를 도왔다던 이웃을 만났다. 이웃은 "5년 전 자기가 이사 오기 전부터 그가 이 집에 살았다"고 했다. 결혼은 하지 않고 홀로 살았다. 낮에 집을 나가 안 들어오던 때도 많아서 친하게 지낸 이웃도 딱히 없었다. 집주인의 부탁으로 유품을 치웠을 뿐 자기도 친분이 있는 것은 아니라고 했다. 유품을 치울 때 어땠는지 묻자, "유품이라곤 헌 옷과 새카만 이불뿐이었다"며 신문이 잔뜩 쌓여져 있었다"고

했다. 이웃은 그가 신문지 위에서 잤으리라 추정했다. 집주인에게 더 자세한 이야기를 듣고 싶었으나 이웃이 주인집 전화번호를 알려주지 않아서 만날 수 없었다.

● 김배상 | 1930년생, 남

서울 용산구 동자동의 한 사우나에서 2012년 1월 사망했다. 등록기준지는 충남 서산군이다. 사망 장소와 멀지 않은 쪽방촌 한 건물에서 4년 가까이 살았다. 부모는 그가 젊을 때 죽었고 결혼은 하지 않았다. 정부 지원을 받는 기초생활보장수급자였다.

● 이필선 | 1938년생, 남

마지막 거주지는 서울 중구의 한 단독주택이었다. 주택 셋방들 방문을 모두 두들겨보았지만 아무도 없었다. 옆집에도 사람이 보이지 않았다. 공고문에는 나온 사망 장소는 한 요양병원이었다. 병원에 가보니 그가 입원한 기록이 남아 있었다. 기록에 따르면 그는 가족이 없었고, 혼자 병원에 와서 입원했다.

● 최학모 | 1959년생, 남

마지막 거주지는 서울 동대문구의 한 옥탑방이었다. 집에서 2013년 1월 사망한 것으로 추정되지만 시신이 늦게 발견되어 사망 날짜는 정확하지 않다. 집주인이 직접 만나기를 꺼려해서 전화로 인터뷰했다. 최학모씨는 이곳에 1년 정도 살았고 알코올의존자였다. 집주인이 시신을 발견해 신고했다. 발견 당시 이미 부패가 꽤 진행된 상태였다고 한다.

9장 제도의 허점에 빠진 사람들

최삼학씨가 죽은 지 1년 2개월이 지난 무렵에도 그가 살던 집에는 여전히 우편물이 왔다. 세금 고지서, 건강보험료 청구서 등 주로 공공기관에서 온 우편물이었다. 우편물이 너무 많아 한 손에 쥐어지지도 않았다. 하나둘 일일이 꺼내 확인하던 그때 지나가던 이웃이 말을 걸었다.

"뭐 때문에 왔어요? 여기 살던 사람은 죽었는데."

'혹시 유족일까?' '경찰인가?' 화들짝 놀라 누구시냐고 물어보니 그는 동네를 관할하는 통장이라고 했다. 그에게 찾아온 이유를 설명하며 우편물을 '살짝' 들추어 보기만 했다고 덧붙였다.

"아직도 우편물이 와요? 사망신고가 안 되었나?"

"글쎄요."

통장과의 대화를 듣고 주변 이웃들이 모이기 시작했다. 계란가게 주인, 전 통장, 현 통장. 세 사람이 최삼학씨에 대해 한마디씩 늘어놓은 말들을 종합해보면 이 집에는 그와 그의 어머니가 함께 살았다. 장애인이었던 그는 정신마저 온전치 않았다. 5년 전 어머니가 죽고 혼자가 되었다.

"혼자서 오래 지냈을 거야. 어느 날부터 저 우편함에 우편물이 쌓여 있더라고. 집 안도 조용하고. 그래서 신고를 했어요. 문을 뜯어보니까 죽어 있더라고. 그때가 11월쯤인데 죽은 지 다섯 달 만에 발견했지."

숨진 그를 발견한 사람은 통장이었다. 당시 정황을 한참 이야기하다 일이 있다며 자리를 떴다. 최삼학씨가 살던 집에는 유품이 그대로 남아 있었다. 당시 집 안을 묘사한 취재록에는 이렇게 적혀 있다.

20권 넘게 쌓인 일기장에 어머니에 대한 이야기만 한가득. 집 안 곳곳에는 어머니의 영정 사진이 걸려 있음. 이불 같은 것들이 난잡하게 어질러져 있고 거미줄 쳐져 있고.

그날 이후에도 우리는 무연고 사망자 주소지에서 우편물을 종종 발견할 수 있었다. 이재철씨가 살던 단독주택에는 그의 이름으로 적십자사와 건강관리보험공단에서 보험료 납부를 독촉하는 우편물이 왔다. 이미 죽은 사람에게 계속 우편물이 오자 주인도 난처한 눈치였다.

"주소만 저희 집으로 되어 있지 오래 살지 않았어요. (이재철씨가) 아내랑 이혼하고 오갈 데가 없어서 저희 집에 잠깐 얹혀 살았을 뿐이지. 저희 남편이랑 같이 전기 설비 일을 해서 친분이 있었거든요."

김창규씨가 살던 여관도 다르지 않았다. 여관 주인은 "5년 전에 잠깐 살다가 나간 사람인데 건강보험공단에서 계속 우편물이

온다"고 했다. 심지어 우편물 때문에 이름을 기억하는 경우도 있었다. 김영우씨의 거주지는 연립주택이었는데 우리가 찾았을 때는 이미 주인이 바뀌어 있었다. 새 주인은 "세입자 중에는 없지만 김영우란 사람에게 가끔 우편물이 날아와서 이름을 안다"고 했다. 이 밖에 김종식, 이병호, 이영복, 전병수, 정윤수, 박규일, 한영남씨도 사망 후 거주지로 우편물이 왔다.

거주지를 찾을 때마다 우편물을 발견하게 되자 의문은 더 커졌다. 최삼학씨 동네에서 만난 통장의 말처럼 사망신고가 안 되어 우편물이 올 가능성이 높았다. 우리는 직접 실태 조사를 해보기로 했다. 2014년 5월부터 7월까지 3개월 동안 서울시에서 발생한 무연고 사망자 중 구청 등에 공고가 남아 있는 사망자를 추렸다. 모두 27명이었다. 조사 결과 지방자치단체가 사망 여부를 확인해준 10명 모두 사망신고가 되어 있지 않았다.

이미 죽은 사람이 서류상으로는 살아 있어서 형편이 어려운 유족이 정부 지원을 못 받는 일이 발생했다. 임학권씨의 아내는 남편이 죽은 뒤 한 부모 가정 지원을 받으려 했으나 신청하지 못했다. 남편의 사망신고가 안 되어 가족관계등록부상으로는 살아 있었기 때문이다. 주민센터 직원은 "남편이 근로 능력이 있는 사람이어서 정부 지원을 받을 수 없다"고 했다.

태어날 때부터 대한민국 국민으로 기록되지 않은 사람도 존재했다. 이진영씨가 그랬다. 이진영씨의 공고문은 다른 공고문과 다른 몇 가지 특이한 점이 있었다. 생년월일부터 기이했다. '833311-1' 얼핏 주민등록번호처럼 보이기도 하지만 '33월'생은 존재할 수 없다. 만약 83년생이라면 사망 당시 서른한 살로 무연고 사망자 가운데 꽤 젊은 편이라고 할 수 있다. 등록기준지와 주소 그리고 사망 장소가 모두 서울시립어린이병원이라는 점도 기묘했다.

공고문에 적힌 주소지가 서울시립어린이병원이란 걸 알았을 때는 이미 늦은 오후였다. 인터넷으로 검색해보니 그곳까지 대중교통으로 한 시간이 넘게 걸렸다. 병원에 갔다가 허탕을 칠 수 있으니 먼저 전화로 물어보고 후속 취재를 진행할지 판단하기로 했다. 병원에서는 "이진영씨가 어릴 때 가족으로부터 버려져 병원에 왔다"고 했다. 그는 중병을 앓아 의사소통이 힘들었다. 당연히 사람들과도 깊은 관계를 맺지 못했다. 병원에서 들려준 이야기는 이 정도가 전부였다.

1년 후 채널A 방송사의 다큐멘터리 제작을 도우며 이진영씨처럼 주소지와 사망 장소가 어린이병원인 공고문을 발견했다. 이우상씨 공고문에는 "2004년 8월 ○○일 서울시립어린이병원에 입원해 2013년 12월 ○○일 사망했다"고 적혀 있었다. 겨우 스물셋, 삶을 마감하기에는 이른 나이였다. 이전처럼 어린이병원에 전화를 걸었지만 그때와 달리 병원 측은 개인정보를 알려줄 수 없다며 취재를 거절했다.

다시 병원을 찾은 건 3개월 뒤였다. 무연고 사망자의 사망신고 여부를 취재하던 때였다. 두 사람의 사망신고 여부를 확인하고자 일단 병원에 전화를 걸었다.

"어린이병원에서 사망신고를 하는 경우는 없어요. 담당 구청에 물어보세요."

이진영씨의 공고문은 은평구청에서, 이우상씨는 송파구청에서 올라왔다. 송파구청은 "사망신고는 가족이 한다"고 답했다. "가족이 없더라도 구청에서 할 방법은 없다"고 덧붙였다. 은평구청의 대답도 같았다.

"어린이병원에서 사망했다면 병원에 문의를 해봐야겠죠. 이진영씨는 ○○보육원에서 살다가 몸이 아파서 1997년에 병원으로 이송됐더라고요. 4월 ○○일생으로만 나오고 주민등록번호도 없어요."

주민등록번호가 없다는 건 아예 출생신고가 안 되었다는 뜻이었다. 공고문에 적힌 번호는 '행려번호'였다. 이 번호는 부모가 알 수 없어 출생신고 의무자가 명확하지 않은 '행려아동'에게 주어진다. 행려아동 처리 절차는 구청도 자세히 알지 못했다. 서울시립어린이병원을 직접 찾아가 담당자를 만나는 방법밖에 없었다.

병원은 도심 한적한 곳에 위치했다. 빌딩이 많은 강남에서는 찾아보기 힘든 울창한 숲이 병원을 둘러싸고 있었다. 형형색색으로 꾸며진 유리문을 지나 건물 안으로 들어갔다. 고개를 들어보니 천장에는 별들이 수놓아져 있었다. 바로 오른편에 원무과가 있었다. 사무실 안에서 담당자가 우리를 기다리고 있었다.

"보통 유기되거나 길을 잃은 아이가 발생하면 구청이 보호자가 되어서 서울시 아동보호전문기관으로 아이를 보내요. 기관에서 연고를 찾죠. 연고자가 안 나타나면 아이는 보육원에 입소하거나 입양이 돼요. 만약에 아이가 아프면 중간에 저희 병원으로 오게 되죠. 치료가 끝나면 똑같이 보육원에 가거나 입양이 돼요."

입양 후 양부모가 보호자가 되거나 혹은 보육원 원장이 후견인이 되면 비로소 아이는 호적을 취득할 수 있다. 그때 출생신고도 같이 한다. 하지만 중증을 앓는 아이들의 경우는 다르다.

"중증인 아이들은 사회복지시설에서 케어할 수 없어요. 입양도 어렵죠. 복지시설에 가거나 입양이 되어야 출생신고가 되는데 이 아이들은 그 전 단계란 말이죠. 치료 기간이 길어지다 보니까 호적을 취득할 기회가 없는 거예요."

장애가 있어서 서울시립어린이병원에서 14년을 살았던 이진영씨도 결국 출생신고가 되지 않았다. 처음 발견되어 관련법에 따라 보호자가 된 서울 은평구청도, 그가 삶의 대부분을 보낸 병원에서도 출생신고를 하지 않았다. 대한민국에 태어나 30년을 살았으나 기록상으로는 존재하지 않은 사람인 것이다.

쪽방을 다니며 "모른다" 만큼이나 많이 들었던 말은 "수급자야"라는 말이었다. 2014년 여름 동자동을 취재했을 때가 특히 그랬다. 그날은 동자동에서만 총 5명을 취재했는데 1명을 제외하고 전부 '수급자'였다. "그 사람 수급자였어." 양주석씨에 대해 묻자 집주인이 이렇게 답했다. 유정호씨를 기억하는 통장은 '수급자'에 '말랐다'는 정보를 더했고 정세염씨가 살던 쪽방 주인은 "수급자이고 술을 많이 마셨다"고 했다. 오로지 '수급자'로만 기억되는 사람도 있었다. 박희남씨와 같은 쪽방에 살던 집주인은 직장, 가족, 생활 습관을 물을 때는 전부 "모른다"고 답했으나 "수급자였느냐?"는 질문에는 고개를 끄덕였다.

기초생활보장수급자에 대해 부정적으로 보는 시선도 존재했다. 임천씨와 같은 쪽방에 살던 이웃은 "수급자들 돈 받아서 술만 먹고 일도 하지 않는다"며 불만을 표출했다. 하지만 이들이 일을 하지 않았던 것은 기초생활보장제도 자체의 한계 때문이기도 했다. 동자동에서 만난 한 식당 주인은 "일을 하면 수급비가 끊기는데 지원을 안 받고 일을 해봤자 겨우 수급비만큼 번다"며 "그럼 누가 일을 하겠느냐"고 반문했다.

실제 우리나라 기초생활보장법은 일정 소득 이하여야 수급자 자격 유지가 가능하다. 돈을 벌게 되면 수급이 끊기거나 지급 금액이 적어진다. 근로소득이 증가하면 수급 급여가 감소하거나 자격이 상실되는 상황에서 수급자들은 일을 해서 돈을 버는 대신 수급비에 의존하게 된다.

수급자는 수급비를 받는다는 이유만으로 쉽게 사기 사건에 휘말리곤 했다. 오창현씨는 매달 46만 원씩 수급비를 받아 고시원 방세 20만 원을 냈다. 나머지는 생활비로 썼다. 그러던 어느 날 술집 점원이 그에게 계를 들면 돈을 부풀려주겠다며 접근했다. 꼬임에 넘어간 그는 결국 사기를 당했다. 당시 상황을 다 지켜보았던 고시원 주인은 그의 치지를 안타까워할 뿐이었다.

사기를 당했던 무연고 사망자는 그만이 아니다. 장애인이었던 송석기씨는 명의를 도용당해 대포 차량이 생기면서 수급비가 끊겼다. 자동차가 그의 재산으로 간주되었기 때문이다. 방세를 낼 수 없던 그는 그해 겨울 고시원에서 쫓겨났다. 그리고 거리에서 노숙 생활을 하다가 죽은 채 발견되었다.

한편으로 얼마 되지 않은 수급비마저 받지 못한 무연고 사망자들도 많다. 최명식씨는 죽기 직전 요양원에서 수급자 신청을 도움 받았다. 몸이 아파 더는 일할 수 없었기에 수급비를 받아 생활하려고 했다. 하지만 결국 실패했다. 수급자 신청을 도왔던 요양원 직원을 통해 그 이유를 들을 수 있었다.

"부모도 안 계셔서 전 부인께 연락했는데 단칼에 거절하시더라고요. 아드님도요. 할 수 없이 우리가 대리 신청을 하려고 했는데, 그렇게 갑자기 돌아가셨어요."

그의 경우 아내와 아들이 있어서 가족과 연이 끊겼다는 걸 별도의 서류로 증명해야 했는데 가족이 '가족관계단절사유서'를 써주지 않았다. 가족과 연을 끊었다 할지라도 수급자로 선정되기란 쉽지 않다. 한 요양병원 관계자는 "휴대전화나 통장 등의 내역 6개월치를 전부 제출해 가족과 연락하거나 거래한 내역이 없어야 수급자가 된다"며 높은 진입 장벽을 지적했다.

오창현 – "형제도 결혼하면 남이 돼요"

오창현	등록기준지		주소지	
1960년생. 남	서울시 중랑구 망우동 ○○○		서울시 종로구 숭인동 ○○○	
	사망 일시	사망 장소	안치 장소	사망 원인
	2013년 8월	거주지	서울백병원	불명

3~5층짜리 낡은 건물이 줄지어 있는 길을 걸었다. 편의점, 맥줏집, 약국 등 1층의 가게들은 다양했지만 위를 올려다보면 대부분 고시원 간판이었다. 오창현씨의 마지막 주소지이자 사망 장소인 고시원 건물은 특색이 없었다. 건물 한 쪽에 붙은 새주소 표지판을 보고 걷지 않았다면 그 건물이 공고에 나온 곳인지 모르고 지나칠 뻔했다.

주소를 확인하고 4층까지 계단을 걸어 올라갔다. 유리문을 열고 들어가자 바로 앞에 1평 남짓한 고시원 총무실이 보였고 오른쪽으로 방 10개 정도가 늘어서 있었다. 별다르지 않은 고시원 내부 모습이었다. 취재를 나온 날이 일요일이었던 탓인지 실내에는 오가는 사람이 보이지 않았다. 총무실 문도 굳게 닫혀 있었다. "방 문의: 010-○○○○-○○○○" 총무실 창문 앞에 붙은 번호로 전화를 걸었다. 전화를 받은 이는 중년 여성이었다. 우리가 고시원에 와 있다고 말하자 수화기 너머의 목소리가 곧바로 잦아들었다.

"지금 고시원에 왔어요? 안 들리게 얘기 좀 해주시고요. 사망자라 소문이 나면 안 돼요. 여기서 죽은 건 사실이고."

소리를 죽이며 다시 계단을 내려갔다. 고시원 바깥으로 나왔다고 전하자 여성은 자신이 고시원 주인이라며 오창현씨에 대한 이야기를 들려주었다. 그동안 취재하며 만난 고시원 주인들은 거주자의 얼굴과 이름 정도만 아는 게 대부분이었지만 그녀는 오창현씨의 삶에 대해 잘 알고 있었다. 할 말이 많아 보이기도 했다. 오창현씨처럼 고시원에서 세상을 뜬 사람을 여럿 보았다고 했다.

─오창현씨는 여기 얼마나 사셨어요?

"조사를 어떤 식으로 하는 거예요? 그 사람들 실태를 조사하는 거예요, 아님 가족이 요청했거나 그런 거예요? 실태 조사죠?"

─아, 저희는 학생들인데요, 무연고로 돌아가시는 분들이 어떻게 사셨는지 취재를 다니고 있어요.

"내가 그런 걸 현장에서 보면서 말하고 싶은 게 많았는데, 얘길 하면 공무원들이 다 자기 담당이 아니라는 거예요. 참 불쾌하게 근본적인 해결을 안 해주고. 그렇게 되면 죽을 수밖에 없는 거지. 잘 찾아오셨네."

─ 오창현씨는 평소에 어떻게 지내셨나요?

"가족이 없고 갑자기 죽었어요. 저런 사람들이 배운 것도 별로 없고 지식이 없잖아요. 거기다가 가족들하고도 관계가 안 좋은 경우가 많고. (오창현씨) 친구도 한 명 여기서 죽었어요. 가족들이 멀쩡하게 있어요. 그 친구 형이 마누라랑 애들하고 잘 살고 있는데, 형 가족 중에 제수씨나 형수는 남이잖아요. 그러니까 그 집에 못 가는 거야, 불편해서. 말은 오라 해도 형네도 귀찮아하니까. 어차피 수급자 되면 고시원 생활에 익숙해져서 절대 못 가요. 형수나 제수씨는 친형제하고는 또 틀려요. 여자들이 그냥 귀찮아해. 지 신랑하고는 잘 지내지만 시댁 식구는 다 싫고 그런 거 있잖아요. 하긴 오창현씨는 보니까 그런 형 가족도 없더라고."

─ 형제가 없다는 말씀이시죠? 결혼도 안 하셨어요?

"네. 고시원에 결혼 안 한 사람 많아요. 형제자매가 돌봐주고 이러면 좋은데 그 형제자매도 (결혼해서) 새로운 가족이 생기고 그러면 이런 사람이 내몰리는 거지. 근데 뭐 방법이 없더라고. 그렇게 혼자 지내다보면 못 먹어서 병 걸리고. 일단 끼니를 못 챙겨먹고 몸이 약한 상태에서 병에 걸리고, 치료도 못하고. 그런 게 심해지면 큰 병이 되고. 근데 일단 본인이 문제긴 해."

─ 어떤 문제를 말씀하시는 건가요?

"이 사람들이 수급을 받는데 그 수급비를 뜯어먹는 사람들이 있어요. 이 동네에도 술집 하는 여자가 (오창현씨에게) 계를 들라 그러더라고. 그리고 사기를 쳤지. 수급비가 정상적으로 쓰이지 않는다는 거야."

─ 직장은 없으셨어요?

"누가 일을 써주겠어요. 그래서 수급자들이 꼬임에 많이 빠진다는 거지. 다단계에 빠지거나 빚 독촉 받다가 죽을 수도 있고. 수급비 나오면 방값 내고 순댓국이라도 먹고 그러면 얼마나 좋겠어요. 안 그러고 천 원짜리 강소주 먹고 그러니 그걸 누가 책임져주겠어? 그런 식으로 수급비가 뜯긴다는 거죠. 저 사람들 힘이 없으니까. 또 수급 받는 사람들이 46만 원 받아서 방값 내고 나면 30만 원 남는데도 일을 못하게 하잖아요. 일을 좀 하면 20만 원이 끊긴다 하더라고. 그럼 나라에서 60만, 70만을 주지. 딱 40만 원만 주니까. 이것만 먹고살라고 하니까. 이런 것도 나라에서 일한다고 돈 뺏지 말고 그냥 일을 할 수 있게 하면 안 되나. 왜 안 되죠? 조금 도와주고 일은 일대로 할 수 있게 하고 그럼 좋잖아요."

— 오창현씨 여기에는 얼마나 사셨어요?

"잠깐 있다가 나갔다가, 또 다시 와서 살다가 죽었어요. 두 달 실다 죽은 기 같아. (죽기) 시흘 전에 걸어 다니는 걸 봤는데 주민센터에서 나오는 수급비가 줄었다면서 고시원비를 나눠서 주겠다고 하더라고. 그 얘기를 듣고 사흘 뒤에 죽었더라고 방에서. 그런 사람들이 다 아프더라고."

— 혹시 유품을 저희가 좀 볼 수 있을까요?

"유품도 없어. 버렸죠. 내 돈으로 다 치웠어요. 왜 내가 고시원 했다는 이유만으로 (방 청소에) 20만 원 이상을 써야 되죠? 고시원 청소부한테도 얘기를 꺼냈더니 '자기 일과 외에는 안 된다' 그래서 사람을 사서 했어요. 처음엔 과학수사대에서 치우지 말라고 했어요. 무슨 그게 타살이라고. 암튼 3~4일 방을 그대로 나뒀다가 방에 (시신) 냄새 다 배고 손님 다 놓쳤죠."

고시원 주인은 오창현씨처럼 고시원 생활을 벗어나지 못하고 고시원을 전전하는 사람이 많다고 했다. 그는 많은 사람들이 그렇게 술만 먹다 죽어가는 현실이 답답한 듯했다. 주인은 전화로 한 시간 가까이 그런 사람들의 삶이 어떻게 망가져가는지, 왜 가족과 정부 지원은 그렇게 비합리적인지에 대해 이야기했다.

"그래서 내가 하고 싶은 말은, 가족이 있어도 안 돌보고 방치하면 결국 이 사람들 죽어. 나는 가족들이 이런 상황을 좀 알아야 한다고 생각해. 차라리 버릴 거면 버려버리고. 진짜로 가족이 찾길 원하면 주민센터랑 연계를 해서 찾아야지. 다 죽었을 때 찾으면 뭐해."

최민성 – "올 설에는 주인집에서 주는 돈을 안 받더라고요"

최민성	등록기준지		주소지	
1967년생, 남	경기도 파주시 조리면 ○○○		서울시 종로구 돈의동 ○○○	
	사망 일시	사망 장소	안치 장소	사망 원인
	2013년 2월	거주지	서울백병원	미상

최민성씨는 돈의동 쪽방촌에서 10여년 동안 살았다. 친분까지는 아니더라도 동네 사람들과 어느 정도는 안면을 트고 지낸 듯했다. 쪽방 입구로 들어서며 만나는 사람들에게 최민성씨를 아느냐고 조심스럽게 물었을 때 대부분의 주민들이 "모른다"는 대답 대신 "죽은 사람을 왜 찾아?"라고 되물었다. 그러나 취재 목적을 밝히기 시작하면 이내 입을 다물었다. 나중에 알게 된 사실이지만 쪽방을

취재하러 기자들과 사회복지과 학생들이 하도 자주 드나들어서 외부인에 적대적이라고 했다.

동네 주민들은 그를 조용하고 소심한 사람으로 기억했다. 사람들과 어울리기보다 방에 혼자 있을 때가 많았고 함께 술을 마셔도 좀처럼 입을 열지 않았다. 항상 조용히 말하고 조심스럽게 행동했다. 통장은 "오래 살아서 얼굴하고 이름은 알지만 자세히는 모른다"며 같은 건물에 사는 쪽방 주인 할머니가 이 동네에서는 그를 가장 잘 알 거라고 했다.

최민성씨가 사망한 곳은 4층짜리 쪽방 건물이었다. 공고문을 보면 그는 이 건물 2층에서 살았고 그곳에서 죽었다. 반투명 현관문을 열자 바로 앞에 나무로 된 방문 두 개가 보였다.

ㅡ누구 안 계세요?

오른쪽 방문이 열리더니 주인 할머니가 고개를 내밀었다. 방바닥에 반쯤 누운 채였다. 그녀에게 최민성씨에 대해 물었지만 몸이 아프다며 그대로 돌아누웠다. 통장이 "그 할머니 뭘 말하는 걸 귀찮아해서 말해주려나 모르겠다"고 했던 말이 떠올랐다. 취재 거절이었다.

겨우 첫 단서를 얻을 수 있었던 곳은 쪽방촌 인근 인력사무소였다. 50대 초반으로 보이는 사장은 최민성씨와 잘 아는 사이라고 했다. 그에게 일자리도 여러 번 연결해주었다고 했다.

"들어온 지 오래됐어. 10년이 넘었지. 후배가 데리고 들어왔는데, 그 후배는 진즉 나갔어. 자기 일 찾아서. 민성이는 여기 눌러앉았고."

사장이 기억하는 그는 내성적인 남자였다. 주변 사람들과 교류가 거의 없었다고 했다. 술을 많이 마시기는 했지만 열에 아홉은 혼자 술을 먹었고 술자리에 어울리는 경우는 거의 없었다. 자기가 먼저 제안해서 노는 게 아니라, 주변 사람들이 "같이 술 한잔하자" 하면 마지못해 끼는 식이었다. 술자리에서도 이야기에 맞장구치거나 주도하는 일 없이 조용히 듣는 정도였다.

"평소에는 애가 내성적이라 가족사를 얘기를 안 해. 그놈은 유독 더 그랬어. 고향이 어디다 뭐 이런 얘기를 안 해. 내가 알기로는 경기도 놈인데, 어딘지는 확실히 몰라. 근데 누나가 수원 화성 쪽에 있다는 얘기만 얼핏 들었지. 제대로 들은 건 없고, 전화 통화를 하는 거 본 적도 없어."

최민성씨는 위에 지병이 있었다. 처음 돈의동에 들어올 때부터 몸이 좋지 않았다. 쪽방에서 지내면서 술과 담배를 많이 해서 건강은 더 악화되었다. 그나마 몸이 성할 땐 공사장에서 철근공으로 일했다고 한다. 기술이 있어야 할 수 있는 일이었다. 그러다 2~3년 전부터 몸이 안 좋아지면서 기초생활보장수급을 받기 시작했다. 그때부터는 본인의 이름으로는 일을 할 수 없었다. 수급비가 보통 40만 원가량 나오는데, 일을 시작하면 정부 지원이 끊긴다. 그래서 인력사무소 사장은 최민성씨를 다른 사람 명의로 일을 보냈다.

"예를 들어 (이 사람이) 최민성이다 하면, 홍길동으로 (바꿔서) 보낸다고. 걔들도 40만 원으로 한 달 생활이 안 되는 경우가 있을 것 아냐. 약 같은 거야 지원이 되지만 월세 24만 원 나가면, 뭐 가지고 생활하겠어. 그러니까 이젠 일주일에 한두 번 허름한 일을 나가. 래미콘 회사 같은데서 신호 보고 교통정리 해주는 일 같은 거. 내가 2, 3년 전부터 그 일을 시켰다고. 수급 받는 것까지 한 달에 한 백만 원 될 거야. 그걸로 그나마 생활을 했지."

사장은 그가 공사장에서 일할 때 필요한 휴대전화를 사주는 등 최민성씨와 가깝게 지냈다. 그런 사장이 그를 마지막으로 본 건 그가 죽기 5일 전쯤이었다.

"동네에서 마주쳐서 인사를 했어. 그 후에 계속 안보여서 집에 찾아가봤더니 집주인이 이미 죽어서 병원으로 갔다고 하더라고."

최민성씨가 죽은 날에 대해서는 돈의동 인근 구호단체 직원을 통해 들을 수 있었다.

"몇 가지 징후가 있었어요. 원래 좀 좋은 집주인들은 설이나 이럴 때 세입자들에게 뭐라도 사 먹으라며 한 만 원씩 주거든요. 그런데 최민성씨가 매번 그 돈을 받다가 올 설에는 안 받았다고 하더라고요. 먹을 걸 갖다 줘도 안 먹고 한겨울에 옷을 벗고 지내고…. 토 같은 것들 안 치우고 방에서 그대로 생활하기도 했대요. 그러다가 너무 기척이 없어서 어느 날 집주인이 문을 열어봤더니 죽어 있던 거죠."

직원도 최민성씨를 온순한 성격에 술 먹어도 문제 일으키지 않는 조용한 사람으로 기억했다. 보통 같이 일하는 사람들끼리 무리를 지어 어울려 다니는데 그런 곳에 끼는 것을 본 적이 없다고 했다. 최민성씨는 원래 돈의동 쪽방에 살았다가, 몇 년간 다른 쪽방을 전전했다고 한다. 그러다 다시 돈의동으로 돌아온 게 10년 전쯤이었다.

"쪽방마다 특징이 있어요. 어디는 되게 시끄럽고. 어디는 또 전혀 교류가 없고. 여기는 외로우신 분들이 살기 좋은 곳이죠. 근데 또 술 같이 먹고 그런 사이여도, 사람이 죽어도 딱히 안타까워하지 않아요."

왜냐고 물으니 직원은 곰곰이 생각하더니 이렇게 답했다.

"글쎄요. 친분이 적어서일 수도 있고 죽음에 무덤덤해져서 그런 것 같기도 하고요."

인력사무소 사장에게 들었던 이야기와는 조금 다른 내용이었다. 사장은 돈의동에 장기 거주자가 많아 다른 동네보다 서로를 잘 챙겨준다고 말했다. 사장은 "아프면 119에 신고하거나 챙겨주기도 하고, 가끔 들여다보기도 한다. 서로 잘 모를 수가 없는 게, 쪽방 특성상 옆집 소음 이런 게 다 들린다. 매일 콜록거리던 옆집 사람이 어느 날 잠잠하다? 그럼 이상하니까 한번 들여다본다"고 했다. 동네 사람들과 친분이 깊다는 사장의 말이 진실일지, 매일 쪽방을 돌아다니며 상담을 하는 구호단체 직원들의 말이 진실일지는 알 수 없었다. 혹은 두 가지 모두 진실일 수도 있었다.

취재를 마치고 2~5층짜리 건물 100여 채가 다닥다닥 붙어 있는 동네를 다시 거꾸로 돌았다. 오른쪽으로, 왼쪽으로, 다시 왼쪽, 왼쪽. 최민성씨의 흔적을 찾아 처음 이 동네에 들어섰을 때, 계속해서 길을 꺾으며 미로 같은 지형이라고 생각했다. 그 미로를 따라 다시 밖으로 나오니 길가에 노점상이 쭉 늘어서 있었다. 종로 한복판이었다.

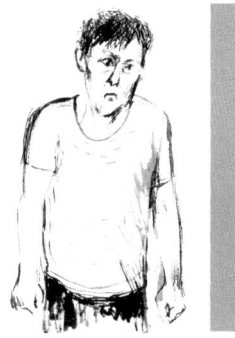

10장 의미가 없으면 희망도 없다

"삶에 소망이 없었어. 의지가 있었다면 충분히 살았을 텐데…."

김만호씨의 사망 소식을 뒤늦게 접한 우유가게 사장은 그의 죽음을 안타까워했다. 사장은 그가 이따금 고물을 팔던 고물상 옆에서 우유가게를 운영했다. 사망 당시 쉰여섯 살이었던 김만호씨가 한창 일할 나이에 집도 연고도 없이 떠도는 것이 안쓰러워서 사방으로 그를 도울 방법을 알아보았다.

주민센터에 찾아가 그의 사정을 설명하고 아침마다 거리를 청소하는 희망근로를 할 수 있게끔 도와주었다. 그가 생활할 노숙인쉼터를 알아봐주고, 슈퍼 사장과 함께 말소된 주민등록번호를 살려주었다. 하지만 그의 삶은 달라지지 않았다. 김만호씨는 희망근로에 나오지 않았고, 노숙인쉼터에서 스스로 퇴소해 다시 노숙 생활을 했다. 그는 추운 겨울 길에서 죽은 채 발견되었다.

"사람이 자기 스스로 삶의 의미가 없으면 안 되는 거야. 자기가 살겠다는 의지를 갖고 삶을 찾아갈 때 도움을 줘야 유익하지, 아니면 재기가 안 되더라고. 그 양반 오늘 살고 끝나버리는 것처럼 살았어. 내일을 예비하지 않았어. 그냥 하루 어떻게 목구멍에 풀칠하면

만족했어. 삶에 의욕이 없이. 연고도 없고 혼자니까 자기만 죽으면 끝이라고 생각했겠지."

김만호씨가 처음부터 삶에 의욕이 없었던 것은 아니다. 그에게도 목수일을 하면서 가정을 꾸렸던 시절이 있었다. 하지만 오토바이 사고로 다리를 절면서 일을 그만두어야 했다. 가족과도 멀어졌다. 불의의 사고는 그에게서 모든 것을 빼앗아갔다.

우유가게 사장은 그가 죽은 지 2년이 지났지만 여전히 그의 통장과 도장을 보관하고 있었다. 주민센터에서 매달 40만 원씩 지원해준 돈이 입금되는 통장이었다. 처음에는 김만호씨에게 돈을 직접 주었지만, 지원금을 술값으로 모두 날리자 사장이 대신 관리해주었다. 30만 원은 월세를 구하는 데 쓰고, 10만 원은 용돈으로 줬다.

"이젠 버려도 상관없지만 그냥 놔뒀던 거야. 찾아올 사람도 없는 거 아는데 못 버리겠더라고…."

불의의 사고는 한 사람에게서 건강과 일, 그리고 주위 사람을 앗아간다. 이근성씨는 고등학교를 졸업한 후 전선 관련 대기업에서 일했다. 건설 붐이 일 때는 중동에 다녀왔고, 식당 일도 했다. 한창 식당 일로 바쁠 때 버스에 치여 머리를 다쳤다. 아픈 몸으로 구할 수 있는 일은 일용직뿐이었다. 절망적인 상황에서 술을 마시기 시작했고, 친한 후배 한 명을 제외하고 사람들과 거의 연락하지 않았다. 그는 결국 결핵에 걸려 사망했다.

박호찬씨는 후천성 장애인이다. 건강할 때는 부인이 곁에 있었다. 아들과 딸을 낳아 키우며 식당을 운영했다. 그러다 불의의 사고로 청각장애인이 되었고, 가족과 멀어졌다. 들리지 않는 귀로 그가 할 수 있는 일은 고물을 주워 파는 일뿐이었다. 그의 친구는 "힘이 좋아서 하루에 100킬로그램씩 고물을 주웠다"고 했다. 하지만 다리 관절이 안 좋아지면서 이마저도 못하게 되었다. 이웃들은 그를 "365일 방 안에만 있던 사람"으로 기억했다.

사업 실패와 같은 한 번의 실수는 관계 단절로 이어졌다. 김근수씨와 부인 이숙자씨 사이에는 자식이 없었지만, 명절 때면 함께 시간을 보내던 양아들과 양딸이 있었다. 김근수씨가 사업할 때 만난 사람들이다. 하지만 그가 사업에 실패하자 이 관계는 쉽게 무너졌다.

최명식씨는 사업 실패로 아내와 이혼했다. 아들과도 사이가 멀어졌다. 이혼 후 술을 입에 댔다. 후배의 도움으로 택시 회사에 취업했지만, 과음이 문제가 되어 해고를 당했다. 그는 간경화로 사망했다. 고민영씨도 식당을 운영하다 파산해서 원래 살던 동네를 떠나야 했다.

실패로 인한 좌절감은 알코올의존증으로 이어지기도 했다. 최명식, 박성종, 김성명, 김정현씨 등의 직접적인 사인은 알코올성 간경화였다. 박성종씨 이웃들은 그를 '술 마시는 배불뚝이'로 기억했다. 그는 지나친 음주로 복수에 물이 차 사망했다. 아마추어 권투 선수였던 그는 결혼해서 슬하에 딸이 있었다. 하지만 프로 선수 데뷔에 실패한 후 술을 마시기 시작했다. 술은 잠깐의 위로가 되었지만 그를 더 고립시켰다.

무연고 사망자들에게도 살아보려고 발버둥치던 시절이 있었다. 이명호씨는 사업 실패 후 생계가 어려워진 뒤에도 다시 재기하고자 백방으로 노력했지만 결국 성공하지 못했다. 박호찬씨는 장애로 식당을 그만둔 뒤 고물을 주워서라도 생계를 이어가려고 했지만, 건강이 나빠지면서 이마저도 할 수 없었다. 이들에게 도움의 손길을 건네는 사람들이 있었지만 이미 스스로 삶을 포기한 뒤였다. 김만호씨를 도와준 우유가게 사장은 이렇게 말했다.

"처음에는 가정도 꾸리고 의지를 갖고 살려고 했겠지. 그런 삶을 오래 사니까 살아갈 희망이 없어진 거야. 게다가 사고당한 뒤로 버려졌단 말이지. 그러다 보니 삶을 포기해버렸을지도 몰라. 나아질 것 같지도 않고, 나를 받아줄 사람도 없고, 같이 살면서 의지할 곳도 없으니. 살겠다는 의지를 완전히 포기한 거야."

김만호 – "수십 년 만에 갑자기 만호가 나타났어"

김만호	등록기준지		주소지	
1957년생, 남	서울시 광진구 중곡동 ○○○		서울시 광진구 답십리로 ○○길 ○	
	사망 일시	사망 장소	안치 장소	사망 원인
	2012년 3월	서울의료원	서울의료원	급성 호흡부전 증후군

한 중년 남성이 길에서 쓰러진 채 발견되었다. 거주지에서 꽤 떨어진 면목동의 한 놀이터였다. 공고에 쓰인 내용으로는 그가 왜 거기서 죽었는지 알 수 없었다.

처음 찾아간 곳은 시장 안 슈퍼마켓이었다. 공고에 기재된 김만호 씨의 마지막 거주지였다. 시장에는 스물네댓 개의 상점이 죽 늘어서 있었다. 상인들은 손님들과 오랫동안 알고 지낸 것 마냥 자연스럽게 이야기를 나누었다. 서로의 안부를 궁금해하지 않는 서울에서 흔치 않은 풍경이었다.

"그 사람 여기 안 살았어요. 맞은편 주차장에서 노숙했지. 통장이 우편물이랑 이것저것 국가 혜택이라도 받게 할 요량으로 우리 가게로 주소를 해놓았죠."

슈퍼마켓 주인은 손님이 가져온 물건의 바코드를 찍으며 말했다. 김만호씨가 이 동네에 온 것은 2년 전이었다. 시장에서 오래 생활하지는 않았지만, 상인 대부분은 그를 기억했다. 지나가는 사람에게 먼저 말을 걸 정도로 붙임성이 좋았다고 한다. 시장 사람들은 그를 '백대가리'라 불렀다. 머리카락이 희다고 해서 붙은 별명이었다.

우리는 통장을 찾아갔다. 그는 슈퍼마켓 옆에서 꽃집을 운영하는 시장 상인이었다. 통장은 충청도 사투리가 섞인 어투로 느긋하게 말했다. "영하인 날씨에도 시장 바닥에서 노숙하는 게 딱해서 주소를 옮겨놓으면 동에서 뭐라도 받을까 해서 도와주었다"고 했다. 그런데 구청에 주소를 변경하러 가보니 김만호씨의 주민등록번호가 말소되어 있었다.

"그 사람(김만호씨) 말이, 전북 고창에 형님이 한 분 계시는데, 형이 주민등록번호를 말소시켰다더라고요. 형제 사이가 안 좋았는지, 술만 먹으면 형님 욕을 그렇게 많이 했어요. 형님이 시신 인수도 거부했다던데."

김만호씨가 이 동네에 처음 왔을 때 지낸 곳은 슈퍼마켓 앞 대중사우나였다. 매표소 여직원은 그가 목욕탕에서 6개월쯤 지냈다고 했다. 요금은 그가 폐지를 주워다 주던 고물상에서 내주었다. 목욕탕에서 생활할 때 김만호씨는 깔끔해 보였다. 그런데 언제부터인가 목욕탕에서 술을 예닐곱 병씩 마시기 시작했다. 결국 손님들의 항의로 목욕탕에서 쫓겨났다. 이후 그는 목욕탕 옆 주차장에서 지냈다.

"한번은 노숙인 보호소에 들어갔어요. 시장에 우유 배달하는 분이 추운 겨울에 노숙하는 게 안타깝다고 쉼터에 보내줬죠. 근데 얼마 안 돼서 나오더라고요. 답답하다면서. 얼어 죽어도 여기가 편하다며 다시 왔죠."

김만호씨는 노숙인쉼터에서 석 달가량 생활했다. 통장은 그가 오랫동안 노숙을 해서 규칙적인 생활을 버티지 못한 것 같다고 했다. 술을 많이 마시는 그에게 특히 금주는 힘들었을 것이라고 덧붙였다. 주차장으로 돌아온 후부터 그의 혈색은 눈에 띄게 나빠졌다. 얼마 안 가 그는 시장을 떠났다.

그와 가장 친했다던 우유가게 사장을 찾아갔다. 우유갑을 정리하던 아저씨를 불렀다. 아저씨는 "뭐요?" 하며 찡그린 표정으로 우리를 경계했다. 김만호씨에 대해서 묻고 싶어서 왔다고 하자 금세 경계를 풀고 요구르트까지 쥐어주며 이야기를 시작했다.

"과부랑 면목동에서 살았어요. 과부한테 아들이 한 명 있었는데 같이 살았죠. 면목동에서 목수일 할 때 만났다고 하더라고요. 그때는 뭐 돈도 잘 벌었으니까. 오토바이 사고로 다리 그렇게 되고 나서 헤어졌대요. 술 먹고 일자리 잃으니까 쫓겨난 거죠 뭐."

그에게도 가족과 함께 살았던 시절이 있었다. 서류상의 가족은 아니지만, 아들이라 부를 사내아이가 있었고, 아내라고 부를 여자도 있었다. 하지만 불의의 사고로 모든 것을 한순간에 잃었다. 다리를 다치면서 평생 해온 목공 일을 그만두어야 했다. 불편한 몸으로 중년의 나이에 가질 수 있는 직업은 그리 많지 않았다. 일용직을 전전했고 생계는 어려워졌다. 결국 그는 불우한 인생에 행복을 가져다줄 것만 같았던 아내와 아들을 떠나보내야만 했다. 일자리를 잃는 순간 가정도 잃었다.

우리는 김만호씨가 일했던 고물상 아저씨의 증언을 토대로 면목동에 있는 한 놀이터를 찾았다. 아저씨는 김만호씨가 시장을 떠난 후 놀이터에서 생활하는 것을 보았다고 했다. 실제로 놀이터 옆 경로당에서 그의 어린 시절을 기억하는 할아버지 몇 분을 만날 수 있었다. 알고 보니 면목동은 그가 태어나고 자란 동네였다.

"1년 전쯤인가…. 만호가 갑자기 수십 년 만에 나타난 거야. 한참을 안 보이더니 여기서 노숙하더라고. 저기 (뒷산을 가리키면서) 면목4동에 살았어. 판자촌이었을 때부터."

할아버지는 김만호씨의 소꿉친구를 소개해주었다. 그는 김만호씨의 어린 시절을 또렷이 기억했다. 어릴 적 김만호씨는 내성적이라 자기 얘기를 안 하는 편이었다. 일찍 어머니를 여의고 홀아버지 슬하에서 자란 영향이 큰 것 같다고 했다. 성인이 된 후에도 면목동에서 생활했다. 그곳에서 조적기술공으로 일하며 가정을 꾸렸다. 그런데 어느 날부터인가 그가 보이지 않았다. 그리고 일 년 전쯤 그는 모두가 놀랄 만큼 초췌한 몰골로 돌아왔다.

김만호씨는 죽기 전 면목동을 찾았다. 이 동네는 김만호씨가 유일하게 가족과 함께 살았던 곳이다. 어린 시절 면목동에서 부모, 형제와 살았고 장년이 되어 새 가정을 꾸렸다. 그가 살았다던 판자촌에는 고독해 보이는 고층 아파트가 들어서 있었다.

"의지만 있었다면 충분히 살 수 있었죠. 주민센터에서 많이 도와줬거든요. 매달 월세 10만 원씩 나오지, 희망근로로 돈도 갚게 해줬지. 교회에서는 밑반찬 주지, 명절이면 선물 나오지. 그랬는데도 의지가 없었어요."

　우유가게 사장은 김만호씨가 길에서 죽었다는 것을 안타까워했다. 통장은 물론 슈퍼, 고철가게, 생선가게 주인 등 많은 사람이 그를 도왔다. 누군가는 추울까봐 전기 히터를 가져다주었고, 또 다른 누군가는 다리를 고쳐주려고 백방으로 병원을 알아봐주었다. 그럼에도 그는 삶을 개선하지 못하고 홀로 죽었다.

　– 김만호씨는 왜 그렇게 죽을 수밖에 없었을까요?

　우리의 질문에 우유가게 아저씨는 이렇게 말했다.

　"소망이 없었죠. 가정에 대한 소망…. 같이 살 사람이 없으니까 잘살 생각을 안 한 거죠, 뭐."

최명식 – "이혼하더니 갑자기 술에 손을 대기 시작하더라고"

최명식	등록기준지		주소지	
1954년생, 남	서울시 도봉구 도봉동 ○○○		서울시 도봉구 도봉로 ○○○길 ○○○	
	사망 일시	사망 장소	안치 장소	사망 원인
	2013년 4월	○○요양병원	○○대학병원	간경화

　도봉역을 나와 한참을 걸었다. 길목은 좁아졌고, 건물은 늘어났다. 굽이굽이 골목을 지나 어렵사리 최명식씨가 살았던 고시원 간판을 발견했다. 건물 입구, 유리문에는 군데군데 청테이프가 붙어 있었다. 문을 열자 계단이 끝도 없이 이어졌다. 곳곳에는 쓰레기들이 나뒹굴었고 본디 흰색이었을 벽은 갖가지 색으로 물들어 있었다.

"배다른 누나가 있을 거예요, 아마. 부모하고는 일찍 헤어진 것 같던데. 아무하고도 연락하지 않는 것 같았어요."

고시원 주인은 최명식씨가 아내와 이혼했다고 말했다. 그 후 그는 고시원에 들어와 4년 동안 머물렀다. 주인은 그가 직장 동료를 제외하고는 아무도 만나지 않고 혼자 지낸 것으로 기억했다. 그밖에 그에 대해 알고 있는 건 없었다.

최명식씨의 마지막 일터인 ○○택시에 찾아갔다. 고시원에서 멀지 않은 곳이었다. 사무실 안 직원들은 망연히 모니터를 바라보고 있고, 곳곳에는 사훈을 비롯해 기운을 북돋우는 포스터가 덕지덕지 붙어 있었다. 주차장 한편에는 같은 복장을 갖춰 입은 한 무리의 운전사들이 보였다. 그들은 담배를 피우거나 커피를 마시며 담소를 나누고 있었다. 그 틈바구니에서 최명식씨와 가장 가깝게 지냈다는 지인을 만날 수 있었다.

지인은 최명식씨의 초등학교 6년 후배로 둘은 어린 시절을 함께 보냈다. 둘은 한동안 연락이 뜸했다가 ○○택시에서 재회했다. 최명식씨는 이곳에 오기 전에 사업을 했고, 어느 기업 회장의 운전사로도 일했다. 후배는 "그 형이 원래는 참 성실했는데 이혼하더니 갑자기 술에 손을 대기 시작했다"며 그가 사업 실패로 이혼했을 거라 짐작했다. 최명식씨는 아내와 헤어진 후 술을 마시기 시작했지만 그렇다고 일을 빠지지는 않았다.

"아들놈이 하나 있었다고. 개망나니였지. 가정이 그러니 뭐가 제대로 됐겠어. 형이 이혼하고 좀 지나서 군대에 있는 아들한테 만나자고 했나봐. 그랬더니 그 개망나니 놈이 다시는 연락하지 말라고 했나봐. 으이구. 장례 때도 안 나타났으니 말 다한 거지 뭐."

아들에게서 외면당한 뒤 최명식씨는 술을 더 많이 마시기 시작했다. 깨어 있는 시간은 얼마 없었고 일 나오는 횟수도 줄었다. 결국 그는 해고당했다. 후배의 도움으로 다른 택시 회사에 취직했지만, 거기서도 같은 이유로 그만두게 되었다. 그러고도 그는 매일 술을 마셨다. 보다 못한 후배는 자신이 소개해준 택시 회사에 재입사할 수 있도록 도왔다. 하지만 그의 건강은 더 이상 직장 생활을 할 수 없을 정도로 망가져 있었다.

우리는 ○○택시를 나와 그가 사망한 ○○요양병원으로 향했다. 요양병원은 도봉역에서 멀지 않았다. 문을 열고 들어서자 휠체어에 의지한 노인들이 보였다. 어떤 사람은 멍하니 벽을 응시하고, 또 어떤 사람은 알아들을 수 없는 말로 직원들과 대화하고 있었다. 낯선 이의 등장에 눈길 한번 보낼 뿐, 그들은 각자의 일상으로 빠르게 복귀했다.

원무과를 찾아 최명식씨에 대해 물었다. 분주하게 서류를 정리하던 직원은 우리를 사무실로 인도했다. 사무실 직원은 또다시 응접실로 안내하며 오렌지주스를 내왔다. 그에 따르면 최명식씨는 처음 요양병원에 왔을 때 무일푼이었다. 건강이 악화되어 더 이상 일을 할 수 없는 상태였다. 그런 그를 내보낼 수 없어 일단은 받아주었다고 한다. 그때부터 약 한 달간 그는 이곳에서 생활했다.

"최명식씨가 돌아가신 게 저희가 기초생활보장수급자 신청을 하려고 서류를 준비하던 중이었어요. 부모도 안 계셔서 전 부인께 연락했는데 단칼에 거절하시더라고요. 아드님도요. 할 수 없이 우리가 대리 신청을 하려고 했는데, 그렇게 갑자기 돌아가셨어요."

최명식씨가 병원에 있는 동안 그를 찾아오는 사람은 아무도 없었다. 그의 마지막 순간을 지킨 건 가족도 직장 동료도 아니었다. 요양병원 직원들이었다.

박성종 – "한 사람도 안 온 거야. 그게 가슴이 아프단 거 말이야."

박성종	등록기준지		주소지	
미상, 남	–		서울시 영등포구 영등포동 ○○○	
	사망 일시	사망 장소	안치 장소	사망 원인
	2012년 12월	서울시 구로구 가리봉동 ○○○	○○장례식장	병사

    나이, 성별, 구체적인 사인 등 어느 것 하나 제대로 나와 있지 않은 무연고 사망자 공고문을 발견했다. 이름을 보고 남자일 거라 짐작할 뿐이었다. 그런데 공고문을 훑어보다가 여섯 글자가 눈에 들어왔다. "유족 시신 기부." 그의 죽음을 외면한 채 살아가는 가족이 있다는 말이다.
    많은 인파가 오고 가는 영등포역 삼거리. 거대한 빌딩과 화려한 쇼핑몰이 먼저 눈에 들어왔다. 그곳에서 불과 몇십 미터 떨어진 곳에 박성종씨의 생전 거주지가 있었다. '토마스의 집'이었다. 무너질 듯한 2층 건물 간판에는 "도와주세요"라는 문구와 함께 전화번호가 적혀 있었다. 역 앞에서 느꼈던 활기는 없었다. 회색빛 건물들, 퀴퀴한 냄새, 눅눅한 공기. 노숙인들을 위한 무료 급식소였다. 간판에 적힌 번호로 전화를 걸었다. 전화를 받은 이는 그곳이 그저 급식을 나눠주는 곳일 뿐, 급식소에 거주할 수는 없다고 했다.
    "우리 급식소를 이용했던 쪽방 주민이었나봐요. 거기 주민들한테 물어보세요."

전화를 끊고 오른편 골목으로 눈길을 돌렸다. 길목에는 낮부터 술에 취한 사람 몇몇이 어슬렁거리고 있었다. 영등포 쪽방촌은 '토마스의 집' 뒤편에 자리하고 있었다. 거리에 나와 있는 할아버지들은 대부분 만취 상태라 대화가 불가능했다. 40대 후반으로 보이는 한 남자는 소주병을 들고 우리에게 같은 말을 반복했다.

"친구? 여기엔 그런 거 없어. 자고 일어나면 몽땅 훔쳐가는 게 영등포 바닥이라고. 다 거지야, 거지."

골목 옆 구멍가게에서는 할머니들이 모여 텔레비전을 보고 있었다. 박성종씨에 대해 묻자 할머니들은 어렵지 않게 그를 떠올렸다.

"그 얼마 전에 죽은 사람? 술꾼 있잖아 왜."

"아, 배 나온 아저씨? 맞네, 성종이."

할머니들은 그를 '술 마시는 배 나온 아저씨'로 기억했다. 그게 전부였다. 얼굴만 몇 번 마주친 정도였고, 말 한마디 제대로 나누어 본 사람은 없었다. 그저 날씨가 어떻다는 식의 가벼운 대화가 전부였다고 했다. 구멍가게를 나와 골목 오른편에 위치한 요양병원에서도 마찬가지였다. 병원 직원은 "박성종"이라는 이름을 듣고 단번에 누군지 기억해냈다. 그 역시 "배가 잔뜩 부푼 채로 술을 마시다가 돌아가신 분"이라고 했다. 그게 끝이었다.

요양병원의 소개로 병원 맞은편에 있는 복지센터를 찾았다. 그곳에서 이 쪽방촌을 관리하는 복지사를 만날 수 있었다. 박성종씨에 대해 묻자 제일 먼저 해준 말 역시 '술'이었다.

"술을 정말 좋아하셨어요. 아마 돌아가신 것도 술 때문일 거예요. 여기 계신 분들이 대부분 알코올의존증이기도 하지만, 그중에서도 제일 술을 좋아했죠. 배가 이렇게 나와 가지고서도 계속 술을…."

박성종씨는 복수가 가득 찬 배를 품고도 술병을 놓지 않았다. 그리고 밥 때에 맞춰 '토마스의 집'으로 가서 무료 급식으로 끼니를 해결했다. 복지센터에서 알 수 있는 것은 여기까지였다. 복지센터는 복지사가 턱없이 부족해서 쪽방촌 관리에 허덕이고 있었다. 이런 현실에서 복지사가 특정 주민의 개인사까지 챙기는 건 결코 쉽지 않을 것이다. 복지사가 말했다.

"보호자를 자청하며 마지막을 함께한 사람이 있어요."

이강완씨였다.

"바로 옆방 사시는 분이예요. 그분도 술을 많이 드시는 분이기는 한데…. 나머지는 그분하고 얘기해보세요."

'토마스의 집' 바로 옆 건물에는 주의를 기울이지 않으면 그냥 지나칠 법한 작은 철문이 있다. 그 문을 밀고 들어서서 좁은 계단을 오르자 복도를 따라 쪽방들이 늘어서 있었다. 이강완씨의 방은 복도 끝이었다. 빛이 들지 않는 복도는 어두침침했고, 창문이 한두 개뿐이라 환기가 되지 않았다. 꽉 막힌 공간에 찌든 술 냄새가 코를 찔렀고, 눅눅한 기운이 온몸을 휘감았다. 이강완씨 방 옆 방문에는 "6호 박성종"이라고 적혀 있었다.

이강완씨는 술에 잔뜩 취한 채 방에 누워 있었다. 박성종씨의 이름을 듣자 그는 힘겹게 몸을 일으켰다. 자신을 박성종씨의 보호자라고 소개하면서 장례를 치러주었다고 했다. 대화는 거기까지였다. 술에 많이 취해 있어 더는 대화하기가 어려웠다. 그는 내일 다시 오라고, 내일은 꼭 술을 마시지 않고 있겠다며 다시 자리에 누웠다. 다음 날 우리는 점심거리를 챙겨 이강완씨를 다시 찾아갔다. 그는 철문 앞까지 나와 우리를 기다리고 있었다.

"그 새끼가 부산에서 뭔 일을 좀 했다고 하더라고. 자세한 얘긴 못 들었고. 무슨 일용직을 해서 돈 벌어 가지고 영등포에 십몇 년 전에 왔어. 그때는 돈이 있었는데, 다 뺏긴 거야. 그러고 밖에서 자는 걸 내가 여기로 데려왔어."

이강완씨는 박성종씨의 첫인상을 허우대 멀쩡하고 훤칠한 40대 남자로 기억했다. 박성종씨와 술 한잔한 것을 계기로 형님, 동생 하며 지내게 되었다. 그는 서글서글한 성격의 박성종씨가 마음에 들었다. 그래서 자신이 살고 있는 집의 건물 주인 아주머니에게 소개해 방을 구해주었다. 이유는 하나였다.

"불쌍하고 안타까워서. 다른 이유가 있나, 뭐."

박성종씨는 젊었을 때 아마추어 권투 대회에서 4강까지 오르며 프로선수 데뷔를 꿈꾸었다. 하지만 데뷔에 실패했고 그 좌절감을 술로 해결했다. 그 안에 잠재된 폭력성은 술이 들어가면서 범죄 수준에 이르렀다. 폭력은 함께 살던 어머니에게로 향했다.

"그 새끼가 어머니를 때렸어. 그러니까 딸이 (아버지로) 인정을 안 해주는 거야. 할머니 패는 걸 보면서 '저건 아빠가 아니다' 그렇게 생각을 했겠지."

그는 가족도 돈도 모두 잃은 상실감을 쪽방에서 술로 달랬다. 기초생활보장수급비를 받아 절반은 방 값으로 내고 나머지는 술값으로 썼다. 정신이 멀쩡할 때는 방에서 혼자 텔레비전을 볼 때뿐이었다. 술에 취하면 밖으로 나와 주민들에게 시비를 걸고 폭언을 퍼부었다. 동네에서 일어나는 크고 작은 싸움에서 주인공은 늘 '술 취한 성종씨'였다. 이강완씨를 제외하고는 아무도 그를 찾지 않았다.

과음으로 5년 전부터 간경화가 악화되면서 합병증이 왔고 배에 복수가 차올랐다. 그는 이강완씨의 손에 이끌려 가리봉동의 ○○병원을 찾았다. 의사는 "더 이상 손 쓸 수 없는 상태"라고 했다.

"병원비가 삼백, 사백 이렇게 나오는데⋯. 그놈이 잘했으면 주변에서 도와줬을지도 모르는데, (도와주겠다는 사람이) 한 사람도 안 나타났지."

박성종씨는 복수를 서른 번 넘게 빼는 힘든 치료 과정을 모두 견뎌낼 정도로 삶에 대한 의지가 강했다. 이후 건강 상태가 호전되자 이강완씨를 따라 교회에 나가기도 했다. 둘은 오류동 ○○교회에서 '새 가족 되기 프로그램'을 함께 이수했다.

이강완씨는 벽에 붙은 수료증을 한참을 바라보더니 결국 참았던 눈물을 비쳤다.

"이놈이 12월에 죽을 때까지 돌봐줬어. 국민장례식장에서 수의하고, 염하고, 뭐하고. 그랬더니 150만 원을 달래. 해주고 싶어도 내가 돈이 어디 있어. 그래서 그랬지. '주민센터에서 가족한테 통보해 놨으니 잠깐 기다려봅시다.' 그런데 한 사람도 안 온 거야. 그게 가슴이 아프다 이 말이야, 나는. 눈물이 나, 눈물이."

최용훈 - "매일 병원에서 살다시피 하는데 사나 마나 한 삶이었지"

최용훈	등록기준지		주소지	
1958년생, 남	서울시 성동구 응봉동 ○○○		서울시 중구 동호로○○길 ○○○	
	사망 일시	사망 장소	안치 장소	사망 원인
	2014년 1월	자택	서울백병원	불명

동호로 ○○길 110-1. 공고에 적힌 최용훈씨의 집 주소다. 동호로 ○○길에서 110번지와 111번지는 보였지만, 110-1번지는 찾을 수 없었다. 오래된 공장인 110번지 문 앞에는 쓰레기가 담긴 리어카가 있었다. 공장에서는 중년 남성 둘이 일하고 있었다. 110-1번지가 어딘지 묻자 "모른다"는 답이 돌아왔다. 이 부근 같은데 근처를 둘러봐도 되느냐고 묻자 두 남성은 "마음대로 하라"며 일을 계속했다.

우측 문으로 나가자 컨테이너 박스가 줄지어 있는 좁은 골목이 나왔다. 바로 옆 컨테이너 박스에는 "동호로 ○○길 100-1"이라고 적힌 파란색 새주소 표지판이 달려 있었다. 공장 뒤편에 있어서 찾지 못했던 것이다. 문을 두들겼지만 반응이 없었다. 공장에 다시 들어가 옆에 있는 컨테이너 박스가 뭐하는 곳이냐고 묻자 "공장 창고"라고 했다. 허락을 받고 창고 안으로 들어섰다. 오랫동안 사람이 다닌 흔적이 없어 보이는 창고에는 거미줄만 가득했다. 먼지 날리는 흙바닥에 서 있자니 제대로 숨을 쉬기도 어려웠다. 사람이 살 만한 곳이 아니었다.

'노숙자였을까?'

무연고 사망자 중에는 노숙했던 사람이 많다. 하지만 공고에 거주지로 나와 있다면 실주거지일 가능성도 배제할 수 없었다. 110-1번지가 여러 집에 걸쳐 있는 건 아닌가 싶어서 주위를 둘러보았다. 창고 건물 외벽에 "100"이라는 숫자가 검은 매직으로 쓰여 있었다. 그 골목에 있는 다른 컨테이너 박스에도 숫자가 쓰여 있었다. 100-1, 100-2, 100-3 등 번지수가 분명했다. 골목에서 나오는 중년 남성에게 110-1번지를 아느냐고 물었다. "이 안쪽에도 집이 많으니까 거기로 가봐." 그가 가리킨 곳으로 향하자 한 사람이 겨우 지나갈 수 있을 정도의 좁은 골목이 나왔다. 컨테이너로 꾸려진 쪽방 밀집 지역이었다.

"어디서 나왔소?"

골목 어귀에 들어서자 60대로 보이는 한 남성이 말을 건넸다. 자신을 쪽방촌 반장이라고 소개한 이 남성은 이 쪽방 골목에서만 24년째 살고 있다고 했다.

"최용훈이요? 집 주소가 어딘데?"

우리는 공장 창고를 가리켰다.

"거기는 임씨 집인데…. 여기 최씨는 없어요. 잠깐만 기다려봐요."

반장은 집에 들어가서 쪽방 주민 명단을 들고 나왔다.

"그 집에는 아무도 안 살고 있다고 쓰여 있는데? 거기는 예전에 임씨가 살았어. 지금은 창고야. 임씨가 죽은 뒤로는 방으로 안 써. 임씨가 살아있을 땐 옷 만드는 공장이었어. 임씨는 백 살도 넘었는데 58년생은 절대 아니야. 여기에 최씨는 한 사람밖에 없는데, 골목 안쪽에 한 집. 걷지도 못하는 장애자인데, 그 집 한번 볼 테요?"

쪽방 반장을 따라 간 집 외벽에는 공장 창고에서 보았던 매직으로 쓰인 숫자가 보였다. "110-1." 문 앞에 쌓인 우편물에 최용훈 씨 이름이 정확히 적혀 있었다.

"○○복지관, ○○장애인 협회, ○○장애신문…."

대부분 장애 관련 단체에서 온 우편물이었다. 문 앞에는 벽돌 세 개만 한 묵직한 돌이 놓여 있었다. 공고에 적힌 사망 장소가 집

주소와 같은 것을 볼 때, 최용훈씨가 집에서 사망한 뒤 집주인이 아무도 못 들어가게 문을 막아 놓은 것으로 추정됐다.

"올 초에 죽었어. 방 안에서. 1월이면 맞아, 이 집이야. 이 양반 잘 알지. 투석받던 사람이야. 많이 아팠어. 휠체어를 타고 댕겼다니까. 여기서 한 2년 살았어. 사나 마나였지. 매일 병원에서 살다시피 하는데. 병원에 한번 들어가면 사나흘씩 있다 나오고 여기 와서 하루 이틀 있다가고. 일주일에 한 번씩 투석 받고 그러다가 죽었어."

무연고 사망자로 등록되어 있어서 찾아왔다고 하자 반장은 깜짝 놀라는 눈치였다.

"아니, 마누라도 있고 딸도 있는데? 그런 게 어디 있어. 어떻게 시신 인수를 안 해."

반장은 최용훈씨에게 같이 살지는 않았지만 이혼한 전 부인 사이에서 낳은 딸이 있다고 했다. 유품정리사가 경찰에게 들은 이야기라고 했다.

"(유품정리업체에서) 살림을 치우러 사람들이 왔어. 부인하고 딸이 안 와서 그 사람들이 온 거라고 경찰이 그러데. 물건을 싹 다 정리해갔어. 맨날 문 앞에 있던 휠체어도 치웠잖아. 하긴 나라도 같이 못 살지. 마누라가 어떻게 살아. 돈도 못 벌고 장애자에다 투석받고 있는 사람이랑. 국가에서 돈 나오는 거 다 투석비로 들어가는데 어떻게 같이 살겠어."

반장의 허락을 받고 최용훈씨가 살던 방에 들어가보았다. 성인 남성이 세 명 누우면 꽉 찰 것 같은 1평 남짓한 방이었다. 살림살이라고는 벽에 걸린 다이아몬드 모양의 나무 옷걸이가 전부였다. 방 옆에는 싱크대가 하나 놓여 있었다. 화장실은 없었다. 반장은 화장실을 스무 집이 공용으로 쓴다며 골목 어귀를 가리켰다.

"방에서 죽으니까 경찰이랑 주민센터에서 와서 이것저것 묻는데 내가 어떻게 대답해. 이사 올 때 반장인 나한테 와서 인사하고 누구라고 신고해야 알 거 아니야. 신고도 안 하고 그냥 와서 살았어. 그러니까 죽어도 아무도 모르는 거야. 여기 아는 사람도 없어요. 여기 사는 사람들 다 할머니들인데, 친하게 지낼 만한 사람이 어디 있어. 그리고 나부터라도 환자하고 친구 안 하지. 독불장군처럼 왔다 갔다만 하고 아무랑도 말을 안 해. 창백해서 금방 쓰러질 것 같은 얼굴로."

사망한 최용훈씨를 처음 발견해서 신고한 사람은 앞방에 사는 할머니였다. 공사장에서 일손을 돕고 있는 앞방의 할머니는 사오일 정도에 한 번꼴로 집에 들어왔다. 그날은 운 좋게도 느지막한 저녁에 할머니를 만날 수 있었다. 할머니는 "최용훈씨와 가끔 대화를 나누고 몇 번 먹을 것을 나누어주었을 뿐, 별다른 교류가 없었다"고 했다.

"나는 친분 없지. 장애인이었잖아. 피 투석하는 사람이야. 가족도 없어. 어딘가에 딸이 있다는데 찾을 수가 있나. 난 여기 살지는 않고 왔다 갔다만 해서 잘 몰라. 집주인한테 전화가 와서 발견된 거야. 전기세가 이상하게 많이 나왔다고 확인해보라고 해서 가봤더니 안에서 아무 말이 없잖아. 그래서 내가 경찰에 신고했지. 죽은 지 일주일쯤 됐대. 전기장판이랑 수도 다 틀어놓고 죽었나봐. 문제 될 것도 없어. 혼자 있다가 죽은 건데."

이길수 – "밤새도록 벽 치고 난리였어"

이길수	등록기준지		주소지	
미상, 남	경기도 남양주시 진전읍 ○○○		서울시 영등포구 45길 ○○-○	
	사망 일시	사망 장소	안치 장소	사망 원인
	2013년 8월	경기도 부천시 원미구 상동 ○○○-○	○○○병원 장례식장	병사

사람들로 북적이는 시장 골목으로 들어섰다. 상가가 더는 보이지 않을 때까지 안으로 걸어가자 인적이 드문 길목이 나타났다. 이길수씨의 공고문에 적힌 주소지는 시장 한구석에 자리 잡은 허름한 여관이었다. 무연고 사망자 중에는 주소지가 여관인 경우가 꽤 있었다. 그런 경우 여관 주인들은 대부분 "여관에서는 깊은 대화를 나누지 않는다"고 했다. 이번에도 별다른 기대 없이 여관으로 들어갔다. 이길수씨에 대해 묻자 주인이 문을 빼꼼히 열더니 밖으로 나왔다. 예상대로 여관 주인의 첫마디는 "몰라요"였다.

"난 잘 몰라요. 여기서 서너 달 살았나. 일도 안 하고 수급자였어. 그 양반 쓰러져서 병원으로 갔는데. ○○고시원에서 더 오래 살았어요."

여관을 나와 고시원으로 향했다. 다행히 주인이 나와 있었다.

"여기서 생활한 지 4~5년 됐을 거예요. 거의 나하고 같이 들어왔을 거야. 여긴 짧게 살다가 나가는 사람 많으니까 잘 몰라요. 보통 '보현의 집' 같은 복지시설에서 많이 왔다가 다시 나가고 그러거든요."

– 이 분 직장이 있었나요?

"고시원에 들어올 때부터 수급자였어요. 예전에 다니던 직장이 있었나. 그건 잘 모르겠네요"

― 연세가 어떻게 되죠?

"예순 정도?"

― 혹시 지병이 있으셨어요?

"정신적으로 문제가 있었지. 약을 먹지 않으면 잠을 못 잤어요. 밤새 돌아다닌 적도 있어요. 수면 장애가 있으니까 술을 먹는 거야. 먹고 자려고. 병원 가보라고 했는데 안 가고 고집을 부렸어요."

― 주로 혼자 드셨나봐요?

"아뇨. 같이 먹는 사람들 있었어요. 근데 그냥 술만 먹는 친구예요. 술 같이 먹는 사람들. 그 이상의 관계가 아니라고요. 병원에 가면 쳐다보지도 않아요. 그 사람들한테 물어봐야 아무것도 모를 걸요? 지금은 다 나갔어요."

― 가족은 모르세요?

"동생이 있어요. 다른 가족들은 모르겠네요. 자식이 없으니까 수급자가 됐겠죠? 동생도 고시원에서 전화를 하면 안 받아요. 여기 전화번호 뜨면 딱 끊어버려요. 자기도 먹고살기 힘드니까. 여러 번 전화하면 어쩔 수 없이 와요. 형이 병원은 안 가고, 술 먹고 밤새도록 벽을 치고 난리니까 동생 불러서 방 빼라고 했어요. 뺄 때 보니까 동생이 노가다 한 복장으로 왔더라고. 가까운 데도 아니고 멀리서 왔다고 하더라고. 동생이 잘살면 모르지만, 없이 사니까 형제들도 서로 부담 주고 싶지 않고. 우리는 동생한테 전화라도 하는데 형은 절대 안 해요. 그만큼 서로 부담 주기 싫은 거지."

스스로 삶을 포기한 사람들

+ 홍영암 | 1959년생, 남

　공고문에는 사인이 "일산화탄소 중독"이라고 적혀 있었다. 사망 장소는 3층짜리 빌라로 방문 당시 1, 2, 3층 모두 사람이 없었다. 옥탑방에서 사람이 죽어 경찰이 왔다는 주변 상인들과 이웃 주민들의 말을 볼 때 그곳에서 자살한 것으로 추정된다. 일주일 뒤 다시 그 집을 찾았을 때 집주인의 며느리는 "원래 집을 세 준 분이 있는데, 그 사람이 아는 분한테 다시 세를 준 것 같다"고 했다. 마지막 주소지는 여관이었다. 여관 주인은 홍영암씨가 사망한 사실을 모르고 있었다. 그는 중국집 주방장으로 일했고 여관에서는 몇달밖에 살지 않았다고 한다. 아는 사람이 살던 방이 비었다는 말을 듣고 그곳으로 옮겨갔다. 옮겨갔다는 곳이 홍영암씨가 자살한 것으로 추정되는 옥탑방인 듯했다. 여관 주인은 "부모님은 돌아가시고 형제는 있는 것 같은데 사이가 좋지 않았던 것 같다"고 했다. 주인은 방세도 딱히 밀리지 않고 착실한 사람으로 홍영암씨를 기억했다.

+ 최우선 | 출생연도 미상, 남

　"이사 온 지 보름 만에 죽었어요. 그 사람 후배인가 누가 얘기해서 경찰이 열어보니까 이미 죽어 있었어."(최우선씨 사망 장소의 관리인)
　"또 죽었구나. 내 그럴 줄 알았어. 그 사람 여기서도 자살 시도를 했어. 우울증으로 죽었을 거야. 병원에서 우울증 치료를 받았대. 경찰은 알 텐데, 경찰에서 조사하러 나왔었거든. 이 사람은 결혼도 안 하고 혼자 살았지만 다른 사람들에 비해 여유 있게 살았어. 직장도 있었어. 자기 말로는 가게에서 일했대. 방세가 월 40만 원이야. 여기서 7년 있었나. 근데 한 달 전쯤에도 우울증 약을 먹고 자살 시도를 했었어. 그날(자살 시도를 한 날) 그 사람 지인들이 찾아왔더라고. 전날 같이 식사를 한 모양이야. 식사를 했는데 우울증 약을 복용하고 이상한 얘기를 하더래. 그 사람들이 이상하다고 방 좀 보자고 해서 내가 방에 가 봤지. 문 따고 들어갔는데 (최우선씨가) 자살 시도로 죽어가고 있는 거야. 병원에서 처치받고 살아서 나왔는데 내가 내쳤어."(주소지였던 여관 주인)

◆ 하선빈 ǀ 1948년생, 남

서울 관악구의 한 다가구주택에서 2013년 8월 목매 자살했다. 한 집에 세 가구가 살았지만 어느 누구도 하선빈씨가 죽은지 몰랐다. 주민이 외벽에서 수십 마리 구더기 떼를 발견하고 경찰에 신고해 뒤늦게 시신이 발견됐디. 등록기준지는 전남 영암군이다. 과거 성남에서 페인트공으로 일했다. 그의 형제가 페인트 공장 사장이었다. 일을 그만둔 뒤로는 막노동을 했다. 동네를 전전하다 7년 전 이 집에 왔다. 술을 자주 마시고 술에 취해 계단을 구른 적이 여러 번 있었다.

◆ 조진수 ǀ 1956년생, 남

"서울 성동구 성수동○가 ○○ 내부순환로 교각사이에서 밧줄로 목을 매고 사망한 채 발견됐음."(무연고 사망자 공고 중 일부)

◆ 송대용 ǀ 1965년생, 남

"변사자는 2013년 9월 경상북도 상주시 ○○면 ○○리 소재 주택

에서 자살한 상태로 발견됨."(무연고 사망자 공고 중 일부)

• 유희선 │1974년생, 남

"2013년 1월. 서울 성동구 용답동 ○○○번지 3층 옥탑방에서 장롱 봉걸이에 머플러와 벨트를 묶어 고정시킨 후, 목을 매고 자살한 상태로 발견됨."(무연고 사망자 공고 중 일부)

11장 여성의 무연사는 무엇이 다른가

총 209명의 무연고 사망자 중 여성은 15명이었다. 그중 이은주, 황인수씨는 주소지가 주민센터라서 취재가 불가능했다. 손난영씨의 경우 공고문에 주소가 잘못되어 있었다. 신숙영씨의 주소지는 여관이었는데, 여관 문이 닫혀 있었다. 주변 상인들 말로는 여관 주인이 3일 전 사망했다고 한다.

심신희씨는 거리에서 발견되었다. 당시 경찰이 지문 감정을 의뢰했으나 인적 사항을 알 수 없었다. 고영자씨의 주소지는 고시원이었다. 고시원 주인과 총무 모두 그를 모른다고 했다. 신자영씨 주소지는 서초구 방배동의 고급 빌라였다. 공동 출입문에 비밀번호를 입력해야 들어갈 수 있는 곳이었다. 경비들이 삼엄하게 지키고 있어서 오가는 주민들을 뒤따라 들어가기도 힘들었다. 신자영씨가 그곳에 살았는지조차도 알아내지 못한 채 취재가 종결됐다.

결국 우리가 조금이나마 삶의 흔적을 알 수 있었던 여성은 총 8명, 전체 여성의 절반에 불과했다. 숫자가 매우 적어서 취재록에 "여자 케이스가 귀해, 이 여성 분은 좀 더 열심히 취재하자" 같은 메모를 적어놓기도 했다.

김은숙씨는 성매매 여성이었다. 그의 등록기준지와 마지막 거주지 모두 영등포의 한 성매매 업소였다. 영업소에서 만난 50대 성매매 여성은 처음에는 김은숙씨를 알지 못한다며 귀찮다는 눈길을 보내더니 무연고 사망자 공고를 보고 왔다는 말에 방 안쪽에서 "수미"라고 불리는 여성을 불러주었다. 수미씨는 "김은숙씨가 성매매 업소에서 계속 일했으며 몇 년 전 수원으로 옮겨갔고 이후 죽었다는 말을 들었다"고 했다. 그들 모두 대화 자체를 꺼려해서 더 이상 물어보기가 힘들었다. 공고에 따르면 김은숙씨는 수원의 한 병원에서 죽었고, 수원시의 화장터에 묻혔다.

이상수씨의 마지막 주소지는 서울 동대문구의 한 요양병원이었다. 우리가 찾아갔을 땐 병원 리모델링 공사가 진행 중이서 입원 환자는 없었다. 공사 현장에 있던 병원 관계자는 기록을 조회해보더니 "5월 28일에 들어오셔서 6월 4일에 스스로 퇴원했다"고 말했다. 주소지가 말소되어 정부 지원을 받지 못하자 병원을 주소지로 해두었다고 한다. 그전에는 ○○대학교 병원에 있었고, 퇴원한 이유는 알 수 없었다. 몰래 곁눈질한 차트에는 "남동생 ○○년생 승마선수"라는 문구가 적혀 있었다. 그 남동생은 어떤 이유에서인지 누나의 시신 인수를 포기했고, 이상수씨는 무연고 사망자가 되었다.

이숙자씨의 집은 ○○동의 고급 아파트였다. 이곳을 찾았을 때 집 안에 있던 한 여성은 "그냥 같이 살던 분"이라고 했다. 도우미 아주머니 정도로 생각했으나, 문에 붙어 있던 교회 스티커를 보고 찾아간 교회에서 뜻밖의 이야기를 들었다. "이숙자씨가 아들 내외와 함께 교회를 자주 찾았고, 얼마 전 ○○동 아파트로 이사 갔다"는 말이었다. 이숙자씨와 '그냥 같이 살았다던' 여성이 며느리일 가능성이 커보였다. 만약 그렇다면 왜 시어머니의 시신 인수를 포기했는지 알 수 없는 일이었다.

김소진씨는 요양병원에 올 당시부터 거의 의사 표현을 못하는 중증 환자였다. 2010년 12월 병원에 와서 2013년 11월에 사망했다. 기관 절개를 해서 말을 할 수 있는 상태가 아니었던 터라, 병원에서도 김소진씨와 이야기를 나눈 적이 없었다. 병원 관계자는 "가족이 전혀 없는 무연고자"라고 했다.

서명인씨는 다리가 좋지 않아 주로 병원과 집만을 오갔다. 관리사무소 직원에 따르면 임대 아파트에 살던 그를 찾아오는 가족은 없었다. 정부에서 파견된 간병 도우미가 사후에 유품을 정리해주었다. 성당에 다녔지만 2009년 이후로는 기록이 남아 있지 않아 언제까지, 또 얼마나 자주 성당을 오갔는지는 알 수 없었다.

이영숙 – "아들이 있다는 말을 듣고 매우 놀랐죠"

이영숙	등록기준지		주소지	
1923년생, 여	경기도 용인시 처인구 모현면 ○○○		서울특별시 광진구 뚝섬로 ○○○	
	사망 일시	사망 장소	안치 장소	사망 원인
	2012년 10월	○○병원	○○병원	유방암

3년 전인데도 이영숙씨를 처음 찾아갔던 날이 또렷이 기억난다. 5월이란 사실이 믿기지 않을 정도로 무더운 봄날이었다. 그날 서울 기온이 28도까지 올랐다. 푹푹 찌는 더위 속에서 거리를 한창 헤맸다. 마지막 거주지가 지하철역에서 꽤 먼 탓도 있었지만, 해당

주소가 상가 건물일 거라 생각하지 못한 이유가 더 컸다. 그가 살던 7층짜리 상가를 세 번이나 지나친 후에야 거주지를 찾았다.

이영숙씨가 생애 마지막을 보냈던 곳은 ○○요양병원이었다. 상가 빌딩 두 개 층을 임대해 운영 중이었는데, 4층은 남자 숙소, 6층은 여자 숙소였다. 여성이었던 이영숙씨는 당연히 6층에서 생활했다. 출입문은 비밀번호를 눌러야만 열렸다. 대낮에도 보안이 철저했다. "어떻게 오셨나요?" 초인종을 누르자 젊은 여성의 목소리가 들렸다. 취재 목적을 설명하자 굳게 닫힌 문이 열렸다.

할머니들이 출입문 앞 소파에 모여 삼삼오오 이야기를 나누고 있었다. 그중 한 할머니가 "누굴 찾아왔느냐"고 물었다. 취재차 왔다고 하자 그 할머니는 "여기는 가족 같은 분위기"라고 설명했다. 언뜻 보기에도 할머니들끼리 사이가 좋아 보였다. "이쪽으로 오세요." 인터폰으로 들었던 목소리의 여성이 우리를 사무실로 안내했다. 50대로 보이는 이 여성은 요양보호사였다. 자신이 이영숙씨를 담당했다고 소개했다.

"할머니가 여기 계신 건 6개월 정도예요. 처음 왔을 때 꽤 오랫동안 안 씻은 것 같았어요. 냄새가 심했죠. 특별히 친했던 분은 없었어요. 이곳에 들어올 때부터 거동이 불편했던 상태라 사람들과 친분을 쌓을 만한 상황은 아니었어요. 유방암이 다른 데로 많이 전이돼서 거의 병실에서만 생활했어요."

여자 숙소의 정원은 15명이었다. 같이 생활했던 할머니들은 대부분 이영숙씨 이름을 듣고 누군지 알았지만, 늘 병실에 누워 있던 할머니 정도로만 기억했다. 이영숙씨를 이 요양병원에 데려온 사람은 병원 원장이었다. 요양보호사는 "교회나 주민센터를 통해서 왔을 것"이라고 말했다. 이곳에서 지내는 동안 찾아온 가족은 손자가 유일했다. 손자가 찾아온 것도 한 번뿐이었다. 그 외에는 이영숙씨가 오랫동안 다녔던 교회에서 두세 번 가량 사람들이 찾아왔다.

요양병원에는 아무도 찾아가지 않은 이영숙씨의 유품이 남아 있었다.

"혹시 가족이 찾아올지 몰라서 보관하고 있었어요."

유품이라고 해보았자 가로, 세로, 높이가 30센티미터가량 되는 작은 박스가 전부였다. 우리는 유품을 볼 수 있냐고 물었다. 요양보호사는 한참 고민하더니 "곤란하다"며 거절했다.

요양병원에서 5분 거리에 있는 다른 요양병원을 찾았다. 요양보호사가 더 자세한 이야기를 듣고 싶으면 원장을 찾아가보라고 권했기 때문이다. 원장을 만나 취재 목적을 설명하자 흔쾌히 취재에 응해주었다. 우리는 원장실에서 대화를 나누었다.

"제가 할머니를 데러왔어요. 아프기 전에는 개성이 강하고 밝은 분이셨어요. 요양병원에 온 지 얼마 안 되어 병이 급속도로 악화되면서 말도 거의 못하셨죠. 기초생활보장수급자라서 병원비는 수급비로 냈어요. 자식들이 찾아온 적은 없었어요. 손자가 딱 한 번 찾아온 게 전부예요."

우리에게 호의를 갖고 이영숙씨에 대해 말해주던 원장이 갑자기 말을 멈추었다. 별생각 없이 인터뷰 내용을 스마트폰으로 녹음했던 것이 화근이었다. 원장은 허락 없이 대화 내용을 녹음한 것에 불쾌해했다. 곧바로 미숙한 탓에 실수를 했다고 사과했지만, 이미 원장은 많이 화가 난 뒤였다. 몇 시간 뒤에 음료를 사들고 사과하러 다시 병원에 들렀지만, 원장은 만날 생각 없다며 돌아가라고 했다. 병원에서 유일하게 손자와 교회 사람들을 만난 취재원과 대화할 기회를 놓치고 만 것이다.

요양보호사와 주민센터 직원을 통해 정보를 더 얻어보려고 했지만, 새롭게 알게 된 사실은 없었다. 일주일 뒤 다시 요양원을 찾았다. 원장은 부재중이었다. 직원을 통해 받은 전화번호로 연락했지만, 대신 전화를 받은 원장의 남편에게 또다시 거절을 당했다. 어찌할 바를 몰라 요양원 건물 밖에서 서성이다가 원장과 우연히 마주쳤다. 또다시 인터뷰를 부탁했지만, 할 이야기가 없다며 차를 타고 가려고 했다. 한 가지만 묻고 싶다며 붙잡았더니 차에서 내렸다.

"○○교회에 오래 다니셨어요. 할머니가 임종하실 때쯤 교회 사람들이랑 같이 손자가 찾아왔어요. 아들이 있었지만 시신을 끝내 거부했죠. 요양원에서 가족이 시신을 거부한 경우는 처음이었어요. 그래서 마음이 좋지 않았어요. 교회랑 저희가 반반씩 돈을 내서 장례를 치르려고 했는데, 정부에서 가족이 있는 경우 가족이 아니면 시신을 인수할 수 없다고 해서 못했어요. 할머니는 서른여덟에 유방암에 걸리셔서 오랫동안 고생했죠. 내가 해줄 수 있는 얘기는 여기까지예요. 이제 더는 찾아오지 마세요."

그 주 일요일 이영숙씨가 오랫동안 다녔다던 ○○교회를 찾았다. 예배당이 하나뿐인 작은 동네 교회였다. 오후 2시경 교회를 찾았을 때 집사 혼자 청소를 하고 있었다. 집사는 오늘 교회 행사가 있어서 목사와 교인들이 교회에 없다고 말했다. 무슨 일로 찾아왔냐는 질문에 이영숙씨에 대해 묻고 싶어서 왔다고 하자 "그분과 오랫동안 알고 지냈다"며 자신이 말해주겠다고 했다. 알고 보니 요양병원에 이영숙씨를 찾아왔던 교회 사람이었다.

"우리 교회가 1984년도에 세워졌는데, 할머니가 1987년도부터 나오셨어요. 아흔이 넘으셨으니 30년 넘게 다니신 거죠. 원래는 교회 바로 옆에 살았는데, 10년 전쯤에 자양동으로 이사했어요. 이사 가서도 교회는 꾸준히 나오셨죠. 3년 전까지만 해도 매주 나왔어요. 건강이 급격히 안 좋아져서 병원 신세를 지셨죠. 병원에 입원하면서부터 나오시지 않았어요."

집사는 이영숙씨를 매우 밝고 사람들과 대화하는 걸 좋아하는 사람으로 기억했다. 길을 오가는 사람들과도 이야기를 나눌 정도로 붙임성이 좋아 동네에서 유명했다고 말했다. 젊은 시절 학교에서 학생을 가르쳤던 그녀는 아는 게 많고 말을 잘해서 주변에 사람이 늘 많았다. 교회에서 늘 어울리는 친구가 네 명 있었는데 지금은 모두 사망했다.

그녀는 혼자라서 힘들다는 말을 자주 했다. 그래서 교인들은 모두 이영숙씨가 결혼을 안 했거나 가족들이 모두 죽은 줄로만 알았다. 지하방에 살 정도로 생활은 궁핍했다. 교회에서 매달 지원해주는 25만 원과 기초생활보장수급비로 나오는 65만 원으로 생계를 이어갔다. 집에서 하수구 냄새가 날 정도로 청소와 정리 정돈이 안 되어 있었다. 오랫동안 암 투병을 하느라 집안일을 혼자 하기 어려웠지만, 그에게는 도와줄 가족이 없었다.

"아들이 있다는 건 병원에서 처음 들었어요. 그전까지는 전혀 몰랐죠. 모두 놀랐어요. 아들은 중국에 산대요. 손자는 한국에 있대서 할머니가 돌아가시기 직전에 같이 병원을 찾았어요. 평소 손자와 연락하고 지낸 것처럼 보이진 않았어요. 할머니가 돌아가신 후에 아들하고 연락한 적이 있었는데, 중국에서 돌아오면 시신을 인수하겠다고 하더니 결국 안 했어요. 아들이 할머니 자식이 아니라 할아버지가 다른 사람 사이에서 낳은 자식이라는 말을 듣긴 했지만 확실하진 않아요. 매우 사교적인 분이셨는데 가족에 대해서는 전혀 얘기하지 않았거든요. 나중에 아들이 있다는 걸 듣고 물어봤는데 더는 얘기하고 싶지 않다고 하셨어요."

전순이 – "사고로 일가족이 죽었어"

전순이	등록기준지		주소지	
1929년생, 여	서울시 중구 청구로 ○○○		서울시 중구 신당동 ○○○	
	사망 일시	사망 장소	안치 장소	사망 원인
	2012년 5월	국립중앙의료원	국립중앙의료원	패혈성 쇼크

전순이씨는 생전에 서울 중구에 있는 2층짜리 단독주택에 세 들어 살았다. 2층은 집주인 내외가 살고 1층 방 세 개에는 각기 다른 세입자가 들어와 있었다. 취재차 방문했을 때 집주인은 부재중이라 전순이씨 옆방에 살았던 세입자만 만날 수 있었다. 그는 전순이씨가 이곳에 1년 정도 살다 죽었고 이웃과 특별한 교류는 없었다고 했다. 평소에 집 밖으로 잘 나오지 않고 가끔 병원에 가는 정도였다고 한다. 이웃은 "가족 관계는 잘 모르겠지만 조카가 있다는 이야기는 들었던 것 같다"고 했다.

이웃에게 전순이씨가 ○○교회에 다녔다는 이야기를 듣고 교회에 찾아가 보았다. 집에서 20분 정도 거리에 있는 교회는 제법 큰 규모였다. 평일이라 예배가 없는 듯했고 사람이 거의 다니지 않는 본당에는 교회 직원으로 보이는 한 남성이 교구를 정리하고 있었다. 그는 전순이씨의 이름을 듣더니 고개를 가로저으며 "그 나이대의 할머니가 워낙 많이 다니셔서 이름 하나하나를 기억하진 못한다"고 했다. 혹시 목사는 알지 않을까 싶어서 일요일에 목사에게 한번 물어봐달라고 요청하며 연락처를 남겼다.

취재는 여기에서 막혔다. 공고문 외에는 가진 정보가 별로 없기에 보통 마지막 주소지에서 단서를 얻어 계속 취재를 이어나갔는데, 첫 취재 장소에서 별다른 이야기를 듣지 못하면 할 수 있는 게 별로 없었다. 이대로 취재를 끝내야 할지 고심하던 중 그의 등록기준지가 같은 서울 중구인 게 눈에 들어왔다. 우리는 논의 끝에 등록기준지로 발걸음을 돌렸다. 사실 등록기준지가 서울인 경우에는 대부분 찾아가도 얻은 것이 없기에 큰 기대는 하지 않았다. 태어난 곳이 서울 중구라는 정보가 있다면 거기에서 우리가 알 수 있는 것은 서울 토박이가 아니었을까 싶은 정도였다.

언덕길을 빙빙 돌아 언덕 중턱에 있는 낡은 1층짜리 주택 앞에 도착했다. 어느덧 밤이 되어 사방이 온통 컴컴했다. 파란색 대문을 수차례 두드렸지만 안에서는 응답이 없었다. 불도 켜져 있었고 텔레비전 소리도 들리기에 살짝 열려 있던 대문을 조심스레 밀고 안으로 들어갔다. 다시 안쪽을 향해 "아무도 안 계세요?"를 외치길 수십 번. 드디어 한 할머니가 얼굴을 내밀었다. 자신을 최금자라고 소개한 할머니는 전순이씨를 잘 알고 있었다.

"그 사람 원래 고향은 강원도 강릉이야. 그런데 20년도 더 전에 이 동네에 왔을 때 주민등록번호가 말소된 상태였지. 내가 안타까운 마음에 주민등록번호를 살려주려고 강릉에 있는 주민센터에 문의를 했더니, 그 사람도 포함해서 일가족이 다 사망했다는 내용을 보내줬어. 그 사망했다는 일가족 중에 남편도 있더라고. 내가 주민센터에 그 사람 살아있다는 걸 알리고, 내 집을 본적으로 해서 다시 주민등록번호를 만들어줬지."

그렇게 해서 전순이씨의 등록기준지가 최금자씨의 집이 된 것이다. 강릉에 살 당시, 일가족이 모두 죽은 사고가 있었던 듯했다. 사고가 처리되는 와중에 전순이씨까지 사망자로 처리되었다가 최금자씨의 도움으로 주민등록증을 다시 만들게 된 것이다.

나중에 그녀가 사망한 국립중앙의료원을 찾았을 때 들은 이야기도 동일했다. 원무과 직원은 "연고자를 찾으려고 노력했는데, 연고자가 아예 없었다"고 했다. 가족이 시신 인수를 거부한 것이 아니라 직계 가족이 아예 없었다고 보는 게 맞을 듯했다.

그녀는 주민등록번호를 다시 살린 후 생활보호자 신청을 할 수 있게 되었고, 크게 부족하지 않게 살 수 있었다. 생활보호자 신청을 도와준 것도 최금자씨였다.

"이 동네 오기 전에 목욕탕을 하다가 친정 재산을 다 잃었다네. 이 동네에 와서 살다가 가정부 일도 하고 그러다 내가 주민등록번호를 살려주면서 생활보호자 신청도 했고, 그 이후로는 정부에서 나오는 돈이랑 구청 노인 일자리, 그거 하면서 풍족하게 살았어."

서울에 조카도 있었다고 했다.

"조카도 둘이나 있는데, 서울 와서 조카 한 번 만난 게 전부라고 하더라고."

정말 조카가 있었는지, 왜 그 조카들과 만나지 않는 것인지는 알 수 없었다. 하지만 적어도 전순이씨는 여기저기 활동도 많이 하고 다른 이웃들과도 교류하며 지냈던 것 같았다. 동네 노인정에도 매일같이 갔다고 했다.

"매일 동네를 돌아다녔어. 이 활동 저 활동 많이 하고, 자기 자랑하고 다니느라 바빴지."

최금자씨 역시 마찬가지였다. 그는 취재 후 우리를 배웅하며 "내일 아들이 올 예정"이라고 했다. 한 달에 한 번씩 병원에 가는데 그때마다 성북구에 사는 아들과 함께 간다고 했다. 혼자 살지만 자녀들이 자주 찾아오고, 할머니 역시 봉사 활동 등 여러 일을 하느라 늘 바빠 보였다.

며칠 후, 전순이씨가 자주 갔다던 경로당을 찾았다. 경로당은 할머니와 할아버지가 지내는 공간이 나뉘어져 있었는데 할머니들 방은 닫혀 있었다. 바로 맞은편 방에서 할아버지 서너 명이 담소를 나누고 있었다. 할아버지들은 가끔 얼굴만 보았을 뿐 대화를 해보시는 않았다고 했다. 전순이씨를 기억하는 사람이 없어 경로당을 나왔다. 2분쯤 걷자 삼삼오오 모여 있는 할머니들이 보였다. 혹시 전순이씨를 알고 있을까 싶어 먼저 말을 꺼냈다. 할머니들은 자신들도 경로당에 다닌다며 그녀를 안다고 했다.

"이 동네에서 오래 살아서 경로당에도 자주 왔어. 그냥 오셔서 같이 이야기 나누고, 밥 해먹고 그랬지. 돌아가시기 얼마 전부터는 아파서 거동도 못하고 그때부턴 경로당도 잘 안 나오더라고. 말을 많이 해보진 않았어. 근데 나쁜 사람은 아니었어."

앞서 만났던 최금자씨의 말과는 조금 달랐다. 최금자씨는 전순이씨가 활발한 성격에 이웃 사람들과 잘 어울려 다녔다고 했다. 그래서 자기 자랑을 많이 하고 다니는 수다스러운 할머니를 떠올렸지만, 경로당에서 말을 듣고보니 조용히 경로당을 오가는 할머니였던 듯했다. 어떤 것이 실제 모습인지는 알 수 없었다.

조선영 – "아마 가족들은 엄마가 살았는지 죽었는지 모를 거예요"

조선영	등록기준지		주소지	
1930년생, 여	서울시 성북구 돈암동 ○○○		서울시 성동구 자동차시장길 ○○	
	사망 일시	사망 장소	안치 장소	사망 원인
	2013년 12월	서울시 성동구 ○○요양병원	–	병사

조선영씨는 생애 마지막을 요양병원에서 홀로 맞이했다. 가족과 함께 임종을 맞이하지 못한 채 요양보호사가 지켜보는 앞에서 숨을 거두었다. 우리는 그녀가 마지막으로 지냈던 서울 성동구의 한 요양원을 찾았다. 역에서 나와 10분 쯤 걸었을까. 멀리서 구급차 한 대가 보였다. 엘리베이터를 타고 올라가 벨을 눌렀다. 방문객 출입이 제한되어서 방문 목적을 확인한 뒤에야 들어갈 수 있었다.

평일 한낮에도 요양원은 고요했다. 이곳저곳을 둘러봐도 병원에는 노인과 요양보호사뿐이었다. 젊은 사람들이 오랜만인지 몇몇 노인들은 우리를 힐끔힐끔 쳐다보기도 했다. 우리는 어색한 걸음을 떼며 데스크로 향했다. 조선영씨에 대한 이야기를 듣고 싶어서 왔다고 하자 직원이 잠시 기다리라고 했다. 몇 분 뒤 직원이 김명진 행정부장을 소개해주었다. 김명진 부장이 우리를 행정실로 안내했다.

김명진 부장은 조선영씨를 '온화하고 예의 바른 환자'로 기억했다. 그에 따르면 조선영씨는 2012년 요양병원이 개원할 때부터 있었다. 그 병원에 오기 전에는 ○○교회에서 운영하던 요양원에서 지냈다. 교회 목사와 친분이 있어서 거의 돈을 내지 않고 생활할 수 있었다. 당시 요양원에 있던 환자 10명 중 3명이 그녀와 같은 교회 신도였다. 2012년 다른 사람이 요양원을 인수하면서 주인이 바뀌었고 57명의 환자가 이곳 요양병원으로 오게 되었다.

요양원을 전전했던 그녀는 수급비로 입원비를 냈다. 한 달 입원비가 60만 원이 넘지만 정부 지원을 받는 수급자는 7만 원 내면 되었다. 김명진 부장에 따르면 기초생활보장수급자 신청일을 기준으로 6개월 내에 자식과 통화한 내역이 발견될 경우 수급자가 될 수 없다. 조선영씨가 기초생활보장수급자였다는 건 이미 6개월 전에 자식과 연락이 끊겼다는 뜻이다. 슬하에 아들과 딸이 있으나 둘 다 오래전 외국에 나갔다. 주위에 돌봐줄 가족이 없어서 입원비를 내고 남은 돈으로 간병인을 썼다.

"10~20년 전부터 자녀들이랑 연락을 안 했어요. 이유는 모르죠. 엄마가 싫어서 자녀들이 외국을 간 건지 아니면 그냥 어쩌다 외국에 나가서 자리를 잡은 건지."

'다른 가족은 없었을까?' 김명진 부장도 남편에 대해서는 알지 못했다. 평소 그녀를 찾아온 사람도 없었다고 했다. 시간이 흘러 2013년 여름, 조선영씨는 요양원에서 폐혈증으로 사망했다. 장례식장에 시신이 안치된 지 두 달이 지났지만 연고자가 나타나지 않았고 결국 무연고 사망자로 처리됐다.

"아마 가족들은 조선영씨가 살았는지 죽었는지 모를 거예요."

김명진 부장은 그녀와 가깝게 지내던 환자를 소개해주었다. 몇 분 뒤 휠체어를 탄 한 할머니가 방으로 들어왔다. 과거 ○○교회가 운영한 요양원에서 조선영씨와 함께 지낸 동갑내기 친구였다. 김명진 부장은 말귀가 어두운 할머니를 배려해 한 톤 높은 목소리로 취재 목적을 알렸다.

기억을 더듬던 할머니는 ○○교회에서 조선영씨를 처음 만났다고 했다. 처음 보았을 때는 그녀가 한 할아버지와 나란히 앉아 있었다고 했다. 나중에서야 그 할아버지가 조선영씨의 죽은 남편이 생전에 데리고 있던 사람이라는 걸 알게 되었다.

한동안 조선영씨와 할머니는 사이좋게 지냈다. 거동이 불편한 조선영씨를 대신해 할머니가 그녀의 통장에서 돈을 찾아주기도 했다. 통장에는 백만 원이 넘는 잔고가 찍혀 있었다.

"예전엔 잘살았대. 영동(강남의 옛 지명) 출신이라고 하더라고. 명문고 나왔다고 하고. 근데 말을 시켜보니까 알파벳도 몰랐어."

방을 옮기면서 할머니는 자연스레 조선영씨와 더 멀어졌다. 며칠 후 화장실 앞에서 쓰러지는 조선영씨를 보고 걱정이 되어 방에 찾아갔지만 간병인이 만나지 못하게 했다.

"찾아오는 사람도 없고 외로웠어."

할머니는 조선영씨 아들이 장애인이고 다리가 아프다고 했으나 이 또한 환자들 사이에서 떠도는 소문일 뿐이었다. 과거 직장에 대해서는 할머니도 아는 바가 없었다.

할머니는 ○○교회 장로의 전화번호를 가지고 있었다. 번호를 받아 통화를 시도했으나 장로는 조선영씨를 전혀 모른다고 했다.

2부

남자를 무역고자로 만드는 사회

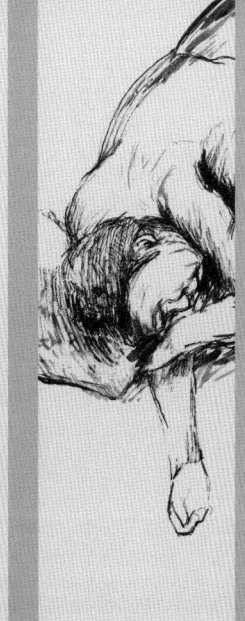

12장 경제력을 잃자 관계가 무너졌다

가족이 아니라도 시신 인수는 가능하다

"연고자가 없는 사람은 없어요."

2013년 무연고 사망자 박경섭씨를 취재하면서 만난 국립중앙의료원 원무과 직원 주영로씨로부터 뜻밖의 말을 들었다. 그는 행려병자(간호해줄 보호자가 없는 환자)의 사후 처리에 관한 업무를 주로 담당해왔다.

"법적으로 (시신을 인수할 수 있는) 연고자 범위가 넓습니다. 가족이 아니더라도 사망자와 시신 인수자 간 관계를 증명하면 시신을 인수할 수 있어요."

당황스러웠다. 무연고 사망자를 취재하면서 시신을 인수하고 싶어도 가족이 아니라 인수하지 못했다는 이야기를 서너 차례 들은 적이 있기 때문이다. 이영숙씨의 경우 교회와 요양병원이 비용을 절반씩 부담해서 시신을 인수하고자 했으나 가족이 아니라는 이유로 거절당했다. 이명호씨를 취재하며 관할 구청의 무연고 사망자 담당자에게 확인했을 때도 똑같은 답변을 들었다.

주영로씨는 인터넷에서 관련 법을 찾아 보여주며 연고자의 범위를 설명했다. 그가 법제처 사이트에서 찾은 법 조항은 「장사 등에 관한 법률」 제2조 16항이었다. 내용은 다음과 같다.

> 16. "연고자"란 사망한 자와 다음 각 목의 관계에 있는 자를 말하며, 연고자의 권리·의무는 다음 각 목의 순서로 행사한다. 다만, 순위가 같은 자녀 또는 직계비속이 2명 이상이면 최근친(最近親)의 연장자가 우선 순위를 갖는다.
>
> 가. 배우자
>
> 나. 자녀
>
> 다. 부모
>
> 라. 자녀 외의 직계비속
>
> 마. 부모 외의 직계존속
>
> 바. 형제·자매
>
> 사. 사망하기 전에 치료·보호 또는 관리하고 있었던 행정기관 또는 치료·보호기관의 장으로서 대통령령으로 정하는 사람
>
> 아. 가목부터 사목까지에 해당하지 아니하는 자로서 시신이나 유골을 사실상 관리하는 자

주영로씨는 "법률상 연고자의 범위가 넓어 사실상 연고자가 없는 것은 불가능하다"고 말했다. 박경섭씨의 경우 노숙인쉼터에서 장례를 치러주고 싶어 했으나 거절당했다고 하자 그는 "실제로 사망자가 다니던 회사에서 시신을 인수한 사례가 있다"고 있다. 회사

에서 인수한 사례는 외국인 노동자였다. 국내에 연고자가 없어 회사가 시신을 인수해서 장례를 치러주었다고 한다. 대사관에서 공증을 해주고, 회사에서 재직증명서를 제출하면서 이 회사는 해당 법률 '아' 항목에 의해 연고자로 인정되었다.

박경섭씨가 생활했던 노숙인쉼터는 보호단체이기 때문에 '사' 항목에 따라 시신 인수가 가능했다. 이영숙씨도 인가된 요양병원이라면 인수할 수 있고, 교회도 서류상으로 신도였다는 것을 증명한다면 시신 인수가 가능하다고 했다.

"구청의 경우 법률을 잘 모르는 담당자가 많습니다. 그래서 가족만 인수할 수 있다고 잘못 알려주는 경우가 있어요. 가족이 아니더라도 사실상 시신 인수가 가능한데, 구청은 1년에 두세 건 정도만 처리하다 보니 가능하다는 사실을 잘 모르는 것 같아요."

외환위기 이후 급증한 무연사

주영로씨는 시신 인수 가능 여부를 떠나 무연고 사망자가 늘고 있다는 사실에 주목했다. 그는 "최근 10년 사이 무연고 사망자가 급속도로 증가했다"며 "가족 또는 주변인과 연락이 닿아도 시신을 인수하는 경우는 극히 드물다"고 말했다. 그는 특히 남성의 경우 시신 인수 거부가 많다고 설명했다.

"남자가 많은 이유는 복합적이죠. 이혼 등으로 가정이 파괴되어서 무연고가 된 사람도 있고, 어릴 때 가출해서 연고가 없는 사람도 있어요. 이미 수십 년간 연락 없이 지낸 가족에게 시신을 찾아가라고 하면 원수로 여기는 경우가 많아요. 무연고 사망자를 다룰 때는 '그들이 왜 연고자들과 헤어질 수 밖에 없는가'에 대해 고민해야 합니다."

국립중앙의료원의 행려환자 중 사망자 처리 현황에도 이런 현실이 명확하게 드러나 있었다. 행려병동 사망자 중에는 남성이 더 많았다. 2016년 전체 행려병동 사망자 77명 가운데 남성이 69명으로 89.6퍼센트를 차지했다. 국립중앙의료원 행려병동은 가족 등 간호해줄 사람이 없는 환자가 오는 곳인데, 남성의 경우 관계 단절이 더 심각하다는 사실을 알 수 있다. 다른 연도에도 남녀 비율은 비슷했다. 같은 행려병동 환자라도 여성은 사후에 가족이 시신을 인수해가는 비율이 더 높았다. 연락이 끊어졌거나 형편이 안 되어 입원 당시에는 행려병동에 입원했지만, 나중에 국립중앙의료원의 연락을 받고 와서 장례는 치러준 것이다. 2016년을 기준으로 가족이 시신을 인수한 행려병동 사망자는 여성의 경우 8명 중 7명(87.5퍼센트)인 반면, 남성은 69명 중 38명(55퍼센트)에 불과했다.

국립중앙의료원 사회사업실 이승민 사회복지사는 행려병동 환자를 상담하는 일을 맡고 있다. 우리가 취재한 무연고 사망자 중에도 사망 전 그에게 상담을 받은 사람이 있다. 국립중앙의료원 행려병동에는 남자가 압도적으로 많았다. 그는 남성 무연고 사망자가

〈표1〉 2013~2016년 국립중앙의료원 행려병동 사망자 시신 인수자 현황

시신 인수자	2013년			2014년			2015년			2016년		
	남	여	소계	남	여	소계	남	여	소계	남	여	소계
가족	58	7	65	57	11	68	27	0	27	38	7	45
구청	42	1	43	38	0	38	23	0	23	31	0	31
기타(잔류)	0	0	0	0	0	0	0	0	0	0	1	1
합계	100	8	108	95	11	106	50	0	50	69	8	77

많은 건 노숙인 중에 남성이 많은 것과 일맥상통한다고 설명했다.

"상담하다보면 과거 상황 때문에 가족이 연락을 거부하는 경우가 많아요. 이분들이 무연고자가 된 이유는 대부분 이혼, 별거와 같은 가족 관계의 해체 때문이에요. 의외로 미혼인 분들도 많으세요. 왜 결혼 안 하셨냐고 물어보면 '뭐라도 있어야 결혼하지'라며 화를 내세요."

이승민 복지사는 남성 행려병자를 상담할 때마다 빠지지 않고 등장하는 키워드로 1997년 '외환위기'를 꼽았다. 그는 "많은 환자가 외환위기 때 실직하거나 사업에 실패해서 이혼한 뒤 생활이 망가져 노숙자가 되었다"고 말했다. 처음 상담하는 환자들에게 "의지할 만한 지인"이 있느냐고 묻는데 이 질문에도 남녀 간 답이 다르다.

"남자 분들은 집에만 있다고 대답하는 분이 많아요. 상담할 때 입원 보증인을 해줄 사람이 있느냐고 물으면 없다고 답하시는 경우가 상당하죠. 주변 사람에 대해 물어도 '술친구일 뿐이다' '일하면서 만난 게 전부다'와 같은 말을 많이 하세요. 그래서 입원 보증을 세우기가 참 어려워요. 반면에 할머니들은 지역민들과 잘 지내세요. 어제 상담하신 할머니도 지인 중에 딸처럼 생각하는 사람이 있다고 하더라고요."

그가 탑골공원을 찾은 이유

취재 초기 무연생에 대해 조사하기 위해 탑골공원을 찾은 적이 있다. 2013년 4월 18일 목요일 낮 12시. 탑골공원은 평일 낮인데도 60~70대 할아버지들로 붐볐다. 삼삼오오 모여서 이야기를 나누는 사람들도 있었고, 혼자 라디오를 들으며 벤치에 앉아 있는 사람도 있었다. 우리는 탑골공원 중앙 팔각정에 앉아 대화를 나누고 있는 세 명의 할아버지에게 다가가 말을 건넸다. 박찬수(65세), 이근동(72세), 김웅수(67세)씨였다.

박찬수씨는 일주일에 세 번가량 탑골공원에 나온다. 그는 "특별히 할 것도 없고, 비슷한 처지에 있는 사람들을 만날 수 있어서 나온다"고 말했다. 그는 이혼 후 홀로 살고 있었다. 자녀가 있지만 경제적 지원을 받고 있지는 않았다. "자식들한테 짐이 될 수는 없다"는 게 이유다. 그는 탑골공원에 나오는 사람 중에는 혼자 사는 사람보다 가족과 함께 사는 사람이 더 많다고 했다. "하는 일도 없으니 눈치가 보여 나온다"는 것이다.

그는 원래 장사꾼이었다. 중국에서 5년간 살면서 보따리장수로 일했다. 지금은 건설 현장이나 철거 현장에서 일용직으로 일하고 있다. "요즘은 나이도 많고 경기가 어려워서 일을 구하기가 쉽지 않다"고 한다. 그의 말에 따르면 모든 건설 현장에는 혈압계가 있다. 혈압 수치에 따라 채용 여부가 결정된다. 올해 65세인 그는 나이가 들면서 혈압이 높아져 거절당할 때가 많다고 했다. "얼마 전에도 롯데월드 공사 현장에 나갔는데 쫓겨났다"는 그는 꾸준히 운동을 한다. "일하려면 건강해야 하잖아. 건강하고 체력 유지는 필수야."

이근동씨는 30년간 대기업에서 트럭 기사로 일했다. 지금은 매달 연금으로 60~70만 원이 나온다. 현재 자기 소유 아파트에서 아내와 미혼인 아들 한 명과 함께 살고 있다. 자식들은 좋은 회사에 다니고 있어 경제적으로 어려운 편은 아니다. 그런데도 탑골공원에 자주 나온다.

"우리 세대가 베이비붐 세대로 불리잖아. 지금이 딱 은퇴해서 일자리를 잃는 시점이야. 경제적으로 어려우니 눈치가 보여서 자식들과 연락을 덜 하게 되는 거지."

그는 탑골공원에서도 경제력에 따라 '파'가 갈린다고 말했다.

"탑골공원에서 일당 5만 원을 버는 사람과 10만 원을 버는 사람의 모임이 따로 있어. 벌이에 따라 점심 메뉴가 다르니 벌이가 다르면 같이 못 놀아."

김웅수씨는 일주일에 세 번 이상 탑골공원을 찾는다. 아들 내외와 함께 사는 그는 가정주부인 며느리 눈치가 보여서 밖으로 나온다고 했다.

"일도 안 하고 돈도 없는데 집에 종일 있으면 자식들 눈치가 보이잖아."

그도 박찬수씨처럼 일용직으로 일하고 있다. 일이 없는 날에는 탑골공원에서 시간을 보낸다. 탑골공원에 나오는 것 외에 따로 나가는 모임은 없다.

"모임도 돈이 있어야 나가지. 다른 사람이 한 번 사면 나도 사고 그래야 하는데 그럴 형편이 못 돼. 돈 없으면 모임을 못 가져. 자식들은 제 자식 먹여 살리기 힘들다 보니 어른들을 안 챙기는 거지. 돈이 없으면 자식들이 보기에는 뜯어낼 게 없으니 연락을 안 하는 거고. 가족끼리 인연을 끊는 경우는 다 돈 때문이야. 우리 세대는 또 체면 문화가 있잖아. 손 벌리는 게 싫어서 돈이 없으면 모임에 잘 안 나가. 그러다보니 점점 사람들과 거리가 생기고, 형제간에도 연락을 잘 안 하게 되는 거야."

미혼 혹은 이혼

우리는 경제력이 가정과 인간관계를 유지하는 데 얼마나 영향을 미치는지 알아보기 위해 설문 조사를 했다. 2013년 6월 17일과 18일, 이틀에 걸쳐 서울 종로구 돈의동과 용산구 동자동 쪽방촌에서 1인 가구를 대상으로 조사를 벌였다.

새꿈어린이공원은 동자동 쪽방촌이 시작되는 골목 초입에 있다. 이 공원은 쪽방촌 주민 모임의 중심이자 사랑방 같은 역할을 한다. 쪽방 주민들은 밤낮없이 이곳에 모여 이야기를 나누거나 술을 마신다. 매년 어버이날과 추석 때는 여기에서 마을 잔치가 열린다. 우리가 설문지를 돌리기 위해 찾은 곳도 이 공원이었다.

대낮부터 시작된 설문 작업은 늦은 밤까지 이어졌다. 날이 어두워지자 담소를 나누는 사람보다 술을 마시는 사람이 더 많아졌다. 경찰은 늦은 밤에 공원을 어슬렁거리는 우리를 보고 "우범 지역이니 돌아가라"고 경고했다. 밤 11시경이었다. 설문지를 작성해준 한 쪽방 주민은 "밤에 이곳은 위험하니 다음에 오라"며 걱정해주었다.

돈의동 쪽방촌에서는 최민성씨를 취재하다 알게 된 인력사무소 소장의 도움을 받아 설문을 돌렸다. 이 인력사무소에서 일하는 사람들은 대부분 돈의동 쪽방촌 주민들이다. 설문지 일부는 소장이 혼자 사는 인력사무소 직원에게 전달해주었고, 나머지는 우리가 집을 방문해 받았다. 동자동과 달리 돈의동은 사랑방 역할을 하는 공간이 없어 일일이 발품을 팔아야 했다.

남자 41명, 여자 5명 등 총 46명에게서 답을 얻었다. 100명이 넘는 사람들에게 설문지를 돌렸는데, 동거인이 있거나 일관성 있게 대답하지 않은 경우는 제외했다.

<표2> 결혼 여부 및 사유 등 설문조사 결과
(대상자: 동자동, 돈의동 쪽방촌 1인 가구 남성)

결혼 여부	이혼 이유	인원	소계
이혼	소득이 낮아서	8	21
	사업 실패	5	
	실직	2	
	성격 차이	2	
	가정 폭력	1	
	술	1	
	기타	2	
미혼	경제적 사정	9	13
	가정환경	2	
	마땅한 배우자가 없어서	1	
	기타	1	
별거			6
무응답			1
합계			41

<표3> 과거 지인 연락 여부 및 사유 설문조사 결과
(대상자: 동자동, 돈의동 쪽방촌 1인 가구 남성)

이전에 알고 지냈던 사람들과 연락 여부	연락하지 않는 이유	인원	소계
연락하지 않는다	금전적 이유	11	27
	체면 때문에	5	
	생활환경이 달라져서	4	
	친한 사람이 없다	3	
	상대가 먼저 연락을 끊었다	2	
	기타	2	
연락한다			14
합계			41

남성 1인 가구의 경우 이혼 21명, 미혼 13명, 별거 6명, 무응답 1명이었다. 미혼 응답자 13명 가운데 결혼하지 못한 이유로 '경제적 사정'을 꼽은 사람은 9명으로 가장 많았다.

돈의동 쪽방촌 인력사무소에서 일용직으로 일하는 박봉규씨(55세)는 결혼한 적이 없다. 그는 "벌이가 좋지 않아서 결혼하지 않았다"고 답했다. 부모님이 돌아가신 뒤 남은 가족은 형제뿐이다. 형제와는 한 달에 한 번 정도 연락을 주고받지만, 자신이 처해 있는 상황이나 고민을 나누지는 않는다. 쪽방촌에 들어오기 전에 알고 지냈던 사람들과도 연락을 끊었다. 그는 연락하지 않는 이유에 대해서 '금전적 이유' 때문이라고 답했다.

가정을 꾸린 후에도 경제력은 여전히 중요했다. 이혼했다고 응답한 남성 21명 중 15명은 이혼 사유로 '경제적 사정'을 꼽았다. 구체적으로 '소득이 낮아서' 8명, '사업 실패' 5명, '실직' 2명이었다. 반면 이혼한 여성 4명은 '남편의 질병'(2명), '남편의 폭력'(1명) 등이 이유였다(응답 거부 1명).

동자동에서 만난 박찬명씨(63세)는 1997년 외환위기 때 직장을 잃으면서 이혼했다. 슬하에 30대 딸과 40대 아들이 있지만 현재 연락하지 않는다. 그는 "자식들은 자신이 죽은 줄로만 알고 있다"고 말했다. 그는 힘든 처지나 속 이야기를 남에게 털어놓지 않는다. "상대방에게 부담을 주고 싶지 않다"고 했다. 그는 가족과 계속 연락했다면 삶이 달라졌을 것 같은지 묻자 아니라고 답하며 "가족들에게 피해만 주었을 것"이라고 대답했다.

쪽방촌에서 설문지를 돌리면서 '짐이 되기 싫어서' 가족과 연락하지 않는다는 말을 숱하게 들었다. 많은 남자들이 자신이 무능력해서 가정을 지키지 못했다는 미안함 때문에 가족과 인연을 끊었다. 이들은 예전에 함께 일했던 사람들과도 연락하지 않는다. 쪽방촌 남자 41명 중 27명이 전에 알고 지내던 사람들과 연락을 끊었다고 했다. 11명은 '금전적 이유'로 연락하지 않는다고 했고, 5명은 '체면 때문'이라고 했다. '생활환경이 달라져서'는 4명, '친한 사람이 없다'가 3명, '상대가 먼저 연락을 끊었다'가 2명이었다.

김성욱씨를 취재하다가 만난 동자동 쪽방촌 주민 이인택씨(55세)도 아들과 거의 연락하지 않고 지낸다. 그는 "연락하면 서로 마음만 아프다"며 "나도 내 죄를 알기 때문에 아버지라고 내세우기 쑥스럽다"고 말했다. 이인택씨는 쪽방촌에 들어오기 전에 의류 사업을 크게 했다. 지금은 그때 알고 지낸 사람들과 연락하지 않는다.

"내가 이러고 사니까. 그 사람들이야 잘 나가고 빵빵하잖아. 나처럼 이런 데 사는 사람이랑 같겠어?"

어떤 이들은 현재의 힘든 처지를 숨기려 과거를 과장하기도 했다. 취재 중 동자동 사랑방의 요청을 받고 어버이날 봉사 활동에 나간 적이 있다. 쪽방 사는 어르신들에게 카네이션을 달아주다가 만난 백창환씨(60세)는 과거 휴대전화 관련 사업을 크게 했다고 말했다. 그는 대학생인 우리에게 "원하면 취업시켜주겠다"며 큰소리를 쳤다. 이웃 주민들은 "허풍이니 믿지 말라"고 귀띔했다. 우리는 백창환씨를 보면서 "땅이 60만 평 있다"고 떵떵거렸던 서울대학교 출신 무연고 사망자 김근수씨를 떠올렸다.

반면 여성들은 똑같이 쪽방촌에 살더라도 힘든 처지를 숨기지 않았다. 우리가 설문 조사 대상으로 삼은 여성은 5명이었다. 더 많은 여성들에게 설문지를 돌렸지만, 상당수가 가족 또는 동거인과 함께 살아서 제외되었다. 설문에 응답한 여성 5명 중 4명이 쪽방촌에 오기 전에 알던 사람들과 연락하고 지냈다. 이들은 어려운 일이 있을 때도 도움을 요청할 곳이 있다고 답했다.

함복자씨(57세)는 이혼하면서 동자동 쪽방촌에 들어왔다. 자식이 있었지만 사고로 잃었다. 현재는 공공근로 일을 하며 생계를 이어가고 있다. 고향에서 함께 일했던 친한 언니와 거의 매일 만난다. 그는 "30년 넘게 알고 지낸 오랜 친구"라며 "힘들 때 크게 의지가 된다"고 말했다.

매달릴 것은 술뿐이었다

2013년 6월 노숙인 재활 쉼터인 서울시립비전트레이닝센터를 찾았다. 지도 앱의 길 안내를 따라 흙먼지가 이는 비포장도로를 한참 걷자 "비전트레이닝센터"라고 적힌 작은 팻말을 발견할 수 있었다. 넓은 공터에 일렬로 늘어선 2~3층짜리 컨테이너 건물이었다. 외벽에 적힌 "꿈"이라는 단어가 제2의 인생을 꿈꾸는 노숙인 재활시설임을 말해주었다.

김주현씨와 이현동씨의 마지막 거주지였던 이 센터는 알코올 의존증 치료 프로그램을 운영하고 있다. 술은 무연사한 남자에게 꼬리표처럼 따라다녔다. 이근성씨와 박성종씨는 술로 인한 질병으로 사망했다. 배형구씨는 주로 방 안에서 홀로 술을 마셨다. 같은 건물에 살던 이웃은 "술을 사러 갈 때 빼고 밖으로 잘 안 나왔다. 정부에서 나오는 돈은 방세와 술값으로 다 지출했다"고 회상했다.

우리는 비전트레이닝센터의 김병기 사회복지사에게 무연고 사망자들이 술에 의존한 이유에 대해 물었다. 그는 시설에서 생활하는 노숙인들이 대화를 들을까 신경이 쓰였는지 우리를 자기 사무실이 아닌 빈방으로 안내했다.

알코올의존자 중에는 남성이 월등히 많다. 국민건강보험공단이 2008년부터 2013년까지 6년간 '알코올성 정신장애'로 인한 건강보험 지급자료를 분석한 결과, 진료 환자 중 남성이 여성보다 네 배가량 많았다. 2013년 기준 남성 환자는 6만 1,438명으로 여성 환자 1만 4,487명보다 약 네 배 많았다. 2013년을 기준으로 인구 10만 명당 연령별 진료 인원을 살펴보면, 60대 남성이 537명, 50대 남성이 501명, 70대 남성이 457명이었다. 김병기 사회복지사는 이에 대해 "남녀 간 성향 차이가 있는 것 같다"고 말했다.

"남자들은 혼자 분을 삭이기 위해 술을 마시는 경우가 많아요. 여자는 어려운 일이 있으면 친구를 만나 수다로 풀지만, 남자는 '자기만의 동굴'로 들어가는 경향이 있어요. 술로 괴로움을 잠시나마 잊으려는 거죠. 사기나 이혼을 당했을 때 그 충격과 스트레스를 견디지 못하고 안으로 삭히다 음주가 심해지시는 분들도 있습니다."

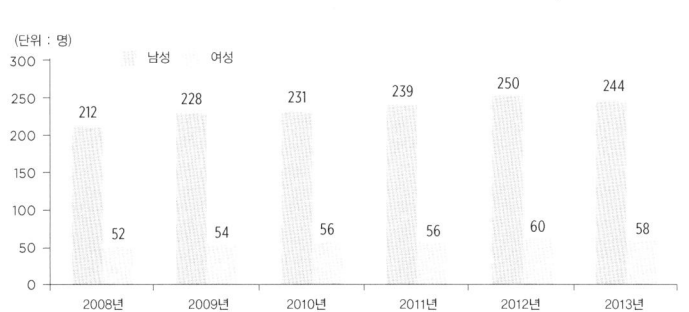

〈그림3〉 연도별 '알코올성 정신장애' 건강보험 인구 10만 명당 진료 인원

자료: 국민건강보험공단

처음에는 괴로운 심정을 잠시 잊고자 술을 마시지만, 점점 횟수가 늘어나 습관이 되면 알코올의존증으로 이어진다는 게 그의 설명이었다. 김병기 복지사는 "보통 사람들은 어색한 분위기를 깨거나 속 깊은 대화를 나누려고 술을 마시지만, 알코올의존자는 매일 물을 마시듯이 별 이유 없이 술을 찾는다"고 했다. 특별한 목적 없이 단지 술이 좋아 술자리를 가지기 때문에 함께 마시는 상대도 크게 중요하지 않다.

"서울역에 가면 같이 술 마시는 분들이 많잖아요. 그분들이 무슨 인간적인 교감을 하는 게 아니라 술이 있기 때문에 같이 나눠 마시는 거예요. 술이 없으면 다들 뿔뿔이 흩어지겠죠. 그런 면에서 일시적으로 술을 마시는 사이일 뿐이지 진정한 의미의 친구라고 생각하지 않아요. 저희 시설에도 과거에 만난 술친구하고 계속 연락하는 분은 거의 없어요."

노숙인 알코올 중독자들은 가족과도 연락이 닿지 않는 경우가 많다. 그는 "가족과 관계 단절 여부가 단주 성공률에도 영향을 미친다"고 했다.

"경험상 가족과 연이 유지되는 분이 단절된 분보다 단주를 잘하세요. 동기부여가 되고 목적이 있으니까요. 자기를 지지해주는 사람이 있기에 힘을 받아서 술을 끊을 수 있는 거죠. 반대로 가족이 없거나 관계가 단절된 분들은 관심을 두고 챙겨주는 사람이 곁에 없어서 자포자기하는 분들이 많아요. 여기 계신 분들은 다 가족한테 미안해하세요. 아내나 자녀는 피해를 입은 입장이니 마음이 많이 닫힌 상태죠. 그분들이 가족을 괴롭힌 건 사실이니까요. 그걸 보상해주고 싶어서 어느 정도 수입이 생기거나 돈을 모으면 자녀한테 용돈이라도 주고 싶다고 하시죠."

'대신 유품을 정리해드립니다'

서울시 도봉구 쌍문동에 위치한 유품정리업체 바이오해저드를 찾은 건 취재 초기였던 2013년 4월이었다. 수유역에서 마을버스를 타고 도착한 곳은 평범한 주택가였다. 얼마 전에도 지인을 만나려고 왔던 동네였지만, '유품정리업체'라는 이름 탓인지 다시 찾았을 때는 대낮인데도 스산한 느낌이 들었다.

유품정리업체는 2000년대 후반 등장했다. 고독사가 늘면서 집주인이 집에 밴 악취와 핏자국을 치우기 위해 특수 청소업체를 이용하기 시작하면서부터다. 고독사는 혼자 죽음을 맞이하고 일정 시간이 지난 뒤에야 발견되는 죽음을 의미한다. 죽음 이전에 가족이나 주변인과 관계가 단절된 사람이 많다는 점에서 무연사와 많은 부분이 겹친다.

업체 앞에 세워진 특수청소 차량을 보고서도 이곳이 맞나 의심하며 한참을 문 앞에서 망설였다. 용기를 내 문을 열자 30대로 추정되는 젊은 남자가 인사를 건넸다. 김새별 대표였다. 사전에 연락했던 학생들이라고 소개하자 그는 "커피 마시죠?"라고 묻더니 커피믹스를 타왔다. 따뜻한 커피 한잔에 스산했던 마음이 가라앉았다.

원래 장례지도사였던 그는 특수 청소가 필요한 집이 많은 것을 보고 이 회사를 차렸다. 그가 주로 찾는 곳은 고독사나 자살 현장이다. 2008년 이 일을 시작할 때만 해도 드물었던 유품정리업체는 2017년 1월 포털사이트 네이버에 등록된 업체만 346건에 달할 정도로 늘었다.

김새별 대표는 고독사 현장에 가면 사망자는 대부분 남성이라고 했다. 서울시복지재단 조사 결과도 비슷하다. 조사에 따르면 2013년 서울에서 발생한 고독사 확실 사례(시체가 부패한 채 발견된 경우) 중 남성이 84.5퍼센트였다.

"제가 가는 현장에서는 고독사한 사람의 80퍼센트가 남자였어요. 사실 할머니들은 혼자 살아도 옆집 할머니와 친하잖아요. 경제적으로 어려우니까 장례식 비용을 대줄 정도는 아니지만, 장례식에 와서 부조금을 내주는 정도는 되죠. 근데 남자들은 동네 사람들과 어울리지 않고 조용히 사는 경우가 많아요. 고독사하는 남자가 더 많은 데에는 아무래도 경제적인 이유가 크죠. 제가 다니는 현장들은 돈이 없어서 여기도 저기도 비빌 수 없는 사람들이 세상을 뜬 곳이에요. 주로 가난한 동네죠. 밖에서는 멀쩡해 보여도 집 안은 엉망일 때가 많아요. 반면에 돈 많은 남자는 혼자 안 살거든요. 늦게 발견될 일이 없어요."

고독사했다고 해서 가족이 없는 것은 아니다. 집주인이 유품 정리를 부탁한 경우 열에 아홉은 가족이 나타난다고 한다. 나머지도 연락이 되지만 고모할머니와 같은 먼 친척인 경우가 많다. 그는 "가족이라고 해서 다 같은 가족은 아니다"며 "법적으로만 가족이지 상관 안 하겠다고 하는 사람이 꽤 있다"고 말했다. 그는 이따금 유품 정리 현장을 찾는 유족을 만났다. 고독사한 경우 유품을 챙겨가는 가족은 드물다. 그는 "사진 등 고인을 기억할 수 있는 것들을 따로 챙겨주지만, 통장처럼 돈이 되는 것들만 가져간다"며 안타까워했다.

가족과 사이가 안 좋은 사람들만 고독사하는 것은 아니다. 그는 "요즘 사람들은 가족 간에 사이가 좋더라도 연락을 자주 안 한다"면서 "연락이 안 되더라도 '사정이 있나 보다' 하고 넘기는 게 일반적"이라고 설명했다.

"50대 남성이 고독사한 채 발견됐는데, 20대 딸이 독일에서 유학 중이었어요. 아버지가 간암 말기였는데, 딸이 걱정할까봐 일부러 말을 안 했나봐요. 결국 오랫동안 연락을 안 하다가 죽어서 뒤늦게 발견됐죠."

그는 "많은 사람이 직장에 다니면 고독사하지 않을 거라고 착각한다"면서 "시신이 늦게 발견되는 사람 중 40퍼센트가량이 직장을 다니고 있었다"고 설명했다.

"회사에서 누가 안 나온다, 그럼 어떻게 할 거예요? 찾아갈 거예요? 그냥 연락이 안 되면 연락이 안 되는 대로 놔두죠. 친분이 있더라도 연락이 안 된다고 집에 가보기가 좀 그렇잖아요. 집에 찾아가서 문 두드려봤는데 대답 없으면 어떻게 할 거예요? 가출 신고를 할 수도 없고. 사실 참견하기가 쉽지 않아요."

속 이야기 나눌 데 없는 젊은 세대

평범한 남성들도 관계 단절에 대한 두려움이 있을까? 우리는 30대~40대 남성들을 만나 이에 관해 물었다. 처음 만났던 그룹은 심리 치유를 위한 온라인 커뮤니티 '힐링카페' 회원들이다. 2011년에 만들어진 이 커뮤니티는 20~30대 미혼 1인 가구 회원들을 중심으로 모임을 자주 갖는다. 한번 정례 모임을 열면 보통 10명가량이 모인다.

2013년 5월 12일 서울의 한 카페에서 '힐링카페' 운영자 김수종씨, 남성회원 박찬명씨, 여성회원 이미영씨를 만났다. 세 명 모두 30대였다. 김수종씨는 "남자는 나이가 들면서 가정에 대한 책임감이 커지는 반면, 사회에서는 고립되어 간다"고 말했다.

"스트레스를 받고 힘든 일이 있어도 직장 동료들에게 털어놓을 수 없잖아요. 친목이 그렇게 깊지 않아요. 저희 같은 중소기업은 사람이 그렇게 많지도 않고. 가족이라고 해봐야 부모님이랑 형제들뿐인데, 부모님도 본인들이 자식들한테 생활비를 타고 있는 입장에서, 제가 그분들 가슴 찢어지게 힘들어 죽겠다는 말을 할 수 있겠어요? 예전에 가깝게 지냈던 친구들도 다 자기 일 하느라고 바빠요. 가끔 만나도 다 잘난 척하려고 하지, 서로 힘들다는 얘기를 잘 안 하려고 해요. 사회적으로 어느 정도 올라가니까 서로 자존심이 세져서. 또 여자 친구가 있어도 힘든 얘기는 하고 싶지 않았어요."

김수종씨가 이 커뮤니티를 만든 이유도 사회에서 느끼는 고독 때문이었다. 그는 "모임에 나오는 사람들 대부분 자기 이야기를 하고 싶은데 털어놓을 곳이 없는 분들"이라고 말했다. 이미영씨도 "여기서는 혼자가 아니다"라는 문구에 끌려 이 커뮤니티에 가입했다. 그녀는 "이 모임에서는 자신에게 요구하는 것이 없어서 좋다"고 말했다. 이들은 "친한 친구들보다 더 자주 보다 보니 가족 같다"면서 "카페 회원들의 경조사가 있을 때면 함께 찾기도 한다"고 말했다. 반면 이 커뮤니티에 가입한 지 한 달밖에 안 된 박찬명씨는 "친구나 가족 같은 관계라기보다는 새로운 관계 정도로 생각한다"고 했다. 그는 "지방에서 올라와서 서울에 아는 사람이 없어서 관계를 넓히고 싶어 가입했다"고 말했다.

"어릴 적 친구들은 다 일찍 결혼하고 다른 지역으로 이사 가서 연락이 뜸하죠. 그동안 사람들하고 쉽게 만나고 쉽게 헤어졌어요. 여기는 탈퇴 안 하고 잘 지내보고 싶어요. 여기 사람들은 (학교나 직장 같은) 인생에서의 교집합 같은 게 없잖아요. 그래서 관계가 더 깔끔하고, 편견이 없죠. 질투 같은 것도 없고요. 사람이 제일 귀찮은 건 교집합이 있는 관계예요. 예를 들어 회사 동료들하고 술을 마시면 만날 회사 얘기만 하잖아요. 사는 얘기는 거의 나누질 않죠. 교집합이 있는 관계는 오히려 속 깊은 이야기를 잘 안하게 되는 것 같아요. 또 직장 사람들이랑 퇴근하고 계속 보는 게 아니니까. 요즘은 사람 만나기가 힘든 것 같아요."

세 사람은 현재 맺고 있는 관계 중 가장 끈끈한 관계가 무엇인지 묻는 질문에 명확하게 대답하지 못했다. 김수종씨는 "가깝다고 생각하는 사람은 많은 데 도움을 요청하진 못할 것 같다"면서 "솔직히 남에게 기대고 싶지 않다"고 했다. 특히 "가족에게 피해를 주고 싶지 않다"면서 "인생에서 가장 소중한 사람들인 만큼 가족한테만큼은 절대 짐이 되고 싶지 않다"고 말했다. 박찬명씨는 "끈끈한 관계를 만들고 싶은데 무섭다"고 말했다. "술을 좋아하기 때문에 사람들과 쉽게 친해지는 편"이라면서도 "막상 관계가 오랫동안 지속되지 않는 편"이라고 말했다. 그는 "친구 사이에서도 자격지심이 생기기도 하고 그러다보니까 깊은 관계가 어려운 것 같다"고 덧붙였다.

40대 가장이 공감하는 무연사

다음으로 우리가 만난 그룹은 10대 자녀를 둔 40대 기혼 남성들이었다. 2016년 7월, 무연사를 어떻게 생각하는지 알아보기 위해

40대 가장을 대상으로 개별 인터뷰를 했다. 우리가 취재한 대표적인 무연사 사례를 보여주고 이에 대한 의견을 묻는 방식으로 진행했다.

옥명호씨(49세)는 모 월간지의 편집장으로 일한다. 결혼 19년 차로, 슬하에 중학교를 다니는 자녀 둘이 있다. 평소 아내, 자녀와 대화를 자주 나누어서 가족 관계는 매우 좋은 축에 속한다. 힘든 일이 있으면 아내에게 털어놓고 고민 상담도 한다. 그런 그도 "어느 순간 실직하거나 사고를 당한다면 가정을 유지하는 게 힘들 수도 있겠다"는 생각을 한다.

"무연사한 남성들을 보면 공포감이나 동정심이 들기보다는 감정이입이 됩니다. 무연사 연령대를 보니 40대가 70대만큼 많더라고요. 저 역시 기질상 도움을 잘 요청하지 못하는 편이에요. 폐를 끼치고 싶지 않기도 하고. 한국 남자들이 가지는 일종의 자존심이기도 하죠. 빚이 있다면 나는 타인에게 도움을 요청할 수 있을까 생각해봤는데 저 역시 힘들 것 같아요."

옥명호씨는 남자들은 일 중심적이지만 여자들은 관계 중심적이라고 말했다. "여자들은 친구 맺기를 좋아하는데, 남자들은 한 공간에 있으면 서열을 매긴다"면서 "상사와 부하 직원과 같은 서열 속에서는 가까운 사이로 발전할 수 없다"고 설명했다. 그는 "남자들이 군대 얘기를 자주 하는 이유가 뭔지 아세요? 그거 안 하면 이야기할 게 떨어지거든요"라며 반농담조로 말했다.

노동시간이 긴 사람은 가정과 회사 이외에 새로운 인간관계를 맺을 여력이 없다. 퇴근 시간이 늦다 보니 가정 내에서도 충분한 대화를 나누지 못한다. 결국 일상에서 자주 마주하는 사람들은 직장 동료들이다. 하지만 계급 체계가 분명한 회사에서는 다른 사회적 관계망보다 깊은 관계를 맺기 어렵다. 일이라는 공통점이 사라지면 이 관계는 쉽게 무너지고 만다. 일에만 몰두한 사람이 직장을 잃게 되면 모든 관계를 잃게 되는 일까지 벌어진다.

"남성에 대한 사회적인 평가가 대체로 어떤 자리에 있고, 어디를 나왔고, 무슨 차를 몰고 다니고, 어떤 집에 살고… 이런 사회적인 조건이나 배경이 굉장히 중요한 요소잖아요. 그러다 보니 한국 남성들이 가지는 자존심은 인간적인 건강한 자존심이 아니라 사회적인 자존심에 가깝지 않나 싶어요."

옥명호씨는 가정에서 남자의 가장 중요한 역할로 경제적 책임을 꼽았다. 그는 "실제로 가장이 되고 나서 경제적 부양에 대한 부담이 가장 컸다"면서 "아내도 자신처럼 경제적 부양에 대해 고민하지만 자신이 느끼는 것과는 다를 것"이라고 말했다.

"아내가 농담으로 '당신이 좀 더 벌면, 난 일 쉬면서 동네 문화 센터에 다닐게'라고 하더라고요. 하지만 저는 농담으로라도 이런 말을 하지 않죠. 그런 말을 할 수 있는 가장이 몇이나 있을까요? 저는 없다고 봐요."

노진만씨(43세)는 도매업자로, 초등학교와 중학교에 다니는 자녀 두 명이 있다. 일 특성상 밤에 일하고 낮에는 주로 집에 있어서 자녀들과 대화를 많이 나누는 편이다. 그럼에도 노진만씨는 "아내와 잘 지내야 나중에 자식들하고 잘 지낼 수 있다"고 했다. 아버지와 자녀 사이에 아내라는 존재가 있어야 한다고 여기는 것이다.

"부부 싸움을 했어요. 엄청 잘하는 아빠는 아니지만 아이들과 관계를 맺지 못하는 아빠는 아니라고 생각했는데, 부부 싸움을 하고 보니 그게 아니더라고요. 가족 모두 한집에 있는데, 나는 거실에 있고 집사람은 아이들하고 방에 있는 겁니다. 애들에게 (나한테) 오지 말라고 한 것도 아닌데. 싸우는 동안 너무 힘들다는 것을 느꼈습니다. 내가 집사람하고 멀어지면 안 되는구나 하고….”

노진만씨는 무연사가 남의 일처럼 느껴지지 않는다고 말했다. 그는 "남자들은 어려우면 골방으로 숨어드는 경향이 있다"면서 "나도 힘들면 누군가에게 말하기보다는 혼자 끙끙 앓는 편"이라고 말했다.

"저희 나이대가 딱 경제적, 사회적으로 꺾이는 시점입니다. 지금 생활이 유지된다는 보장이 없어요. 공무원처럼 연금을 많이 받는 직업이 아닌 이상, 갑자기 불운이나 불행이 닥쳐왔을 때 혼자 해결해나갈 자신이 없습니다. 특히 (무연고 사망자 취재 내용 중) 돈벌이가 없으면 아들을 못 본다는 말에 공감이 됐어요. 저도 어쩔 수 없이 남자는 돈을 벌어오는 사람이라고 은연중에 생각하는 것 같아요."

노진만씨는 무연사한 남성들을 보며 '관계의 부재'를 떠올렸다. 그는 "어머니와 아내를 봐도 모임이 많지만 남자는 그렇지 않다"며 "남자들의 관계는 경제력을 기반으로 하는 것이라 경제력을 잃으면서 사라진다"고 했다.

"물론 저도 고민을 나누는 오랜 친구들이 있어요. 하지만 다양한 관계를 맺고 있진 않아요. 반면에 아내는 정기적으로 나가는 모임이 많아요. 교회 모임도 나가고 고등학교 동창들하고도 자주 만나죠. 동창회에 가보면 남자들은 잘나가는 애들만 나와요. 어려우면 약한 모습을 보여주기 싫으니까 나오지 않는 거죠."

그러나 동시에 자신들의 세대(40대)는 아버지 세대(70대)와는 분명 다르다고 했다. 남성 역시 일보다 가정이 중요하다는 사실과 은퇴 이후의 삶을 고민하기 시작했다는 뜻이다. 옥영호씨는 이렇게 말했다.

"요즘은 많이 바뀌고 있는 거 같아요. 좀 더 가정적으로. 술만 봐도 그래요. 한때는 저희 아버지가 술, 담배를 심하게 해서 엄마가 이혼한다고 했어요. 요즘은 그렇게 술 먹는 사람이 없죠. 술 때문에 가정이 파괴될 정도의 사람이 없어요. 아마 제 다음 세대는 더 그럴 겁니다. 요즘은 가족 여행을 가는 문화가 있잖아요? 예전에는 여름 휴가를 다녀온 사람이 거의 없었는데, 지금은 흔해요."

13장 해결의 실마리를 찾다

여전히 남는 외로움

시대가 변하면 무연고 사망자가 저절로 사라질까? 우리는 이 물음에 섣불리 답을 내릴 수 없었다. 분명한 건 무연고 사망자는 해가 갈수록 늘고 있다는 사실이다. 2012년 전국 무연고 사망자는 698명이었다. 이 숫자는 2016년 1,232명으로, 5년 만에 두 배 가까이 늘어났다.

물론 '무연사' 자체를 나쁘다고 말할 수는 없다. 무연사는 자발적 미혼 가구가 늘어나면서 시신을 인수할 가족 자체가 없어 생길 수도 있다. 이런 경우는 국가가 장례를 치러주는 등 제도적인 뒷받침이 필요할 것이다. 그러나 우리가 만난 대부분의 무연고 사망자는 '비자발적으로' 가정을 갖지 못했으며, 가족을 그리워했다. 그들이 주변 사람들과 관계를 끊게 된 것, 즉 무연생을 살게 된 것도 대부분 자의는 아니었다.

비자발적 무연사를 줄이기 위해 우리 사회는 어떤 해결책을 내놓을 수 있을까. 수십 년간 연락한 적 없는 가족의 시신을 인수하라고 강제할 수 있을까? 일자리를 잃고 가정이 해체된 사람에게 희망을 줄 수 있을까? 일에 매이지 말고 가족에게도 잘하라고 말할 수 있을까? 어느 것 하나 쉽지 않은 문제들이다.

해답이 없어 보이는 문제를 풀기 위해 전문가들을 만나보기로 했다. 유경선 국회 보좌관, 박형민 한국형사정책연구원 연구위원, 김태형 심리연구소 '함께' 소장, 김찬호 성공회대학교 교양학부 교수, 나이토 카츠오 일본 니혼대학교 인문학부 교수, 송인주 서울시복지재단 연구위원 등을 차례로 만났다. 국내에 무연사를 연구한 학자가 없었기 때문에 1인 가구, 고독사, 자살과 같은 유사 분야를 연구한 전문가들과 이야기를 나누었다.

무연사 대부분은 1인 가구에서 일어난다. 가족 등과 멀어져 홀로 사는 사람이 많기 때문이다. 고독사는 명확한 정의는 없지만 우리나라에서는 보통 아무도 돌보지 않은 상태에서 숨을 거두고 그 후 시신이 상당 기간 방치된 경우를 의미한다. 이전에 사회적 관계가 단절됐다는 점에서 무연사와 많은 부분이 겹친다. 자살은 무연

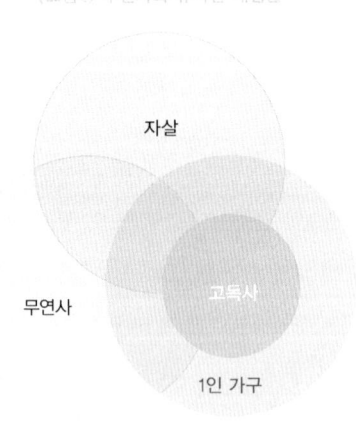

〈그림4〉 무연사와 유사한 개념들

고 사망자 중 일부가 스스로 목숨을 끊었다는 점에서 포함했다.

남자에게 경제력을 강요하는 사회

가장 먼저 유경선 국회 보좌관을 찾아갔다. 그는 김춘진 전 더불어민주당 의원 보좌관이었고 현재는 김승희 자유한국당 의원 보좌관으로 일하고 있다. 김춘진 전 의원은 국회 보건복지위원장을 지내면서 무연사 문제에 관심을 두고 꾸준히 무연고 사망자의 성별·연령별·시도별 통계를 분석해왔다. 이 작업을 도맡았던 유경선 보좌관은 우리나라에서 무연고 사망자 통계를 가장 많이 접한 사람 중 한 명이다.

무연사가 가장 많이 발생하는 집단은 50대 남성이다. 보건복지부에 정보공개 청구한 자료에 따르면 2015년 무연고 사망자 중 50대 남성이 차지하는 비율은 26.7퍼센트로 가장 높았다. 유경선 보좌관은 "일자리를 잃으면 재기하기 어려운 사회 구조가 남성 무연사를 양산하고 있다"고 했다. 그는 "특히 중장년 남성은 일터와 가정에서 권한과 책임을 많이 갖고 있어서 반대로 실패했을 때 심리적 나락으로 떨어질 확률도 높다"고 말했다.

"남성 중 일부는 '암 등 치명적인 질병에 걸리면 나 혼자 죽겠다'고 말해요. 여성은 그런 표현 잘 안 하거든요. 이 말은 곧 가족에게 짐이 되면 안 된다고 생각한다는 거죠. 가족을 설득해서 치료를 안 받기로 하고 가족과 함께 지내면 되는데, 그러지 않고 그냥 가정에서 이탈합니다."

유경선 보좌관은 이런 남성의 성향은 사회화된 측면이 크다고 말했다. '가정을 책임져야 한다'는 소리를 듣고 자란 남성은 가정에서 가장 역할을 못 하면 남성의 기능을 상실했다고 본다는 것이다. 그는 무연사 문제를 해결하기 위해서는 남성이 경제적 부담과 책임으로부터 자유로워지도록 사회 변화가 필요하다고 강조했다.

"가령 남성도 주부가 될 수 있어요. 그 정도로 우리 사회가 성에 대한 인식이 바뀌면, 남성이 그렇게 추락하지 않을 수 있어요. 남자가 지는 일차적 책임, 즉 경제적 부양 책무가 없어야 합니다. 지금은 결혼해도 돈을 벌어다주지 못하면 가정에서 기능을 잃고 쓸모없는 인간이 되어 버리죠. 남성에 대한 사회 인식이 바뀌고 남성 스스로도 자신의 역할에 대한 생각이 바뀌면, 남성의 무연사 패턴이 조금 달라지지 않을까 싶습니다."

자살 징후를 외면하는 이유

2016년 7월 11일, 한국형사정책연구원 9층에 있는 박형민 연구위원 연구실을 찾았다. 그는 서류 더미가 수북한 책상에서 자료를 살펴보고 있었다. 그는 『자살, 차악의 선택』의 저자로, 1997년부터 2006년까지 10년간 일어난 자살 사건의 수사 기록과 유서를 통해 자살자들의 심리를 연구했다. 그는 죽음에 대한 사회학적 설명에 관심을 갖게 되면서 자살 연구를 하게 되었다고 설명했다.

박형민 연구위원에게 우리가 취재한 무연고 사망자들의 행동이 어떤 심리에서 행해졌을지 의견을 물었다. 그는 답하기에 앞서 우리 취재의 한계 때문에 자신의 분석 내용이 무조건 옳은 것은 아니라는 점을 분명히 했다. 실제로 우리의 무연고 사망자 취재는 주변인 기억과 진술에 의존할 수밖에 없었다. 유품을 보거나 유족을 만난 경우는 드물었고, 사망 당시 수사 기록도 볼 수 없었다. 이 때문에 우리가 제공할 수 있었던 자료는 평소 박형민 위원이 자살자 심리를 분석할 때보다 훨씬 제한적이었다.

박형민 위원에 따르면 자살자 역시 무연고 사망자처럼 남성이 월등히 많다. 통계청에 따르면 2015년 자살자는 총 1만 3,513명이다. 이중 남자가 9,559명으로 여자 3,954명보다 두 배가량 많다. 그는 "전체 기간을 두고 봐도 자살자 성비가 남성이 두 배 많게 계속 유지되고 있다"고 설명했다.

"사실 자살을 시도하는 사람은 여성이 더 많아요. 하지만 실제 자살에 성공하는 분은 남성이 많죠. 여성은 약을 먹거나 손목을 긋는 등 덜 치명적인 방법으로 자살을 시도해요. 그래서 죽기 전 발견될 확률이 높아요. 반면, 남성은 높은 데서 떨어지거나 목을 매는 등 치명적인 방법을 사용합니다."

무연고 사망자 김만호씨는 가족과 함께 살았던 고향에서 죽은 채 발견되었다. 주변에서 살 집을 알아봐주는 등 도움을 주었지만 이를 거절했다. 그는 끝내 노숙 생활로 돌아갔고 가족과 살던 예전 동네 거리에서 죽은 채 발견되었다. 우리는 이러한 김만호씨의 행동을 스스로 삶을 포기하는 '사회적 자살'로 생각했다. 박형민 위원은 "김만호씨가 실제 자살했다고 가정한다면 자기에게 의미 있는 곳을 자살 장소로 선택한 것"이라고 말했다. 목숨을 끊기로 결심한 사람들은 자기 주변을 정리하거나 의미 있는 장소에 찾아가는 등의 행동을 보인다. 이를 '자살 예후'라 부른다.

"자살자가 마지막으로 찾는 장소는 의미가 있습니다. 자신이 좋아했던 사람들이 살았던 곳을 찾기도 하고, 때론 자기가 싫어하는 사람들이 보라고 거기서 죽기도 합니다. 김만호씨의 경우 (자살한 동네에서) 지키고 싶었던 것이 사라졌던 것 같습니다. 우리가 삶을 관리하고 돈을 아끼며 사는 것은 뭔가를 지키고 싶기 때문입니다. 딸에게 좋은 거 사주고 싶고, 좀 더 좋은 집에서 가족과 살고 싶은 마음이 있어야, 직업도 유지하고 삶을 관리하는 거죠.

김만호씨는 예전의 삶이 깨진 이유가 (사고로 인해 생긴) 장애 때문이라고 생각했을 수 있어요. 실제 다른 이유였어도 장애만 없었으면 극복할 수 있다고 생각할 수도 있고요. 가족이 해체된 원인(장애)을 자기가 가지고 있는데 이 장애는 사라지지 않으니까 김만호씨에게는 회복할 방법이 없었던 거예요."

이명호씨는 사업 실패 후 재기에 어려움을 겪자 자살센터에 방문한 적이 있다. 그는 동장에게 보내는 편지에서 "스스로 목숨을 끊으려 했지만 죽는 게 그리 쉬운 일이 아니다"며 "자살센터에서 기초생활보장수급자를 신청하라고 해서 편지를 쓴다"고 밝힌 바 있다. 그는 사업이 잘 운영될 때 4억 원 넘게 기부했지만, 정작 자신이 어려울 때 주변인들에게 도움을 요청하지 않았다. 이에 대해 박형민 연구위원은 "스스로 자살센터에 찾아간 것은 자살하고 싶지만 죽고 싶지 않으니 제발 좀 말려달라는 의미"라며 "자살센터를 찾는 사람들은 실제 자살할 확률이 낮다"고 말했다.

"이명호씨는 자기가 주는 관계일 때 존재의 가치를 느끼지만, 받는 관계일 때는 그 관계가 적절하지 않다고 생각하는 듯합니다. 사실 난 이런 사람이 아닌데. 경제적 능력이 없을 때는 다른 사람과 적극적으로 관계를 맺지 않고, 죽음의 순간에 다가왔을 때도 혼자 알아서 해야 한다고 생각했을 거예요.

마지막에 도움을 요청한 곳도 주민센터, 즉 공식적인 기관이죠. 자살하신 분 중에도 이런 심리가 꽤 있어요. 특히 노인들의 유서를 살펴보면, 자식한테 폐 끼치기 싫고, 자식에게 돈을 지원했으면 했지 도움을 받으면 존재 가치가 떨어진다고 생각합니다. 내가 계속 살면 너희한테 안 좋으니까 먼저 간다는 심리가 노인 세대에 꽤 많은 거 같아요. 그래서 삶이 힘들 때면 (아는 사람보다는) 좀 더 공적인 기관을 찾는 거죠."

조승만씨는 야산에서 목을 매달아 스스로 목숨을 끊었다. 죽기 3년 전쯤부터 "오래 안 산다", "죽고 싶다"는 말을 입버릇처럼 달고 살았다. 그런 그가 죽기 전날 친한 지인을 찾아가 3만 원을 달라고 부탁했다. 박형민 연구위원은 "자살을 결심한 사람들은 죽음을 향해 일직선으로 가는 게 아니라 죽고 싶다가도 살고 싶어 한다"면서 "죽을지 갈등하다 어떤 촉발 요인에 의해 자살을 행동에 옮기는 것"이라고 설명했다.

"자살에는 대부문 예후가 있어요. 조승만씨처럼 죽고 싶다는 말을 자주했다면 자살할 확률이 높아요. 하지만 은유적으로 표현되기 때문에 일반인은 파악하기 어렵죠. 특히 우리나라 사람들은 죽고 싶다는 말을 달고 살기 때문에, 그것이 그냥 힘들다는 뜻인지, 정말 죽고 싶은 건지 알기 어려워요. 또 자기 살기 바쁘니까 그걸 알아낼 여유도 없고요. '자살하면 어떡하지'라고 생각하는 순간부터 저 사람을 책임져야 하거든요. 알면서도 안 도와주면 전적으로 내 책임이 되죠. 그런데 대부분 자기 삶도 힘들어서 다른 사람을 도와줄 여력이 없어요. 그래서 아닐 거라고 생각하는 거예요. 이건 그 사람 잘못이 아니라 당연한 심리적인 과정이에요.

자살하신 분의 유족들이 느끼는 공통점인 감정은 이런 거예요.

미움, 죄책감, 후회. '조금 더 잘해줄걸' '나 때문이 아닐까' 하는 복합적인 생각이죠. 미안함과 미움이 같이 있어요. 무연고 사망자 가족도 비슷하지 않을까요? 혼자 죽게 했다는 미안함과 '저 인간 때문에 왜 돈을 써야 하느냐'라는 저항감이 동시에 있죠. 저 인간 때문에 피해를 입고 싶진 않지만, 그런 생각하는 자기 자신 때문에 또 미안해하겠죠."

돈으로 사람을 판단하는 세상

좌절한 이들에게 사회는 어떤 해결책을 내주어야 할까? 이 질문에 대한 답을 찾기 위해 김태형 심리학자를 찾아갔다. 그는 『트라우마 한국 사회』 『불안증폭사회』 등의 책을 통해 한국인의 좌절감을 분석해왔다.

2016년 7월 서울 낙성대역 인근의 한 카페에서 만난 그는 우리가 2013년 취재를 마친 후 내렸던 결론인 '한국 사회가 남성의 짐을 나누어야 한다'에 의문을 표시했다. 그는 누군가 그 짐을 나눈다고 해서 달라질 건 없다고 했다. 만약 여성이 그 짐을 나눈다면 여성도 똑같이 무연사하는 결과에 이르게 된다는 것이다. 그가 말한 해결책의 핵심은 '짐 자체를 안 지우는 사회'였다. 아버지가 돈 벌어오는 기계가 아니듯 인간이란 존재가 돈 버는 수준에 따라 평가받아야 하는 것도 아니라는 것이다.

– 우리가 취재한 무연고 사망자 중에는 사고를 당하고 나서 관계가 깨지고 모든 걸 포기하게 되는 사람이 많았습니다.

"패배자를 죽게 그대로 두는 게 한국 사회 특징이죠. 1990년대 이후에 누구나 다 경험했습니다. IMF 때, 거리에 쫓겨나서 방황하는 아버지들을 아무도 챙겨주지 않았잖아요. 그게 한국인에게 미친 영향은 지대합니다. 누구도 나를 도와주지 않는다는 두려움, 내가 실패하면 완전히 끝이라는 심리가 극대화된 거죠. 이분들은 잘린 다음에 실제로 경험해봤을 겁니다. 그럼 의욕을 잃고 이 세상에서 필요 없는 사람이라고 여기게 되죠."

─ 이들은 남에게 짐이 되고 싶지 않다는 말도 자주 했어요. 왜 스스로 짐이 된다고 생각했을까요?

"옛날에는 남한테 도움을 받는 것이 부끄럽거나 부도덕한 행위가 아니었습니다. 왜냐하면 인간관계가 '이웃을 내 몸처럼 사랑하라'는 사랑의 원리에 의해 맺어졌으니까요. 그러나 1990년대 이후부터는 등가교환의 원리가 인간관계를 지배하기 시작했어요. 받은 만큼 줘야 하는 거죠. 밥을 한 끼 얻어먹으면 다시 사줘야 하니까 부담스럽습니다. 돈 없으면 남한테 빚을 지게 된다는 생각이 드는 거죠. 이게 인간관계를 후퇴시켰습니다. 짐이 된다는 게 딱 그겁니다. 받은 만큼 못 준다. 못 주는데 받는 건 부도덕한 행위라고 보는 거죠."

─ 가정이 해체되는 것도 그런 영향이라고 보시나요?

"과거에는 경제적인 문제로 이혼하는 경우가 많지 않았어요. 지금은 그 비중이 높아져서 거의 1위입니다. 예전에는 남편이 사업하다가 망하면 부인한테 격려를 들을 수 있었는데 지금은 이혼 서류를 가지고 오죠. 가족은 끝났습니다. 가족 관계는 이제 계약관계로 전락했어요. 남편이 돈 벌어오면 아내는 자녀를 대학에 보내고. 이 계약이 실패하면 끝나는 겁니다."

─ 쪽방에 설문을 돌려보니 남녀가 이혼하는 이유가 다르더군요.

"한국 사회에서는 아빠의 역할이 왜곡되어 있습니다. 돈 버는 것은 필요하지만 좀 못 벌 수도 있죠. 그런데 요즘 한국에서 아버지의 역할은 무조건 돈을 많이 버는 겁니다. 그걸 못했을 때 죄책감을 느끼죠. 그리고 돈을 버는 거로만 자기 역할을 한정시키기도 해요. 그게 또 가족 관계를 왜곡시킵니다. 돈을 벌어오면서도 아내를 사랑하고 자식한테 친절하면 왜 버림받겠습니까. 그런데 아버지들 자체가 스트레스를 풀 곳이 없으니까 집에 와서 푸는 거죠. 권위적인 사장한테는 못 푸니까 가정에 와서 풀기도 하고. 그래서 독재국가나 권위주의 국가에서는 가정 폭력이 더 심해지는 거죠."

― 무연사하신 분 중에 그나마 여성은 남성보다는 덜 외롭게 지낸 모습을 종종 봤습니다. 이 차이는 어디서 발생하는 걸까요?

"관계를 맺는 패턴이 다릅니다. 남자들은 계급장 가지고 관계를 맺잖아요. 그런데 여자들은 계급장이 없어요. 그러니까 가식이 필요 없는 거죠. 계급장 떼고 관계를 맺으면 더 건강하고 친밀한 관계를 맺을 수 있습니다."

― 이런 문제를 해결하려면 어떻게 해야 할까요?

"시스템을 바꿔야 한다고 생각합니다. 이 시스템에서는 정상적 관계를 맺을 수가 없어요. 돈과 상관없이 인간관계를 맺을 수 있는 사회가 되어야 하는데, 그러려면 인간을 돈으로 평가하지 않아야 하고, 돈에서 해방되어야 합니다. 그런 시스템이 되기 전까지 외로움의 문제는 해결이 안 될 겁니다. 지금은 부자들의 자살률도 급증하고 있어요. 돈 있어도 친구가 없는 거죠."

― 인간을 돈으로만 평가하지 않으려면 어떻게 해야 할까요?

"무엇보다 소득 격차를 줄여야 합니다. 소득 격차가 벌어질수록 돈을 가지고 사람을 평가하게 돼요. 차별하고 무시하고. 그게 해결되면 관계도 회복되기 시작할 겁니다. 관계가 회복되면 무연고 문제도 줄어들 수 있어요."

― 한국 사회가 남성의 짐을 나누어야 한다는 저희의 결론에 대해선 어떻게 생각하시나요?

"여성과 짐을 나눈다고 해서 달라질 건 없습니다. 그럼 결국 여성도 같이 무연고 사망하는 거죠. 핵심은 그 짐 자체를 안 지우는 사회가 되어야 한다는 거예요. 인간이라는 존재가 돈 버는 수준에 따라 평가받아야 하는 건 아닙니다. 그건 저열한 인간 평가죠.

심리학자들은 한국인이 가장 관계를 중요하게 생각하는 민족이라고까지 이야기하는데 통계에 의하면 OECD 회원국 중에서 관계가 가장 나쁜 상태에 있다고 나오니까 그만큼 한국인들의 고통이 크다는 거죠. 정신적 파산이 빨리 올 수 있습니다."

― 취재에서 가장 기억에 남는 선 희망이 없어 보이는 모습이었습니다.

"무연고 사망자들은 이미 무기력증을 경험한 사람들이죠. 한국 사회 자체가 집단적인 무기력증을 양산했다고 생각합니다. 어릴 때는 어른들이 시키는 대로 살아야 하고, 학생은 시위하면 안 되고. 그런 사회에서 성장해 사회에 나왔어요. 노력하고 말도 잘 들었지만 남는 건 거의 없는 상황입니다. 여기서 또 무기력증을 느끼죠. 노숙자가 되면 재기의 기회를 주지 않아요. 거기서 오는 무기력증도 있고요. 이 사람들은 무기력이 한 번이 아니라 체계적으로 증가해온 사람들이란 말이에요. 꾸준히 누적되었죠. 어떻게 더 희망을 품을까요?"

모멸감과 무연사

사회학자 김찬호 성공회대 교수는 무연사를 한국 사회의 과도기적 특성이라고 말한다. 미국이나 유럽 등 서구 국가는 복지 제도를 잘 갖추고 있고, 남아시아 등의 저개발 국가는 가족 관계가 여전히 끈끈하다. 그러나 우리나라나 일본은 복지 제도를 제대로 갖추지 못한 상태에서 가족의 해체를 맞았다. 또 과거에는 여성이 권위주의적인 남성을 참고 받아주었지만 지금은 그렇지 않다. 변화에 맞추어 사회의식이 변해야 하는데 그러지 못했다는 것이다.

김찬호 교수를 만난 것은 그가 쓴 『모멸감』이라는 책 때문이었다. 그는 이 책에서 모멸감을 '나의 존재 가치가 부정당하거나 격하될 때 갖는 괴로운 감정'이라고 정의한다. 우리는 자신의 존재가 무시당할 때, 없는 취급을 당할 때, 함부로 대해질 때, 동정의 대상이 될 때 '모멸감'을 느낀다. 우리가 취재한 무연고 사망자들이 자신의 존재 가치가 부정당할 때 주위 사람들과 연락을 끊었다는 점은 그가 말하는 모멸감을 떠올리게 한다.

2016년 11월, 서울역 인근 세미나실에서 만난 그는 '모멸감'이 주목받은 시기가 2000년대 후반 저성장기라고 언급했다. 고도 성장기에도 모멸감이 있었지만, 부가 늘어나면서 '예전보다 나아졌다'는 생각이 모멸감을 보상했다. 그러나 지금은 모멸감을 보상할 수 있는 것이 존재하지 않는다.

"예전보다 나아질 수 없는 사회가 되자 사람들은 타인을 통해 보상받으려고 합니다. 내가 다른 사람보다 나아지기 어려우니, 다른 사람을 누르는 거죠. 최근에 불거진 '갑질' 문화도 이러한 맥락에서 이해할 수 있습니다."

김찬호 교수는 저성장기로 들어서면서 나타난 또 하나의 특징으로 '단절 사회'를 꼽았다. 가족이 해체되고 SNS 기반의 소통이 늘면서 직접적인 인간관계가 줄어들었다. 반면 정보사회로 진입하면서 SNS에서 보이는 남들만큼 살고 싶다는 욕망은 커졌다. 한국 사회의 모멸감은 저성장, 사회적 해체, 욕망의 상징이 맞물리면서 나타난다.

"서울대 출신 김근수씨가 거짓말을 많이 한 것도 모멸감에 의한 행동으로 볼 수 있어요. 일류 대학을 나올수록 운신의 폭이 좁아요. 대학 동기들과 비교하면서 '하찮은 일을 하면 안 되고, 있어 보여야 한다'는 인식이 강합니다. 우리 사회가 사회경제적 성취로만 자기 존재감을 세우는 문화잖아요. 고도 성장기에는 가능했을지 몰라도 저성장기에는 성취의 기회가 엄청나게 줄어듭니다. 우리는 갑작스럽게 저성장기로 전환되면서 새 시대에 맞는 자아를 형성하지 못했어요. 스스로 자각을 못 했을 뿐 아니라, 사회적 시선도 달라지지 않았죠."

그는 취재 도중 많이 들었던 '짐이 되기 싫다'는 감정도 일종의 자기 모멸감이라고 설명했다. 어차피 사람은 짐이 되고 짐을 지며 살 수밖에 없는 존재인데, 짐이 되는 걸 용납하지 않는 행동은 자신을 부정하는 것이라고 했다.

"어쩌면 내가 짐이 되었을 때 기꺼이 괜찮다고 할 사람이 없어서 하는 행동일 수도 있어요. 반면에 기꺼이 괜찮다고 했는데도 끝까지 자기가 짐이 되는 걸 용납하지 못하는 경우도 있겠죠. 특히 남성은 이런 면에서 자기 모멸감이 강해요. 남자들은 항상 파워게임을 하잖아요. 지면 안 되고, 약한 모습을 보이면 안 되고, 눈물을 흘리면 안 되고, 실제로 자기감정을 숨겨야 하고. 감정을 드러내도 화날 때만 좀 드러낼 뿐이지 다른 감정들은 잘 표현하지 않거든요."

그는 무연사가 늘어나는 이유가 사회가 점점 단절되고 있기 때문이라고 했다. 똑같이 교회를 다닌다고 하더라도 과거와 현재는 다르다. 예전에는 교인들 사이에 가정 방문이 흔했지만, 지금은 일주일에 한 번 얼굴 보고 인사하는 사이로 변했다. 관계가 피상화된 사회에서 시신 인수 포기는 늘어날 수밖에 없다.

그는 모멸감을 극복하기 위해서는 자존감 회복이 중요하다고 강조했다. 자존감은 성취감과 유대감을 균형 있게 얻을 때 회복된다. 우리가 취재한 무연고 사망자 중에는 사업 성공 등 성취의 경험이 있는 사람의 사례도 있다. 그러나 유대감이 없으면 성취는 자존감 회복으로 이어지지 않는다. 사업이 잘 나갈 때 수억 원을 기부했던 이명호씨의 경우가 그렇다. 성취감은 있었을지 몰라도 자신의 약한 모습이나 결핍을 솔직하게 드러내도 괜찮을 사람이 없어서 무연사했다는 게 그의 설명이다.

김찬호 교수는 앞으로는 지금과는 다른 이유로 무연고 사망자가 늘 수 있다고 했다. 또 중장년 남성뿐 아니라 젊은 남성, 여성들의 무연사도 증가할 것이라고 예상했다.

"옛날에는 가부장제여서 남자가 알코올의존자라도 다 받아주었죠. 하지만 지금은 아니에요. 남녀가 평등해졌다는 건 다른 한편으로 대등한 관계를 요구합니다. 여자들이 더는 희생 안 합니다. 예전에는 여성이 희생해서 그나마 무연고 될 사람이 안 됐다면, 이제는 무연고가 다른 이유로 생기는 거죠. 미래에는 여성과 젊은 남성 무연사도 늘어날 겁니다. 저성장 기조에서 독신이 늘면서 생겨나는 새로운 현상이죠."

김찬호 교수는 "내 모습을 있는 그대로 보여주고 그것을 존중해줄 수 있는 공동체가 필요하다"고 말했다. 이는 자신의 못난 모습을 드러내도 서로 우월감이나 열등감을 느끼지 않는 관계를 의미한다. 물론 당장은 쉽지 않을 것이라고 설명했다.

"무연고는 당연히 더 늘어날 겁니다. 어떤 일이 일어나서 실제로 드러나는 데까지 10년에서 20년가량이 걸립니다. 그럼에도 방향은 공동체밖에 없어요. 유대감을 늘리는 것부터 시작해야 합니다. 우리는 유대감에 대해 환상이 있어요. 가족들끼리도 속 이야기를 다 안 하잖아요. 함께 있어서 외롭지 않은 정도만 되어도 좋습니다. 너무 높은 이상을 두고 평가하면 모든 게 다 부족합니다. 그렇게 보지 말고, 없는 것보다 (유대감이) 있는 게 낫지 않은가요?"

고독사의 후년사

"오늘 토론회가 현장 활동가와 연구자 간 소통의 자리가 되었으면 합니다."

2016년 7월 22일 서울시복지재단의 주최로 열린 고독사 정책 토론회가 남기철 서울시복지지단 대표의 인사말로 시작되었다. 이날 토론회에는 송인주 서울시복지재단 연구위원, 나이토 카츠오 니혼 대학교 인문학부 교수 등 연구자들뿐 아니라 고독사 현장에서 일하는 활동가들이 참여했다. 참석자 중에는 우리가 취재하면서 만난 유품정리사, 노숙인쉼터 복지사, 알코올치료센터 간사 등도 있었다. 우리는 토론회 사회를 맡은 김찬호 교수의 초대를 받고 참석했다.

KBS 파노라마의 다큐멘터리 「한국인의 고독사」를 연출한 김명숙 PD가 가장 먼저 마이크를 들었다. 그는 이 다큐멘터리를 연출하면서 국내에서 처음으로 고독사 전수조사를 했다. 2013년 한 해 동안 서울에서 발생한 변사자와 무연고 사망자가 조사 대상이었다. 서울시복지재단은 2016년 이 자료를 토대로 '서울시 고독사 실태 파악 및 지원 방안 연구' 보고서를 발표했다. 김명숙 PD는 "취재 때 고독사를 어떻게 정의할지가 가장 어려웠다"고 고백했다. 취재팀이 세운 고독사의 기준은 세 가지다.

- 집 안에서 사망한 경우, 즉 이웃 등 타인에 의해 발견될 가능성이 있는데도 뒤늦게 발견된 경우를 의미한다.
- 혼자 살았고 사망 당시 혼자인 경우, 따라서 가족과 함께 사는데 사망자만 두고 여행을 간 경우 등은 배제한다.
- 시신이 부패한 채로 발견된 경우, 물론 여름에는 부패가 빠르게 진행되는 등 계절적 특성이 있지만, 부패 여부를 가장 중요한 고독사 기준으로 정했다.

2013년 서울에서 이 기준에 따라 집계된 고독사 발생 건수는 확실한 경우 162건과 의심이 드는 경우 2,181건을 합쳐서 총 2,343건이다. 고독사 의심이란 경찰 변사 자료에 부패 등의 언급이 없지만 고독사로 의심할 만한 정황이 있는 사망 사례를 말한다. 이는 2013년 서울시 1인 가구 전체 93만 2,368가구의 0.2퍼센트로, 하루에 6.4건 꼴로 고독사가 발생했다. 이 자료를 분석한 송인주 연구위원은 고독사 위험 집단의 특징을 다음과 같이 말했다.

"40~64세. 남성. 혼자 살며, 지병이 있고, 일용직 근로자이거나 무직인 사람들이 고독사 위험 집단으로 도출되었습니다. 이들은 이혼 등의 가족 특성을 보였고, 실직과 질병 등으로 인해 사회적 관계망이 단절되어 있었습니다. 또한 일할 나이의 성인이라는 점에서 사회적 사각지대에 놓여 있습니다."

요약하자면 '중장년 남성, 경제적 취약 계층, 가족 관계 단절'이 특징이다. 무연사 위험 집단과도 동일하다. 보건복지부에 정보공개 청구를 해서 받아본 2015년 무연고 사망자 현황에 따르면 40~64세 남성이 전체 1,245명 중 630명으로 절반가량을 차지했다. 무연고 사망자의 절반이 중장년층 남성이라는 것이다. 또 우리가 취재한 무연고 사망자는 대부분 경제적인 어려움을 겪고 있었고, 사망 전 가족과 연락을 끊은 채 지냈다.

"전주에 있는 한 아파트에서 시체가 부패된 채 발견된 56세 남성 최○○씨는 고독사의 전형적인 유형이었습니다. 사업가였던 그는 해당 업종에서 꽤 잘 나갔던 분이셨지만, 사고로 인해 사업을 접어야 했습니다. 저희는 그의 집에서 연락할 수 있는 누군가를 찾은 흔적을 발견할 수 있었습니다. 그는 가족과 계속 연락하고 싶어 했지만, 사업을 접은 이후 가족에게 집착하다 보니 가족과 멀어진 사례였습니다."(김명숙 PD)

나이토 카츠오 니혼 대학교 교수가 이어서 강단에 올랐다. 그는 일본에서 고령화 문제를 연구해온 학자다. 우리보다 먼저 고독사 문제를 겪은 일본에서는 고독孤獨을 감정적인 단어로 인식해 "고립사孤立死"라고 부른다. 나이토 교수는 "고립사는 혼자 살지 않더라도 발생할 수 있다"며 "일본에서는 '사회적 고립이 죽음으로 표면화된 것'으로 파악한다"고 밝혔다.

일본도 한국과 마찬가지로 전국 단위 고립사 통계가 없다. 일본 도시재생기구와 도쿄도구부 감찰의무원이 일부 지역을 대상으로 조사한 자료를 통해 현황을 추측할 수 있다. 도시재생기구는 이들이 운영·관리하는 임대주택 76만여 가구를 대상으로 '홀로 살다가 누구의 보살핌도 받지 못하고 홀로 세상을 떠난 사망자' 실태를 조사하고 있다. 이에 따르면, 고립사 발생 건수는 1999년 207건에서 2008년 613건으로 10년간 약 3배로 증가했다. 일본 대도시에는 고립사와 같은 일상적이지 않은 죽음에 대한 검안과 해부를 담당하는 감찰의무원이 있다. 2015년 도쿄도구부(도쿄 특별구) 감찰의무원이 집계한, 집에서 숨진 채 발견된 사망자는 남성이 월등히 많았고 60대 이상에 집중되어 있었다.

일본의 고립사 대책은 기본적으로 지방자치단체 단위로 이루어지고 있다. 나이토 교수는 가장 우선해야 할 정책으로 생활 곤궁자에 대한 지원을 꼽았다. 그는 "일본의 고립사도 경제적인 이유로 발생하고 있다"며 "생활수급자가 되지 않도록 경제적 지원이 선행

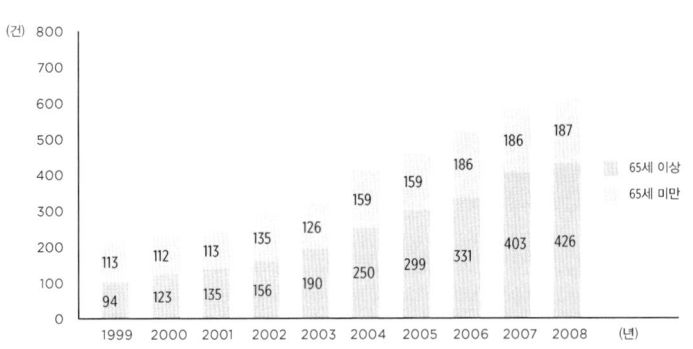

〈그림5〉 일본 도시재생기구 고독사 발생 추이

자료: 일본 고독사의 변화 과정과 대책 방안에 관한 연구(2015, 이연수·이재모)

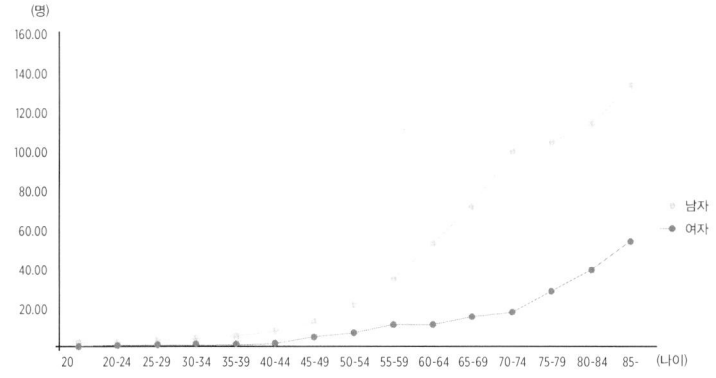

자료: 나이토 카츠오 니혼 대학교 교수의 발표자료

되어야 한다"고 설명했다.

최근 일본에서 가장 관심 받는 대책은 지역공동체를 활용한 관찰보호이다. 지역 주민 또는 신문, 가스, 전기, 택배와 같은 사업자가 혼자 사는 가구를 방문해 대상자의 상황을 주기적으로 살핀다. 관찰보호는 일본에서 유의미한 성과를 거두고 있지만, 거부자가 발생하기 쉽다는 한계도 드러나고 있다.

"고립에 처한 사람 중에는 주민과 트러블을 겪었거나 주민들로부터 배제되었던 사람들도 있습니다. 생활 문제를 주변에 알리고 싶어 하지 않는 경우나, 이웃 간에 깊은 관계를 유지하고 싶어 하지 않는 경우도 있습니다. 이런 경우 관찰보호는 오히려 역효과를 낼 수 있습니다. 따라서 거부자에 대한 다각도의 접근이 필요합니다."

일본에서는 이러한 사람들을 위해 '자석 방식'과 '원격 정보 수집 방식'이 새로운 대안으로 떠오르고 있다. 관찰보호 대상이 자석을 매일 아침 문 앞에 붙이면 이웃이 이를 떼서 문 안으로 집어넣는 식으로 생사를 확인한다. 일본은 차 문화권이라 하루라도 물을 끓이지 않을 수 없으므로 전기포트 가동 여부를 통해 생사를 확인하기도 한다.

일본의 관찰보호 실행 방법

- 독거노인, 고령자만 사는 세대 등 대상자를 파악해 지도를 작성하여 정보를 공유한다.
- 긴급신고장치, 복지 전화, 인체감지 센서 등 정보통신기술(ICT) 기기를 활용해 긴급시 신속하고 적절하게 대응한다.
- 도시락, 야쿠르트, 유제품 배달과 같이 부차적인 서비스를 제공해 주기적으로 대상자의 생활 상황과 안부를 확인한다.
- 상담 창구를 설치하여 전화 상담, 주민 및 사업자의 신고를 받는 센터를 설치하고 운영한다.

자료: 서울시복지재단 '서울시 고독사 실태 및 지원방안 연구' 보고서(2016)

기조연설이 끝나고 송영신 시니어희망공동체 대표, 김현미 보건복지부 독거노인종합지원센터 부센터장 등이 참여한 정책 토론회가 이어졌다. 토론회의 주요 화두는 '고독사를 어떻게 정의할 것인가'였다.

우리나라에서 고독사의 정의는 명확하지 않다. 무연고 사망자는 '아무도 시신을 인수해가지 않은 사망자'라는 명확한 기준이 있지만, 고독사는 학계에서 충분히 논의되지 않아 정의가 모호하다. 송영신 대표는 "고독사에 대한 정의를 명확히 내려야만 정책과 서비스 대상자에 대해 사회적 합의를 낼 수 있다"고 말했다.

'판례를 볼 때 일주일이 일반적이다' '시신의 부패가 시작되는 3일을 기준으로 삼아야 한다' '단 하루만 늦게 발견되어도 고독사로 인정해야 한다' 등 고독사 정의에 대해 다양한 의견이 나왔다. 고독사가 '외로이 살다가 혼자 사망해 시신이 뒤늦게 발견되는 죽음'이라는데 이견이 없었지만, 어느 정도 기간이 지난 후의 발견인지를 두고 의견이 엇갈렸다.

그러나 이 논쟁은 무의미해 보였다. 우리가 취재했던 무연고 사망자들은 대부분 죽음 이전에 이미 사회적 관계가 단절된 사람들이었다. 가족을 그리워했고 누군가를 애타게 찾은 흔적도 있었다. 고독사 역시 주변에 도움을 요청하거나 임종을 지킬 친밀한 관계망이 없다는 것을 의미한다. 시신이 며칠 후에 발견됐는지는 중요해 보이지 않았다.

나이토 교수가 제안했던 자석 방식이나 원격 정보 수집 방식을 들으면서도 비슷한 의문이 들었다. 숙음 이전에 관찰보호 대상자가 이미 고독한 삶을 살았다면 시신을 일찍 발견했다고 해서 고독사가 아닌 걸까? 관계 단절이라는 근본적인 원인의 해결보다 고독사 발생 건수를 줄이는 데 초점이 맞춰진 것 같았다. 이날 토론회에 참석한 단체 '홈리스행동'의 활동가도 비슷한 문제를 제기했다.

"사실 저는 하루 만에 발견되고 이틀 만에 발견된 것이 뭐가 중요한지 모르겠습니다. 제가 현장에서 만난 노숙인들은 죽은 지 몇 시간 만에 발견되었지만 그들의 삶은 아무와도 인연을 맺지 않은 채 고독했습니다. 얼마나 늦게 죽었는지보다 어떤 삶을 살았는지가 더 중요한 게 아닐까요?"

죽음을 발견해야 애도할 수 있다

고독사 정책토론회로부터 5개월 뒤인 2016년 12월 12일 서울시복지재단에서 송인주 연구위원을 다시 만났다. 정책토론회 때 들었던 의문들을 놓고 함께 이야기 나누고 싶었다. 토론회를 기획했던 송인주 연구위원은 노인과 베이비부머의 노동과 삶의 의미에 대한 관심으로 연구를 지속해왔다.

일단 우리는 원격 정보 수집 방식 등의 미시적 접근이 올바른 해결책일지에 의문을 표했다. 토론회에서 나이토 교수가 제안한 원격 정보 수집 방식은 고독사 위험군이 매일 사용하는 물건을 3일 이상 안 쓰는 것이 확인되면 사망했을 우려가 있으니 집을 방문해보자는 것이다. 이 경우 시체가 부패된 채 발견되는 사례는 줄겠지만, 사회적으로 고립된 사람들은 줄지 않을 것이라는 게 우리 생각이었다. 이에 대해 송인주 연구위원은 고독사 이후 시신을 빨리 발견하는 정책도 필요하다고 말했다.

"발견을 위한 도구만을 만드는 것이 과연 고독사 해법이냐는 질문으로 들리는데, 저는 이 부분도 해야 한다고 생각합니다. 그래야 주변이 함께 애도하고 (죽음을) 정리할 수 있습니다. 고독사가 발생하면 공동체가 죄책감을 느낀다는 연구 결과가 있습니다. 저는 최근 낸 보고서에서 이를 이용해서 공동체가 애도하는 기간을 갖자고 제안했어요. 공동체 범위는 아파트 한 동이 되어도 좋고, 고시원 하나여도 좋습니다. 이웃의 죽음에 애도하는 쪽으로 무게중심이 살짝 달라져도 많은 게 달라집니다. 고독사를 공공연하게 이야기할 수 있어야, 우리가 뭘 할 수 있는지 논의할 수 있으니까요."

송인주 연구위원은 토론회 이후 발표한 「서울시 고독사 실태파

악 및 지원 방안 연구」에서 고독사를 "타인과의 관계가 완전히 끊긴 상태에서 살아오다가 죽은 지 3일 이후에 발견되는 죽음"으로 정의한다. 우리는 앞서 고독사 이전에 이미 사회적 관계가 단절된다는 점을 고려하면 시신 발견 기간을 정의에 포함하는 것이 바람직한지 의문을 표했다. 그는 "일리가 있는 지적"이라고 동의하면서도 "기준을 명확히 하는 작업은 필요하다"고 했다.

"개인적으로는 치명적인 사회적 고립을 느낀 사람이라면 죽은 다음 날 발견되더라도 고독사라는 말에 동의합니다. 고독사는 고독한 삶을 살다가 홀로 겪는 고통스러운 죽음을 말하는 것이지, 부패 등으로 외형이 변형된 후 발견된 죽음을 가리키는 게 아니니까요. 하지만 기준을 명확히 세우지 않으면 사회적 합의를 할 수 없어요. 어떤 정책을 세우려면 우선 통계와 현황이 있어야 합니다. 수치로 실태를 보여줘야만 '고독사 문제가 이렇게 심각하니 줄여보자'라는 사회적 합의가 이루어질 수 있죠. 그래서 시체가 팽창기에 접어드는 3일을 기준으로 잡았어요. 다만 정책적으로 접근할 때는 넓은 개념에서 고독사에 접근해야 합니다."

고독사는 무연사와 마찬가지로 남성에게 월등히 많이 일어난다. 송인주 연구위원의 연구보고서에 따르면 2013년 서울에서 시신이 부패된 채 발견된 고독사 확실 사례 중 84.5퍼센트가 남성이었다. 같은 기간 서울시 무연고 사망자 남성 비율도 90.1퍼센트였다. 송 연구위원은 "남성 1인 가구가 사회적 고립에 처할 수 있는 사회문화적 변수가 많기 때문"이라고 설명했다.

⟨표4⟩ 2013년 서울시 고독사와 무연사 확실 사례 성별 현황

성별	고독사 사례 (건)	고독사 비율 (퍼센트)	무연사 사례 (건)	무연사 비율 (퍼센트)
남	137	84.57	257	90.18
여	21	12.96	28	9.82
미상	4	2.47	0	0
합계	162	100	285	100

자료: 서울시복지재단 '서울시 고독사 실태 및 지원방안 연구' 보고서(2016)

"1인 가구와 사회적 고립은 고독사의 필요조건이지만, 둘 사이의 인과관계는 남성 변수일 때 더 강하게 작동합니다. 남성은 조직 문화 속에서 과업 중심의 관계를 훈련받은 반면, 여성은 관계 중심적인 특성을 더 많이 가지고 있어요. 따라서 남성은 과업이 단절된 상태에서 관계 형성과 정서적 교감에 취약합니다. 사회적 지위가 인정되지 않으면 자존감과 일상적 삶의 태도 유지에 치명적인 상처를 입지요.

OECD 사회적 고립 지수를 보면 한국 여성은 사회적 관계망이 남성보다 적어요. 실제로 가족 관계망 이외에 사회적 관계가 없는 여성이 많고요. 그러면 왜 남성이 여성보다 사회적 관계망이 많은데도 더 많이 고독사하는 걸까요? 질적 측면에서 해석해볼 수 있습니다. 남성은 여성보다 사회적 관계망이 많지만 관계의 질이 높지 않아요. 남성의 관계망은 공감과 이해 중심이 아니라 정보 교류가 주목적이기 때문에 고립에 더 취약합니다."

그는 고독사 위험 집단으로 40~64세 남성을 뽑았다. 무연사도 절반가량이 중장년 남성에게서 발생했다. 반면 일본의 고립사는 60대 이상 고령자가 많다. 그는 "일본인의 70퍼센트가 종신 고용의

혜택을 누리고 있기 때문"이라며 "한국의 중장년은 일자리가 불안정해서 더 일찍이 사회적 고립에 내몰리고 있다"고 설명했다.

"한국 사회에서 신자유주의가 빠르게 확산되었어요. 1997년 외환위기와 2008년 글로벌 금융위기 이후 구조조정과 조기 퇴직 바람이 지속적으로 시장을 강타했죠. 그래서 남성 노동자는 실직 이후 재기하지 못하고 이혼 등으로 가족과 단절된 채 일용직을 전전하다가 알코올의존증이나 질병을 얻어 홀로 죽음을 맞이하는 경우가 늘어났습니다. 현재 일자리 불안정성이 점점 더 낮은 연령대로 확산되고 있어요. 앞으로 고독사 문제가 젊은 세대로 퍼질 위험이 매우 큽니다."

고독사의 해법은 무엇일까. 송인주 연구위원은 사회적 관계가 단절되지 않기 위한 근본적인 방안에 대해 끊임없이 질문해야 한다고 했다. 그는 "사회가 단절된 관계를 인공적으로 회복시킬 수 없기에 거시적인 관점에서 관계를 단절시키는 원인을 해결하는 것이 중요하다"고 말했다.

"사회 구조나 일자리 문제 등 거시적인 사회 문제를 이야기하지 않고서는 고독사 문제가 해결되지 않아요. 서로에게 관심을 가지려면 여유가 있어야 하는데, 이를 위해서는 사회경제적인 안정성이 뒷받침되어야 합니다. 또 지나친 경쟁과 차별 속에서 살아간다면 단절은 더욱 심각해지겠지요."

그러나 동시에 "거시적인 해법만 이야기해서는 할 수 있는 게 없다"고 했다. 고독사를 발생시키는 사회 구조를 바꾸는 것은 매우 중요하지만, 범위가 넓고 변화까지 오래 걸린다. 그래서 대책은 실천이 아닌 거대한 담론으로 맴돈다. 그렇기에 그는 우선 작은 것부터 바뀌나가야 한다고 강조했다.

"고독사한 사람이 일자리를 잃지 않았다면 좋았을 겁니다. 가족과 헤어지지 않았다면, 이혼하지 않았다면…. 그러나 이런 구조적인 문제는 지금 당장 해결할 수 있는 게 아니에요. 지금 당장 이 사람이 알코올의존자가 아니었으면, 마지막 순간에 손잡아줄 누군가가 있었으면…. 이런 문제를 먼저 보자는 거죠. 지금 당장 임박한 순간의 지원이 먼저고, 그 이후의 해결책은 그다음입니다. 그렇지 않으면 시작조차 할 수 없어요."

그는 '작은' 성공 사례의 중요성을 말했다. 당장 할 수 있는 것부터 시작해 성공을 거둔 후 이를 더 넓은 범위로 확대해나가자는 것이다. 이런 노력의 하나로 그는 최근 관악구, 노원구, 금천구와 함께 사회적 고립 가구 발굴 및 지원 방안 연구를 실행하고 있다. '찾아가는 동주민센터'를 중심으로 위기 사례를 발굴하고 지원하는 방안과 민간 자원을 연계하는 복지 공동체 활용을 검토하고 있다.

"우선 고독사 위험군을 파악해 지도에 표시하는 일부터 할 계획입니다. 자원봉사자들은 이 지도를 보고 찾아가 생사를 매일 확인하겠죠. 만약 사례자가 식사를 원하면 도시락 서비스를 연결해줄 수 있고, 또 다른 서비스를 원하면 이를 제공해줄 수도 있을 겁니다. 최종적으로는 사례자들이 사회에 나올 수 있게 하는 것이 목표입니다. 지역구를 중심으로 한 성공 사례들이 유의미한 결과를 내면 사회 전체로 이러한 프로젝트를 확산할 수 있게 됩니다."

마지막으로 송인주 연구위원은 죽음을 발견하는 것에 대한 부정적인 인식도 줄일 필요가 있다고 덧붙였다. 1인 가구가 늘면서 일상에서 고독사 현장을 목격할 일도 많아질 텐데, 이를 충격으로

만 받아들여서는 안 된다는 것이다.

"죽음을 발견하지 못하는 문제에 대해서도 고민해봐야 합니다. 우리는 일상에서 죽음을 발견하지 못하는 삶을 살고 있지만, 옛날에는 안방에서 누군가가 죽어가는 일이 비일비재했습니다. 길에서 죽더라도 집 안으로 데려와 염하고 장례를 치렀어요. 그런데 의사가 죽음을 진단하는 게 보편화되면서 언제부턴가 죽음을 발견하는 게 나쁜 것처럼 인식되기 시작됐어요. 분명 1인 가구가 늘면서 일상에서 죽음을 발견하는 일은 잦아질 겁니다. 죽음을 발견하는 것을 당연하게 여기는 사회가 되어야 그로 인한 트라우마를 줄일 수 있습니다."

여전히 표류하는 무연생들의 사회

2014년 3월에 시작된 취재는 2017년 4월 단행본으로 기록되면서 끝이 났다. 얼굴도 모르는 사람을 찾아 낯선 동네를 매일같이 헤맸다.

주변인을 찾았다는 기쁨도 잠시, 그들을 통해 알게 된 삶의 무게에 마음이 무거웠다. 무연고 사망자가 발생한 이유는 개인에게만 있던 것은 아니었기 때문이다. 오히려 사회가 야기한 측면이 컸다. 무연고 사망자 중에는 서울대학교 출신 전직 고위 행정관과 수십억 원을 기부하며 잘나갔던 사업가도 있었다. 삶의 출발은 달랐지만, 모두 사업 실패와 같은 한 번의 실수로 전부를 잃었다.

그 배경에는 외환위기, 산업구조조정, 금융위기, 대량 해고 등이 있었다. 평범한 가장이 외환위기 때 실직해 이혼한 후 생활이 망가져 노숙자가 되었고, 길에서 죽은 채 발견되었다. 서울의 후미진 공간에서 본 현실은 국가의 경제 위기가 망가뜨린 수많은 가정의 파편들이었다.

왜 남자가 더 많이 무연사할까? 우리가 처음 제기했던 이 질문에 대한 답에도 가까워질 수 있었다. 무연사한 남자에게도 '관계'는 분명 존재했다. 가족이 있었고, 손 내밀면 그들을 도와줄 사람도 있었다. 하지만 '남자는 경제력이 있어야 한다'는 생각이 관계를 끊어버렸다. 고도 성장을 거치면서 가장의 역할은 경제적 부양으로 더욱 굳어졌다. 하지만 경제 위기가 빈번하게 발생하는 시대에 그 책임을 다할 수 있는 사람은 소수에 불과하다.

결국 무연사는 돈이 가장 중요하다는 인식, 타인과의 관계를 짐으로 만드는 각자도생 풍조, 불안정 고용과 저소득층 증가, 실패 이후 재기를 돕지 못하는 복지시스템 부재 등의 복합적인 이유로 발생했고, 이러한 문제들은 한국 사회에서 '돈을 벌어야 한다'는 생각 속에 자라온 남자들에게 더 치명적이었다.

우리 사회에는 여전히 세상과 연을 끊고 홀로 살아가는 이들이 많다. 무연고 사망자가 살던 쪽방촌, 여인숙, 고시원 등에는 '무연생'을 사는 예비 무연고자들이 연고 없이 표류하고 있다. 취재 목적으로 찾아온 걸 뻔히 알면서도 오래간만에 찾아온 우리에게 "찾아와줘서 고맙다"며 보이지 않을 때까지 손을 흔들어주었던 이들이었다.

어떻게 하면 이런 상황을 해결할 수 있을까. 크게는 돈과 남성 역할에 대한 인식 변화, 실패를 용인하는 사회, 양극화 해소, 공동체 회복 등 비자발적 무연생을 양산하는 사회 구조를 바꿔야 한다. 하지만 무연사 문제는 한국 사회의 총체적 위기와 얽혀 있어 당장 해결하기 힘들다. 그것이 송인주 연구위원의 "당장 해결할 수 있는 작은 것부터 시작해야 한다"는 말에 귀 기울여야 하는 이유다. 복지 사각지대에 놓인 중장년층을 위한 정책 부서 신설, 자치구 중심의 마을 장례 서비스 등은 단기간에 도입할 수 있는 방안이다.

하지만 사람들의 관심 없이는 이 작은 것도 시도하기 어렵다. 우리가 취재 과정에서 만난 많은 관계자들은 무연사 문제에 무관심했다. 담당 공무원임에도 우리보다 관련 법규를 몰랐고, 무연사 문제를 연구하는 학자도 찾아볼 수 없었다. 심지어 한 공무원에게서 "내가 무연고 사망자 담당 부서에 있을 때는 문제를 제기하지 말라"는 말까지 들었다. 가족조차 외면한 무연고 사망자들은 사회에서도 관심을 받지 못했다.

취재 중 "고인을 도와주지 못해 미안하다"는 무연고자의 지인을 보며 우리가 할 수 있는 일은 "당신 탓이 아니에요"라고 말해주는 것뿐이었다. 그런 상황에서도 "더는 그분과 같은 사람이 없도록 하겠다"는 입바른 약속조차 할 수 없었다. 우린 평범한 학생이었고, 아무도 우리 이야기에 귀 기울여주지 않을 것 같았다.

그래서 이 글을 썼다. 한 사람이라도 무연고 사망자들의 간절한 호소에 관심을 가져주었으면 하는 바람에서다. 무연사에 대한 관심이 높아지고 무연사에 대해 공공연하게 이야기할 수 있어야 우리가 무얼 할 수 있는지 논의할 수 있다. 우리가 취재한 무연고 사망자 209명의 목소리는 나와 내 가족, 혹은 내 주변 누군가의 이야기일 수도 있다. 4년에 걸친 취재가 무연고 사망자에 대한 관심을 조금이라도 불러오길 바란다.

에필로그

"유골 찾아가시려고요?"

휴대전화 너머로 들려오는 물음에 멈칫했다. 2017년 3월 25일 책 마감을 며칠 앞두고 '용미리 무연고 추모의 집'을 찾았다. 추모의 집은 서울시의 무연고 사망자들이 화장 후 안치되는 곳이다. 정확한 위치를 묻기 위해 추모의 집이 있는 용미리 제2묘지 관리소에 전화했다. 직원은 우리를 유속이라 생각했는지 유골을 찾으러 왔느냐고 물어왔다. 순간 우리가 무연고 사망자와 아무 연고 없는 '외부자'란 사실을 다시 한 번 깨달았다. 우리를 뭐라고 설명해야 할지 잠시 고민하다가 "아는 분이 있어서 추모하려고 한다"고 말하니 직원은 더 이상 정체를 묻지 않고 답했다.

"703번 버스를 타고 용미4리 2묘지역 다음 역인 '백구역'에서 내리세요. 거기서 길을 건너 조금 걷다 보면 추모의 집이 산길 입구에 있어요."

4년 전인 2013년, 첫번째 취재를 마무리했을 때에도 이곳을 찾았다. 무연고 사망자에 대해 캐묻고 다닐 때마다 느꼈던 죄책감을 조금이라도 덜고 싶어서였다. 이미 죽은 사람의 삶을 들추어내는 일은 고인을 기억하는 누군가에게는 상처가 되었다. 어쩌면 고인이 생전에 들키고 싶지 않았을 사적인 이야기도 물어야 했기에 취재하는 내내 마음이 무거웠다. 취재를 마무리하며 미안한 마음을 담아 그동안 취재했던 무연고 사망자들에게 일일이 꽃 한송이를 전하고 싶었다. 그렇게나마 고인과 그를 기억하는 사람들을 위로할 수 있다면 우리도 마음의 짐을 조금은 덜 수 있을 것만 같았다.

마침 공고에는 무연고 사망자의 유골함을 관리하는 납골당의 이름과 위치가 적혀 있었다. 공고에 나온 장소는 '서울시립 용미리 무연고 추모의 집'이었다. 검색하니 '용미리 추모의 집'으로 가는 길을 안내하는 블로그 게시글들이 몇 개 올라와 있었다. 703번 버스를 타고 가서 '용미리 2묘지'에 내리면 된다는 내용이었다. 주로 가족이나 친구의 납골당을 찾아간 사람들의 글이었다. 공고에는 무연고 사망자들이 '화장 후 납골'되었다고 나와 있었기에, 망설임 없이 버스를 타고 납골당으로 향했다. 버스에서 내리자마자 꽃집들이 눈에 띄었다. 꽃 몇 송이를 사 들고 한적한 시골길을 걸어 올라갔다. 눈앞에 대리석 벽돌로 세워진 납골당 건물이 보였다. 납골당 안에는 영화나 드라마에서 보았던 것처럼 칸마다 고인들의 사진과 가족이나 지인들이 두고 갔을 흰 국화가 놓여 있었다. 손으로 써내려간 애틋한 편지들도 눈에 띄었다.

아마 무연고 사망자들의 유골함은 따로 구분되어 있으리라 생각하고 실내를 돌아보았다. 그런데 어디에도 무연고 사망자들의 유골함은 보이지 않았다. 30분쯤 지나서야 이상함을 느끼고 관리 사무소를 찾았다. 직원은 "무연고 추모의 집은 이곳이 아니다"라고 했다. 결국 다시 10분쯤 택시를 타고 직원이 안내해준 곳으로 향했다. 택시 기사가 내려준 산 입구에는 창고로 보이는 작은 건물 한 채가 덩그러니 놓여 있었다. 건물 주위를 살펴봐도 안내원은커녕 사람의 흔적조차 보이지 않았다. 혹 산길을 따라가면 납골당이 있지 않을까 짐작하고 10분쯤 올라갔지만 여전히 어디에도 추모할 수 있는 곳으로 보이는 시설은 없었다. 산속을 헤매다 다시 관리사무소에 전화를 걸었다. "거기 바로 보이지 않아요? 컨테이너 같은." 산길 초입에 있던 작은 창고, 설마 그곳일까 싶어 되물었을 때 직원은 무심히 말했었다. "네, 맞아요. 그 건물이요."

창문에는 창살이 설치되어 있고 철문은 낡은 자물쇠로 굳게 잠겨 있었다. 창문을 덮은 뿌연 먼지 때문에 실내가 잘 보이지는 않았지만 유골함 여러 개가 층층이 놓여 있는 건 확인할 수 있었다. 유골함에는 고인의 이름이 적혀 있지 않아서 주인이 누구인지 알기 어려웠다. 이런 모습일 줄은 전혀 상상하지 못했다.

힌침 동안 우리는 아무 말도 할 수 없었다. 긴 침묵 끝에 누군가 물었다. "이 꽃은 어떻게 하지?" 유골함 하나하나 앞에 놓아둘 생각으로 꽃다발이 아닌 꽃송이를 사온 참이었다. 문을 열고 들어갈 수도 유골함의 주인을 확인할 수도 없었다. 결국 준비해간 꽃은 문고리에 걸어두어야 했다. 혹여나 땅에 떨어질까 조심하며 꽃을 테이프로 여러 번 둘러 고정했다. 죄책감을 덜고자 왔는데 마음이 더 무거워졌다. 이들은 마지막까지 쓸쓸하구나. 꽃 한 송이 놓을 곳 없는 그곳에서 부디 고인이 편안히 잠들기를 빌며 떨어지지 않는 발걸음을 간신히 돌렸다.

4년이 흘렀다. 다시 703번 버스에 몸을 실었다. 혹시 또 길을 헤맬까봐 이번엔 미리 관리소에 전화를 걸어 길을 물었다. 직원은

"백구역에서 내리라"고 설명했다. 하지만 703번 버스 표지판에는 '백구역'이 적혀 있지 않았다. 버스 기사도 '백구역'이 어딘지 모르는 눈치였다. 잠시 당황했으나 2묘지 다음 정류장이라는 말을 믿고 내렸다. 정류장 건너편 산길 입구에서 100구역 안내판이 보였다. 그제야 "백구역"이 "100구역"을 말하는 것이었음을 알아차렸다. 용미리 묘지가 워낙 부지가 넓어 구획을 구분해둔 듯했다. 4년 만이어서일까. 풍경이 낯설었다. "그땐 이렇게 잘 포장된 길이 아니었던 것 같은데…", "주변에 꽃집도 없었던 거 같은데…" 하며 모두 확신을 갖지 못했다.

기억을 더듬으며 표지판에서 오른쪽으로 고개를 돌렸다. 벽돌로 된 낡은 단층 건물이 있어야 할 곳에 새로 지은 듯한 시멘트 건물이 있었다. 우리의 키와 보폭으로 가늠해볼 때 높이가 2미터, 넓이가 17평 정도 되는 공간이었다. 그 건물을 다시 3미터 정도 되는 회색 벽이 둥글게 감싸고 있었다. 입구에는 녹슨 자물쇠 대신 도어록이 달려 있었다. 4년 전처럼 문이 잠겨 있다는 점만 빼면 정말 '추모관' 같은 모습이었다. 혹시 일반 납골당이 아닌가 싶어 다시 관리소에 전화를 걸어보니 "거기 앞에 용달차 하나 있죠? 그럼 거기 맞아요"라는 답이 돌아왔다.

확답을 듣고도 확신이 들지 않았다. 4년 전 모습과 꽤 달라진 풍경에 혹시 '무연고 추모의 집이 두 개가 있고, 4년 전 찾은 곳과 지금 찾은 곳은 서로 다른 곳이 아닐까' 하는 생각이 들었다. 결국 좀 더 위로 올라가 보기로 했다. 고개를 드니 100미터도 안 되는 가까운 거리에 묘지가 쭉 이어져 있었다. 가까이 다가가보니 가족묘임을 알려주듯 묘지 앞 비석마다 자녀와 며느리, 손주들의 이름들이 적혀 있었다. 고인의 이름이 적힌 추모 명패 바로 아래에는 국화 꽃다발이 가지런히 놓여 있었다. 하얀 포장지가 꽃을 둘러싸고 있어서 국화의 노란 꽃잎이 더욱 싱그러워 보였다. 멀찌감치 떨어져서도 국화 향기가 그대로 전해지는 듯했다. 가족들이 최근 성묘를 다녀간 듯 묘는 잡초 하나 나지 않고 잘 정돈된 상태였다. 한참을 올라가도 추모의 집처럼 보이는 건물은 없었다. 처음에 보았던 새 건물이 우리가 찾던 추모의 집이 맞았다.

다시 산길을 내려와 드높은 담장에 둘러싸인 건물 앞에 섰다. 회색 문 양쪽에는 플라스틱으로 만든 모형 대나무가 심어져 있었다. 나뭇가지에는 꽃다발들이 드문드문 매달려 있었다. 모두 8개였다. 바닥에 놓인 조화를 볼 때까지는 관리소 쪽에서 장식용으로 놓았으리라 짐작했다. 하지만 시선을 돌려 나무에 걸려 있는 생화를 보자 누군가가 왔다 간 흔적이라고밖에 생각할 수 없었다. 이미 꽤 시간이 흐른 듯 생화는 완전히 시들어 꽃잎이 검게 변해 있었다. '우리와 함께 취재했던 채널A 쪽에서 다녀간 건 아닐까.' '아니면 무연고 사망자의 가족이 찾아왔던 걸까.' 꽃 한 송이에 여러 생각이 교차했다. 우리 뒤쪽으로 성묘를 온 차량들이 주차를 위해 멈춰 섰다. 차에서 사람이 내릴 때마다 '혹시 무연고 사망자 가족들이 찾아온 건가' 싶은 마음에 깜짝깜짝 놀랐다. 유족이었으면 하는 바람과 아니었으면 하는 마음이 뒤죽박죽 섞였다. 여전히 외롭고 쓸쓸해 보이는 납골당을 찾은 유족들에게 말을 건넬 자신이 없었다. 그러나 불행인지 다행인지 우리가 머문 두 시간 남짓한 시간 동안 유가족은 나타나지 않았다.

추모의 집 앞에 놓여 있는 시든 생화가 머릿속을 맴돌아 근처 꽃집으로 향했다. 꽃집 한구석에는 미리 만들어놓은 꽃다발들이 진열대 안에 놓여 있었다. 형형색색의 꽃들이 가득했지만 마음에 차지 않았다. 마지막 순간까지 혼자였던 이들이 쓸쓸하지 않도록 가장 화려한 꽃을 두고 싶었다. 누군가는 그들을 기억하고 있다는 사실을 꽃으로나마 이곳을 찾는 이들에게 보여주고 싶었다. 고민 끝에 가장 생생해보이는 꽃다발을 하나 골랐다. 하얀 국화와 노란 국화가 섞인 생화였다. "생화는 며칠이나 가요?"라고 묻자 꽃집 주인은 "보름도 안 간다"고 했다. 누군가 다시 찾아왔을 때 또 시든 꽃다발을 보겠구나 싶어 마음 한구석이 쓸쓸했다. 결국 갖고 있는 현금을 탈탈 털어 꽃집 한구석에 있던 조화도 한 다발 샀다. 오랫동안 새것처럼 보일 꽃을 놓아두고 싶었다.

다시 추모의 집으로 돌아와 꽃을 둘 자리를 살폈다. 모형 나무를 찬찬히 살피다가 아까는 미처 보지 못한 사진 한 장이 눈에 들어왔다. 작은 목걸이형 조화 안에 액자가 꽂혀 있었다. 50대 후반으로 보이는 남자가 검은 양복을 입고 찍은 반명함 사진. 순간 우리가 취재했던 무연고 사망자들의 모습과 유족들의 모습이 차례로 스쳐 지나갔다. "○○○ 씨 가족이 찾아왔나?" "○○○ 씨 친구일 수도 있어." 어쩌면 우리가 취재하지 않은 무연고 사망자의 가족일 수도 있다. 장례는 치러주지 못했지만 여전히 그를 그리워하는 유족이 영정 사진을 두고 갔을 수도 있었다. 사랑하는 이를 손바닥보다 작은 조화 속 사진으로밖에 추모할 수밖에 없는 유족의 심정은 어떨까? 그 마음이 헤아려지자 차마 사진에서 시선을 거두기 어려웠다.

꽃집에서 사온 생화와 조화는 문 양쪽에 각각 놓아두었다. 이 꽃도 곧 검게 시들겠지만 또 누군가가 찾아와 꽃을 놓아주기를 바랐다. 4년 전보다는 훨씬 깔끔하게 단장된 건물을 보며 작은 바람을 가져보았다. 새 건물이 지어진 이유가 우리의 르포 기사 때문인지는 알 수 없었다. 다만 누군가가 관심을 가졌고 변화가 있었다는 사실이 취재하고 글을 쓰는 내내 우리를 짓눌렀던 죄책감을 조금은 덜어주었다. 취재하며 만난 사람들은 종종 물었다. "이제 와서 죽은 사람 취재해서 뭐할 건데?" 그들의 힐난에 이 작은 변화가 조금이나마 답이 되어줄 것만 같았다.

지난 4년간, 우리는 죽음을 뒤쫓으며 살았다. 돌아보면 무연고 사망자를 대하는 태도는 우리 모두가 조금씩 달랐다. 같은 사람을 취재하고도 누군가는 냉정하게 질문을 이어갔고 누군가는 펑펑 울음을 터뜨렸다. 누군가는 가족의 시신을 거둘 수 없었던 유족의 사정을 먼저 이해했다. 누군가는 무연고 사망자가 삶의 막다른 골목에 몰려 느꼈을 좌절감에 고개가 끄덕여진다고 했다. 누군가는 자신의 아버지를, 누군가는 직장 상사를, 또 누군가는 자신의 미래를 떠올렸다. 각자가 자라온 환경, 각자가 놓인 상황이 달랐으니 당연한 일이었다. 단 한 가지 우리가 동의한 게 있다면 무연사가 계속되어서는 안 된다는 사실이었다.

우리 모두 취재 전에는 무연사라는 용어를 알지 못했다. 장례를 치러줄 이가 없어 혼자 죽을 수 있다는 걸 생각해보지 못했다. 설령 무연고 사망자의 존재를 알았더라도 우리와 먼일이라 여겼을 것이다. 그러나 취재하며 만난 무연고 사망자의 모습은 우리와 크게 다르지 않았다. 그들처럼 우리 역시 남에게 도와달라는 말을 쉽게 꺼내지 못했고 돈이 없어 사람들과의 만남을 기피했다. 가장 친밀한 가족한테도 쉽사리 약한 모습을 드러내지 못했다. 돈을 벌지 못하면 관계에 자신감이 없어졌고, 반대로 돈을 벌기 시작하면 일에 얽매여 내 주변 가장 소중한 사람들과의 관계에 소홀했다.

그들의 미래는 우리가 맞닥뜨릴 수 있는 미래이기도 했다. 우리 역시 언제든 실패할 수 있고, 빚을 질 수도 있다. 만약 그들처럼 실패해서 다시 일어서지 못했을 때 가족 혹은 지인이 여전히 내 곁에 있으리라고 어느 누구도 확신할 수 없다. 가족에게 부담을 지우기 싫어서 혹은 자기 처지를 솔직하게 드러내고 싶지 않아서 내가 먼저 모든 관계를 끊고 숨어버릴 수도 있다. 우리가 만났던 무연고 사망자들을 그저 불쌍한 사람들로 볼 수 없었던 것은 바로 그 때문이었다.

추모의 집 앞에 놓인 꽃을 바라보며 한 발짝 떨어져 섰다. 두 손을 모으고 잠시 묵념했다. 무연고 사망자들이 평안하기를, 남겨진 유족들이 아프지 않기를, 그리고 지금 무연생을 살아가는 누군가와 앞으로 무연생으로 살아갈 누군가를 위해 이 책이 작은 변화의 디딤돌이 되기를 진심으로 소망했다.

감사의 말

함께 만든 이들과 도움을 주신 분들에게

지난 4년간 많은 분의 도움을 받았다. 먼저, 취재 과정에서 만난 무연고 사망자의 가족과 지인 등 취재원들에게 감사의 말씀을 드린다. 고인에 대한 기억을 불러내고 말하는 것이 어렵고 고통스러운 일일 텐데도 많은 분들이 질문에 소상히 답해주었고, 때로는 우리가 격려를 받기도 했다. 그분들의 모든 말들이 이 책을 세상에 나오게 만든 원동력이 되었다.

국립중앙의료원 관계자들, 김새별 바이오해저드 대표 등은 직접 경험한 무연사 현장 이야기를 전해주었다. 탑골공원의 어르신들, 힐링카페 회원들, 인터뷰에 응한 40대 가장들은 개인적인 이야기까지도 기꺼이 들려주었다. 학생 신분인 우리에게 흔쾌히 시간을 내어준 덕분에 책의 논의를 확장할 수 있었다.

인터뷰를 허락해준 관련 전문가들에게 특별히 감사의 말씀을 드린다. 이들의 전문적인 지식과 조언으로 책을 더 풍성하게 만들 수 있었다. 무연사가 우리 사회에서 어떤 의미를 갖는지, 대안은 무엇인지 함께 고민해주었다. 인터뷰에 참여한 전문가들은 다음과 같다.

김찬호 성공회대학교 교양학부 교수

김태형 심리연구소 '함께'소장

박형민 한국형사정책연구원 연구위원

송인주 서울시복지재단 연구위원

유경선 국회 보좌관

    이 책의 기반이 된 취재와 그 기록들은 언론과 방송의 주목을 받기도 했다. 이 지면을 빌려 「신동아」와 채널A, 삼성언론재단에 감사의 말씀을 전한다. 2013년 첫 취재의 기록은 「신동아」 논픽션 공모 최우수작으로 선정되었다. 그후 2014년 채널A 다큐멘터리 팀과 함께 첫 취재 때보다 더 많은 무연고 사망자들을 취재할 수 있었다. 그 내용은 「남자, 혼자 죽다」라는 이름으로 2014년 9월에 방영되었다. 이후 무연고 사망자 사망신고 문제를 알아보기 위해 2014년에 18명을 더 취재했고, 당시의 기록은 삼성언론재단 '대학생 탐사보도 공모전'에서 우수상을 받았다.

    2013년 첫 취재 당시 6명으로 시작했던 취재는 취업이나 결혼 등의 이유로 시간을 내지 못해 빠지는 멤버가 늘면서 책을 쓸 당시에는 3명으로 줄었다. 책 출간에는 참여하지 못했지만 취재를 함께 했던 팀원 노동우, 김형석, 최하은에게도 진심으로 고맙다는 말을 하고 싶다. 노동우는 2014년 8월까지, 김형석은 2014년 5월까지, 최하은은 2013년 6월까지 취재했다. 이들이 발로 뛴 흔적과 우리에게 보내준 격려, 책 작업 중간중간 물음에 답해준 정성이 아니었다면 이 책은 완성되지 못했을 것이다.

부록

2000년 서울시 무연고 사망자

번호	이름	성별	나이	직업 (직전 혹은 최근)	주거 상황	장소지	비고
1	송대용	남	48세	–	빌라	중랑구	자살
2	강백길	남	73세	무료급식소 임시직, 건설현장 감독	하숙	중구	자녀 1남 1녀
3	강수찬	남	50세	의류 공장, 봉제공	연립주택(월세)	동대문구	7남매 중 장손, 해병대 복무
4	백형호	남	–	–	노숙인쉼터	동대문구	병세 악화
5	고태희	남	75세	–	단독주택(월세)	관악구	아는 사람 없음
6	고민영	남	66세	공장, 식당 운영	월세	동대문구	농서녀 있음
7	이은주	여	52세	–	주민센터	중구	주민센터
8	곽한영	남	60세	도배, 노점, 경비	연립주택	동대문구	자녀 1남
9	최명성	남	71세	–	게스트하우스	용산구	아는 사람 없음
10	황석주	남	73세	기초생활보장수급자	단독주택(월세)	종로구	고아, 제주 출신
11	김우필	남	–	–	일반 건물	영등포구	–
12	김경찬	남	61세	식당, 잡부, 제본 회사	노숙인쉼터	동대문구	미혼, 위암 수술
13	김윤석	남	72세	무직	단독주택	중구	자녀 1남
14	유정식	남	62세	–	일반 건물	종로구	아는 사람 없음
15	김광택	남	–	–	–	중랑구	취재 불가
16	김근수	남	79세	공무원→사업가→수급자	쪽방촌	종로구	서울대학교 졸업
17	김소진	여	61세	기초생활보장수급자	요양병원	영등포구	뇌경색, 당뇨, 의사소통 불가
18	최용훈	남	56세	무직	쪽방촌	중구	이혼, 장애인, 자녀 1녀
19	김순경	남	–	노숙자	노숙	종로구	주민센터
20	김칠상	남	71세	–	쪽방촌	용산구	취재 불가
21	강현재	남	54세	–	쪽방촌	중구	–
22	김호진	남	64세	꽃 배달→수급자	–	중구	질식사, 허풍이 셈

번호	이름	성별	나이	직업/상태	거주	구	비고
23	김윤상	남	39세	-	연립주택	금천구	아는 사람 없음
24	김시훈	남	73세	-	쪽방촌	중구	아는 사람 없음
25	곽신영	남	82세	수급자	쪽방촌	용산구	미혼, 부모 사망
26	김주현	남	48세	-	노숙인쉼터	성동구	-
27	김충경	남	-	-	주민센터	마포구	주민센터
28	김정현	남	44세	-	단독주택(월세)	동대문구	전과 있음
29	김정호	남	63세	-	쪽방촌	용산구	아는 사람 없음
30	김천선	남	52세	-	주민센터	동대문구	-
31	김용상	남	75세	-	단독주택(월세)	용산구	기독교인, 과음 성향
32	김창규	남	63세	택시 기사	여관	동작구	자녀 1남 1녀
33	최우선	남	-	상점 직원	여관	영등포구	미혼, 자살
34	최명식	남	59세	택시 기사	고시원	도봉구	이혼, 자녀 1남
35	김영우	남	61세	-	연립주택	성북구	아는 사람 없음
36	김효연	남	-	-	주민센터	은평구	주민센터
37	김찬석	남	48세	기초생활보장수급자	고시원	용산구	다리 절음, 다시서기센터 방문
38	김휘상	남	57세	-	쪽방촌	중구	마른 체형, 방에서 꼼짝 안 함
39	김순호	남	51세	-	고시원	용산구	술·담배 즐김, 방에 썩은 음식 발견
40	김철희	남	72세	-	병원	구로구	교도수 수감
41	김만호	남	55세	-	노숙	광진구	이혼 추정, 형 있음, 자녀 1남
42	황기호	-	69세	기초생활보장수급자	고시원	강동구	1년 전 고시원 떠남
43	최호석	남	42세	-	노숙	중구	주민센터
44	이영숙	여	89세	교사→기초생활보장수급자	요양병원	광진구	자녀 1남, 손자 있음
45	배인환	남	-	목수	여관	중구	여관 장기투숙객, 빚 독촉 받음
46	김하진	남	56세	-	아파트	양천구	-
47	김은숙	여	48세	성매매 여성	성매매 업소	영등포구	수원으로 이동
48	임학권	남	미공개	사업가	미공개	미공개	유족 신상 보호를 위해 미공개
49	박희남	남	57세	기초생활보장수급자	쪽방촌	중구	미혼, 남동생 있음, 꽃 동네에 20년 이상 거주
50	윤혜성	남	61세	택시 기사	단독주택(월세)	중랑구	배우자 사망, 고독사
51	김배상	남	-	-	빌라	광진구	아는 사람 없음
52	김찬곤	남	64세	-	노숙	강동구	주민센터
53	김태훈	남	-	-	단독주택	영등포구	친구가 병원으로 데려감
54	고권욱	남	-	-	주민센터	동대문구	주민센터
55	김영군	남	63세	목욕탕에서 근무		동대문구	동거녀 있음, 폭력 성향

56	김천일	남	48세	신문 배달→ 기초생활보장수급자	고시원	강남구	혼혈인, 입양됨, 제주 출신
57	김수홍	남	53세	주방일→노숙	단독주택(월세)	종로구	동생 있음, 이웃의 도움을 받음
58	김성명	남	44세	고물 수집	–	성동구	건국대학교 졸업, 과음 성향, 상습적 거짓말
59	박규일	남	–	–	고시원	서대문구	–
60	나진성	남	54세	–	단독주택(자가)	동대문구	거주지에 동생 부부와 조카가 거주
61	유정호	남	67세	–	쪽방촌	중구	기혼, 특정 라면으로만 식사를 대신함
62	이수권	남	80세	–	쪽방	용산구	과음 성향
63	우명호	남	60세	기초생활보장수급자	고시원	용산구	가족이 유품을 수습함
64	이현동	남	68세	–	노숙인쉼터	성동구	아는 사람 없음
65	유창선	남	50대	잡부→공공근로→ 폐지 수집	단독주택	미공개	이혼
66	박고정	남	61세	경비	단독주택(월세)	노원구	동네친구
67	박상인	남	–	–	단독주택(월세)	금천구	–
68	김우현	남	79세	기초생활보장수급자	단독주택	종로구	재개발구역에 거주
69	허윤	남	60세	기초생활보장수급자	단독주택(월세)	마포구	장애인, 고아
70	김석우	남	61세	–	고시원	구로구	노숙 추정
71	박상명	남	51세	요리사	주택(셋방)	종로구	한식 조리사 자격 취득
72	성기호	남	–	미장일	연립주택(월세)	영등포구	북한 출신, 함께 사는 할머니 있음
73	박진만	남	66세	–	요양병원	동대문구	주민등록번호 말소됨, 여동생 두 명 있음
74	양근호	남	57세	노숙자	노숙인쉼터	은평구	취재 거절(공문 없이 취재 불가)
75	엄지호	남	63세	노숙자	노숙	마포구	택시 정류장 벤치에서 사망한 채 발견
76	조진수	남	57세	–	주민센터	용산구	자살, 주민센터
77	유희선	남	39세	–	주택 옥탑방	성동구	자살
78	박호찬	남	–	식당일→기초생활보장수급자 (고물 수집)	쪽방촌	영등포구	자녀 1남 2녀, 배우자 외도, 교회에서 장례를 치러줌
79	박성종	남	–	권투 선수→일용직, 기초생활 보장수급자	쪽방촌	영등포구	배우자 사망, 자녀 1녀, 알코올의존증,
80	박문수	남	60세	–	고시원으로 추정됨	양천구	취재 불가(주소지 건물 리모델링)
81	전병수	남	–	기초생활보장수급자	쪽방촌	영등포구	사망 당시 60대 초반 추정

82	유재명	남	73세	빌딩 청소부	주택	성동구	주소지에 거주하지 않음. 청소 아주머니들과 친분 있음
83	유삼걸	남	80세	기초생활보장수급자	빌라	광진구	고독사, 노인정 회장
84	곽근호	남	64세	-	고시원	강동구	지병 있음. 구급차로 병원 이송됨
85	배경욱	남	67세	-	주민센터	동대문구	주민센터
86	박경수	남	57세	기초생활보장수급자	고시원	용산구	자택에서 사망
87	오창현	남	53세	기초생활보장수급자	고시원	종로구	미혼
88	백찬웅	남	51세	개인 택시기사	여관	강북구	이혼, 자녀 1남 있으나 입양 보냄. 지인이 유품 수거함
89	백하진	남	67세	-	고시원	중구	아는 사람 없음
90	김대창	남	53세	-	주택	중랑구	-
91	이덕재	남	86세	기초생활보장수급자	아파트	노원구	국가유공자, 반찬 서비스 이용
92	윤종욱	남	54세	-	주민센터	강북구	주민센터
93	서필현	남	59세	노숙자	노숙인쉼터	강북구	-
94	서균성	남	69세	아파트 경비원	주택 쪽방	강북구	미혼
95	이희수	남	71세	-	고시원	중구	-
96	서명인	여	-	무직	임대 아파트	중구	천주교 신자, 간병인이 유품 정리
97	석진영	남	59세	-	주택	서대문구	이웃들 간 증언이 다름
98	양기완	남	60세	사업가	주택(자가)	용산구	서울대학교 졸업 후 유학, 미혼, 어머니 사망, 의붓형 있음
99	이수종	남	70세	-	쪽방촌	용산구	자녀 1녀, 동생 있음
100	송석기	남	55세	기초생활보장수급자→지원 끊김, 고물 수집	고시원	강동구	장애인
101	손난옥	여	65세	-	-	성북구	취재 불가(주소지 없음)
102	이병호	남	45세	-	일반 건물	중구	우편물 계속 옴
103	배영민	남	74세	-	고시원	동대문구	거주지와 다른 고시원에서 사망
104	신숙영	여	-	-	여관	영등포구	취재 불가(여관 영업 중지), 여관 주인 사망
105	신천홍	남	53세	-	고시원	성동구	고독사
106	신자영	여	95세	-	빌라	서초구	취재 불가(주소지가 출입 어려운 고급 빌라임)
107	박아현	남	-	-	일반 건물(상가)	영등포구	-
108	김아인	남	49세	-	일반 건물(옥탑방)	중구	주소지가 어머니의 집, 어머니도 사망
109	한두진	남	61세	노숙자	여인숙	종로구	노숙 중 사망한 채로 발견

번호	이름	성별	나이	직업	거주	구	비고
110	안기철	남	47세	-	-	서초구	해당 주소 없음
111	정봉연	남	60세	-	주택(셋방)	서대문구	-
112	김태승	남	63세	노숙자	주택(월세)	강남구	화장실에서 사망한 채 발견됨
113	박경섭	남	62세	페인트공	노숙인쉼터	성북구	이혼, 아들이 시신 거부함
114	류기창	남	50대 추정	일용직	단독주택(월세)	금천구	과음, 폭력 성향
115	양주석	남	72세	-	쪽방촌	중구	꽃동네 출신
116	김성민	미공개	미공개	회사원	미공개	미공개	유족 신상 보호를 위해 미공개
117	김성욱	남	40세	기초생활보장수급자	쪽방촌	용산구	-
118	이근성	남	55세	대기업→식당→일용직	고시원	은평구	고아, 미혼
119	이명호	남	76세	사업가	여관	용산구	기부를 많이 함, 자녀 1남
120	남정은	남	45세	일용직	쪽방촌	종로구	과음 성향
121	정인찬	남	44세	-	빌라	노원구	-
122	유인모	남	59세	조적공, 기초생활보장수급자	고시원	동대문구	주식투자 실패, 부인과 자녀 1녀 있으나 별거, 고독사
123	윤명석	남	64세	-	여관	종로구	여관 장기 투숙객
124	이재철	남	60세	전기 설비	주택(셋방)	관악구	이혼, 자녀 1녀, 형 있음
125	이진영	남	30세	-	서울시립어린이병원	서초구	병원에서 16년 살다가 사망함
126	임수명	남	57세	-	주택	구로구	-
127	이상수	여	54세	-	병원	중구	주민등록번호 말소됨
128	천호상	남	45세	옷가게	일반 건물	양천구	사촌 여동생 집에 얹혀 살며 함께 옷가게 운영
129	이우상	남	23세	-	서울시립어린이병원	서초구	서울시립어린이병원에 9년 살다 죽음
130	김기복	남	54세	고물 수집	주택(월세)	동대문구	-
131	손현기	남	53세	-	고시원	종로구	-
132	장재희	남	64세	노숙자	철거촌	성동구	재개발구역 철거촌 거주→노숙
133	주영석	남	66세	-	고시원	영등포구	암 수술, 고향이 부산
134	김석종	남	52세	-	쪽방촌	중구	-
135	이민수	남	46세	-	-	금천구	중국인, 취재 불가 (거주지 공사 중)
136	이숙자	여	82세	-	아파트	종로구	같이 살았던 부부 있음
137	이근수	남	53세	-	주민센터	성동구	주민센터
138	이길수	남	60세 추정	기초생활보장수급자, 무직	여관	영등포구	불면증, 남동생 있음
139	민영보	남	78세	남묘관리인	남묘(사당)	동작구	6.25때 가족 사망, 미혼
140	최현규	남	60세	-	쪽방촌	중구	다리 장애

번호	이름	성별	나이	직업/상태	주거	지역	비고
141	한태선	남	-	-	하숙	종로구	가족이 시신 포기
142	강원성	남	80세	기초생활보장수급자	임대 아파트	강서구	직계 가족 없음, 국가유공자, 이산가족
143	임천	남	56세	노숙인 시설 임시직→기초생활보장수급자	쪽방촌	용산구	알코올의존자
144	양승덕	남	72세	노점	쪽방촌	종로구	이혼 추정, 혼자 산 지 20년 이상 됨
145	임성민	남	41세	기초생활보장수급자	고시원	강서구	요양병원 사망
146	장선정	남	-	노숙자	노숙	중구	주민센터
147	서일동	남	61세	이삿짐센터, 경비→노숙	노숙인쉼터	동대문구	부모님 사망, 이복형제 5명 있음
148	김석수	남	51세	-	원룸텔	영등포구	고시원 주인이 고인에 대해 아는 바 없음
149	이필선	남	75세	기초생활보장수급자	단독주택	중구	가족 없음
150	박용준	남	40세	일용직	쪽방촌	금천구	방세 밀림, 아버지 있음
151	장연수	남	-	노숙자	노숙인쉼터	동대문구	취재 불가
152	장승민	남	58세	기 치료사	여관	중구	부잣집 출신, 여동생과 남동생 있음
153	전두진	남	52세	-	-	-	취재 불가, 직장암. 중국 국적
154	전순이	여	83세	무직	단독주택(월세)	중구	일가족 사망
155	김종식	남	78세	-	하숙	중구	신용카드사 독촉장
156	최학모	남	54세	-	옥탑방	동대문구	알코올의존자, 고독사
157	전도민	남	61세	-	-	동대문구	뇌출혈, 재개발구역 거주
158	강명석	남	61세	-	쪽방촌	중구	벌금 통지서
159	정명남	남	44세	주방장→일용직	쪽방촌	종로구	술버릇이 고약함, 형이 시신 인수
160	박재원	남	62세	-	주택(옥탑방)	중구	고독사
161	이우민	남	55세	-	쪽방촌	용산구	아는 사람 없음
162	정엄호	남	71세	-	주택(셋방)	중구	미혼, 거주지 벽이 신문지로 도배되어 있음
163	정윤수	남	79세	-	쪽방촌	종로구	사후 주거지로 우편물 계속 날아옴
164	정서민	남	-	기초생활보장수급자	주택-셋방	영등포구	이혼, 자녀 1남 있음
165	김영한	남	-	-	아파트	미공개	거주지에 아들과 노모로 추정되는 유가족이 살고 있었음
166	김진희	여	-	노숙자	요양병원	마포구	신원 불상, 행려 환자로 발견되어 요양병원에서 생활
167	정일영	남	61세	기초생활보장수급자	쪽방촌	중구	-
168	장혜욱	남	61세	노숙자	노숙	강서구	주소지 있으나 무단 등록

169	김인웅	남	77세	노점상→기초생활보장수급자	쪽방촌	영등포구	미혼
170	정세염	남	57세	–	쪽방촌	용산구	고아
171	김수종	남	76세	–	쪽방촌	종로구	취재 불가(주인이 모름)
172	조용연	남	59세	–	–	성동구	주민센터
173	조승만	남	56세	스웨터공장, 일용직	고시원	성북구	미혼, 누나 있음, 자살
174	홍정수	남	47세	노숙자	고시원	성동구	과음 성향
175	김찬희	남	89세	–	철거촌	용산구	–
176	정인식	남	72세	식당일→기초생활보장수급자	쪽방촌	종로구	장애인, 미혼, 알코올의존자
177	조선영	여	83세	기초생활보장수급자	요양병원	성동구	기독교인, 통장 잔고가 수십만 원
178	조용욱	남	65세	–	–	동대문구	주민센터
179	조순호	남	–	노숙자	노숙	노원구	주민센터
180	김영혜	남	–	일용직→노숙자	오피스텔	은평구	취재 5년 전 월세를 내지 못해 보증금으로 대신하고 이사 감. 아는 사람 없음
181	오희철	남	53세	–	쪽방촌	용산구	아는 사람 없음
182	신지선	남	80세	기초생활보장수급자	교회 사택	마포구	고독사, 북한 출신
183	한영남	남	77세	–	고시원	관악구	요양병원에서 사망,
184	천현길	남	63세	–	교회	관악구	취재 불가, 빚이 많음
185	이강청	남	55세	–	–	송파구	아파트 단지에서 사망, 취재 불가
186	배규민	남	72세	–	쪽방촌	용산구	
187	우성민	남	49세	–	쪽방촌	영등포구	
188	홍영암	남	55세	중국집 주방장	빌라	종로구	자살
189	이주성	남	70세	기초생활보장수급자	쪽방촌	용산구	사망 2~3일 후 시시 발견, 음주하지 않음
190	김정국	남	미공개	사업	미공개	미공개	자녀 1년 있으나 시신 거부
191	이영은	남	–	포클레인 기사	고시원	영등포구	건강 문제 생길 때까지 일을 쉬지 않음
192	최삼학	남	56세	–	주택(전세)	동대문구	장애인, 함께 살았던 어머니가 먼저 사망, 고독사
193	강봉원	남	70대	사업	요양병원	미공개	자녀 4명, 부인 사망, 손자
194	고영자	여	78세	–	고시원	강동구	요양병원 사망
195	하선빈	남	65세	페인트공→일용직	주택	관악구	형제 있음, 고독사, 자살
196	이정호	남	68세	기초생활보장수급자, 공공근로	쪽방촌	중구	가족이 형편상 장례 포기
197	한점명	남	–	–	요양병원	영등포구	취재 불가
198	이진수	남	48세	–	빌라	동대문구	
199	김기식	남	53세	기초생활보장수급자	쪽방촌	중구	가족 없음, 사촌형, 음주 하지 않음

200	한호식	남	59세	유리 하차	단독주택(월세)	용산구	동거인 있음, 여동생 있음
201	김석호	남	58세	야채 배달	고시원	중구	자녀 1녀, 딸이 형편상 장례 포기
202	이종환	남	75세	목수→기초생활보장수급자	다가구주택	중구	미혼, 형제 없음
203	표훈상	남	-	-	고시원	-	-
204	홍영호	남	49세	기초생활보장수급자	쪽방촌	중구	과음 성향, 자택에서 사망
205	황인수	여	61세	-	-	도봉구	주민센터
206	이영복	남	58세	주점 운영	고시원	성북구	사후 우편물 계속 옴
207	최민성	남	46세	건설 일용직	쪽방촌	종로구	쪽방에서 10년 이상 거주
208	황경민	남	85세	-	주택(셋방)	강동구	취재 불가
209	황주용	남	52세	건설 일용직	여관	종로구	과음 성향, 동생 있음, 미혼, 내성적 성격

남자 혼자 죽다
세상에 없는 죽음, 무연사 209인의 기록

1판 1쇄 펴냄 | 2017년 4월 25일
1판 2쇄 펴냄 | 2025년 3월 14일

지은이 | 성유진·이수진·오소영
발행인 | 김병준
발행처 | 생각의힘

등록 | 2011. 10. 27. 제406-2011-000127호
주소 | 서울시 마포구 독막로6길 11, 2, 3층
전화 | 02-6925-4183
팩스 | 02-6925-4182
전자우편 | tpbook1@tpbook.co.kr
홈페이지 | www.tpbook.co.kr

ISBN 979-11-85585-35-2 03300